FLAVIUS JOSÈPHE

AUTOBIOGRAPHIE

COLLECTION DES UNIVERSITÉS DE FRANCE
publiée sous le patronage de l'ASSOCIATION GUILLAUME BUDÉ

FLAVIUS JOSÈPHE

AUTOBIOGRAPHIE

TEXTE ÉTABLI ET TRADUIT
PAR
ANDRÉ PELLETIER, S. J.

Sixième tirage

PARIS
LES BELLES LETTRES
2011

Conformément aux statuts de l'Association Guillaume Budé, ce volume a été soumis à l'approbation de la commission technique, qui a chargé M. Alphonse Dain d'en faire la révision et d'en surveiller la correction en collaboration avec M. André Pelletier.

95 boulevard Raspail, 75006 Paris
www.lesbelleslettres.com

Première édition 1959

ISBN : 978-2-251-00177-7
ISSN : 0184-7155

INTRODUCTION

I. — JOSÈPHE

I. Dates et principaux faits de sa vie

Dans l'Antiquité, c'est chose rare qu'une autobiographie. Au début de l'époque impériale, Nicolas de Damas, secrétaire et historiographe d'Hérode le Grand, avait écrit sa propre biographie. De son côté l'empereur Auguste, dans les années 27 à 23 avant J.-C., avait rédigé son autobiographie, parallèlement à son texte des « Res Gestae », gravé sur le « Monument d'Ancyre »[1]. Les deux biographies sont perdues.

La *Vita* de Josèphe est ainsi la première autobiographie un peu étendue qui nous ait été conservée.

Si elle ne nous renseigne guère que sur sa jeunesse et sur une période assez courte de la guerre, ses autres ouvrages nous permettent d'en savoir un peu plus long, au moins pour certains épisodes de sa vie publique. Voici, en résumé, ce que nous savons de lui, grâce à lui-même :

Un an après le rappel de Ponce Pilate à Rome, et l'année même de l'accession de Caligula à l'empire (37-38), Hérode Agrippa I recevait de cet empereur la liberté et un royaume. C'est précisément à ce moment-là que naquit Josèphe ben Matthias, d'une famille sacerdotale appartenant à la plus illustre des tribus de la première des vingt-quatre classes sacerdotales[2]. (Le père de Jean-Baptiste faisait partie de la huitième.) Par sa mère, il descendait des rois Asmonéens. Pendant son enfance, une vague

1. Cf. J. Gagé, *Res Gestae*..., p. 20-21.
2. Dans *B. J.*, 3, 352, il précise qu'il est lui-même prêtre.

d'indignation souleva la Palestine lorsque Caligula tenta de faire ériger sa statue dans le Temple : la guerre faillit éclater dès ce moment-là (40-41). Pour sa prime jeunesse, il vante la précocité de son intelligence : les plus savants rabbins ne prenaient-ils pas plaisir à le consulter ! De seize à dix-neuf ans, il se met successivement à l'école des trois principales sectes juives : Pharisiens, Sadducéens, Esséniens ; puis il se ménage un long séjour au désert, sous la direction d'un ermite juif nommé Bannous. Mais, finalement, c'est la manière de vivre des Pharisiens qu'il adopte, parce qu'il la trouve plus proche que les autres du Stoïcisme. De sa jeunesse, il ne rappelle qu'un événement important : son voyage à Rome en l'an 64. C'était l'année de l'incendie de Rome et de la persécution des Chrétiens ; mais, faute de savoir si ces événements se placent avant ou après son arrivée dans la capitale de l'empire, on ne peut rien conclure de son silence sur le christianisme à ce moment-là. Venu pour obtenir la libération de certains prêtres juifs, il en repartit définitivement convaincu que la puissance de Rome était invincible. Aussi, quand, à son retour en Palestine, il trouva ses concitoyens entêtés de révolte, chercha-t-il — mais en vain — à les calmer. L'effervescence du pays n'allait pas tarder à faire entrer en scène Cestius Gallus, gouverneur de Syrie. L'inexplicable retraite du Romain, au moment même où il tenait presque entre ses mains Jérusalem, fut suivie de la défaite de sa légion aux défilés de Bethoron, à l'automne de 66. Le pas fatal était fait et l'on se préparait fiévreusement à la guerre.

On ignore ce qui, à vingt-neuf ans, qualifiait Josèphe pour l'importante mission qui lui fut confiée en Galilée. On ne saurait même dire s'il s'agit effectivement de toute la responsabilité du district de Galilée. Les premiers épisodes de la campagne de Galilée (66-67) occupent la plus grande partie de la *Vita*, mais ne permettent guère de suivre le développement des opérations. Surtout, on ne démêle pas clairement les buts que se propose Josèphe, et encore moins la politique des dirigeants de Jérusalem, s'ils en ont une. Nous avons, pour cette période, deux récits dus à Josèphe, tous deux tendancieux et inconciliables sur plus d'un détail. La *Vita* est une apologie contre un historien juif rival qui accusait Josèphe et les Galiléens d'avoir déclenché la guerre (340). La *Guerre juive* est un récit écrit sous l'influence romaine. Or, d'après la *Vita* (29 et 84), Josèphe avait simplement pour mission d'amener les agitateurs à déposer les armes, tandis que, d'après la *Guerre* (II, 568), il aurait été désigné, dès le début, pour assurer la défense « des deux Galilées, auxquelles on ajouta Gamala, la ville la plus forte de ces parages ». Laqueur a tiré de ces divergences la conviction que Josèphe aurait débordé les limites de ses attributions en assumant le commandement suprême en Galilée, ce qui justifierait les efforts de Jean de Gischala pour le supplanter. Ce qu'il y a de certain, c'est que Josèphe fut soupçonné de vouloir livrer le pays à Rome. Peut-être espérait-il éviter le conflit par un compromis, mais les événements se précipitèrent et il fut réduit à se rallier au parti de la guerre. Quand il vit Vespasien marcher d'Antioche sur la Galilée, il se résigna finalement à soutenir un siège dans la ville fortifiée de Jotapata. Il raconte la capitulation de la ville, au quarante-septième jour du siège (*Guerre*, III, 340-408). Réfugié dans une caverne avec quarante compagnons, il est découvert par les Romains, qui l'invitent à se rendre. Ses compagnons s'y opposent et parlent de s'entre-tuer, ce qui amène une longue discussion sur le suicide. Bientôt, on prend le parti de tirer au sort l'ordre dans lequel on se fera égorger par ses compagnons : « ... A la fin, soit que le hasard, soit que la Providence divine l'ait ainsi voulu, Josèphe resta seul avec un autre : alors, également peu soucieux de soumettre sa vie au verdict du sort ou, s'il restait le dernier, de souiller sa main du sang d'un compatriote, il sut persuader à cet homme d'accepter lui aussi la vie sauve sous la foi du serment » (trad. R. Harmand). Comment avait-on pu espérer que le dernier survivant échapperait aux Romains autrement que par le suicide? Ce récit a toujours été jugé sévèrement, quand il n'a pas fait accuser Josèphe d'avoir truqué le tirage au sort de connivence avec son — anonyme — dernier compagnon (Th. Reinach)[1]. Toujours est-il qu'il survécut et prophétisa l'empire à Vespasien et à son fils Titus.

A partir de ce moment-là, entre les mains des Romains, il jouit d'une certaine sécurité. L'année 68-69 voit la mort de Néron et la rapide succession de trois empereurs. Mais en juillet 69 Vespasien est proclamé empereur par ses légions. Un des premiers actes du nouveau maître fut de rendre la liberté à ce prisonnier, dont la prédiction se vérifiait. Sous le nom latinisé de Josephus il accompagne Vespasien à Alexandrie et en revient avec Titus pour le siège de Jérusalem. On recourait continuellement à lui comme interprète et médiateur. Situation dangereuse, avoue-t-il, car les Juifs le détestent et les Romains, au moindre échec, le soupçonnent de trahison.

Il nous donne un bref aperçu de sa vie à Rome après la chute de Jérusalem en 70, et des divers privilèges que lui ont accordés les Flaviens. Pourvu de la citoyenneté romaine et d'un appartement dans la maison privée de Vespasien, il fut un des premiers à être inscrit sur la « liste civile » instituée par cet empereur (*Vita*, 423 ; Suétone, *Vesp.*, 18 : « primus a fisco latinis graecisque rhetoribus annua centena (pension annuelle de 100.000 sesterces) instituit ». Il assista au triomphe de Vespasien et de Titus. Il dut voir la Rome nouvelle se relever des ruines où l'avaient laissée l'incendie, puis la guerre civile sous Néron ; il put admirer les constructions nouvelles : le Colisée, le Forum de Vespasien et celui de Titus et le Temple de la Paix. Toujours en butte à la haine des Juifs, il réussit à conserver la faveur impériale, même sous Domitien.

1. *Contre Apion*, Introduction, p. II.

Vers la fin de son autobiographie, il nous apprend qu'il se maria trois fois. Sa première femme mourut prématurément ; il divorça d'avec la seconde, mais il parle de la troisième avec une admiration émue. Je ne vois pas sur quoi se fondait Th. Reinach pour affirmer que Josèphe fut marié *quatre* fois (*C. Apion*, Introduction, p. v). On ignore la date exacte de sa mort. Il survécut à Agrippa II, dont l'épigraphie et la numismatique datent la mort de 92/93.

II. Les œuvres de Josèphe et leur chronologie

C'est pendant ses loisirs à Rome que Josèphe publia les quatre ouvrages qui nous ont été conservés : la *Guerre des Juifs*, les *Antiquités*, l'*Autobiographie* et un ouvrage de controverse, le *Contre Apion*.

Il a commencé la rédaction de la *Guerre des Juifs* dès la fin des hostilités. D'après *B. J.*, I, 6, un premier essai — perdu — avait été écrit en araméen à l'usage des habitants de la Haute-Syrie : « les Parthes, les Babyloniens, les Arabes les plus éloignés, nos compatriotes habitant au delà de l'Euphrate, les Adiabéniens [1] ». Écrit dans l'ancienne résidence de Vespasien par un auteur pensionné de l'empereur, ce premier ouvrage devait être une sorte de manifeste destiné à propager en Orient la conviction que toute nouvelle tentative de rébellion serait inutile. La nouvelle rédaction — notre *Guerre des Juifs* — est destinée « aux Grecs et à ceux des Romains qui, n'ayant pas pris part à la campagne, continuent d'ignorer « la réalité « des faits » parce qu'ils n'ont lu que des relations inspirées par la flatterie ou le mensonge » (*B. J.*, I, 6). Elle est évidemment plus complète que le premier essai. Elle

1. Selon E. Power, c'est à cet ouvrage que pourrait se rattacher, par les Arméniens, puis les juifs khazares, convertis au christianisme par leurs vainqueurs russes, le texte paléoslave de la *Guerre*, dont R. Eisler a fait état.

a été composée avec le secours de rédacteurs grecs (*C. Apion*, I, 50) et dut paraître vers la fin du règne de Vespasien, entre 75 et 79. Ce n'est qu'environ seize ans plus tard que parut son grand ouvrage : les *Antiquités*, le seul explicitement daté (*Ant.*, XX, 267) : 13e année de Domitien = 93/94 après J.-C. Sans doute avait-il fallu du temps pour réunir les matériaux nécessaires. Mais un autre motif encore imposait cette longue attente. Domitien détestait la littérature, et les historiens se sentaient menacés. De fait, Tacite, Pline et Juvénal préférèrent ne rien publier tout le temps de son règne. Privé maintenant (du moins pour son activité littéraire) d'un patronage impérial, Josèphe trouve un protecteur en la personne d'un certain Épaphrodite, sans doute le grammairien (cf. H. Vincent, O. P., *Chronologie des œuvres de Josèphe*, *Rev. Bibl.*, 1911, p. 376-377) possesseur d'une riche bibliothèque et qui écrivit sur Homère. C'est à lui que Josèphe dédia désormais tous ses ouvrages.

Les *Antiquités* se terminent ainsi :

Ἴσως δὲ οὐκ ἂν ἐπίφθονον γένοιτο οὐδὲ σκαιὸν τοῖς πολλοῖς φανήσεται καὶ περὶ γένους τοὐμοῦ καὶ περὶ τῶν κατὰ τὸν βίον πράξεων βραχέα διεξελθεῖν, ἕως ἔχω ζῶντας ἢ τοὺς ἐλέγξοντας ἢ τοὺς μαρτυρήσοντας. Ἐπὶ τούτοις δὲ καταπαύσω τὴν ἀρχαιολογίαν, βίβλοις μὲν εἴκοσι περιειλημμένην, ἓξ δὲ μυριάσι στίχων · κἂν τὸ θεῖον ἐπιτρέπῃ, κατὰ περιδρομὴν ὑπομνήσω πάλιν τοῦ τε πολέμου καὶ τῶν συμβεβηκότων ἡμῖν μέχρι τῆς νῦν ἐνεστώσης ἡμέρας, ἥτις ἐστὶ τρισκαιδεκάτου μὲν ἔτους τῆς Δομετιανοῦ Καίσαρος ἀρχῆς, ἐμοὶ δὲ ἀπὸ γενέσεως πεντηκοστοῦ καὶ ἕκτου. Προῄρημαι δὲ συγγράψαι κατὰ τὰς ἡμετέρας δόξας τῶν Ἰουδαίων ἐν τέσσαρσι βίβλοις περὶ Θεοῦ καὶ τῆς οὐσίας αὐτοῦ καὶ περὶ τῶν νόμων, διὰ τί κατ' αὐτοὺς τὰ μὲν ἔξεστιν ἡμῖν ποιεῖν, τὰ δὲ κεκώλυται.

W. Dindorf, Fl. Josephi Opera. Édition (avec trad. lat.) F. Didot, I (1879), p. 792. Même lecture dans l'édition de Naber (Teubner), 1893. Entre-temps (1890), B. Niese inaugure la disposition de ce texte en deux parties, par une coupure après le mot μαρτυρήσοντας.

Cette présentation du texte a rendu possible, sinon provoqué, la théorie d'une seconde édition des *Antiquités*. Esquissée par H. S. J. Thackeray dès 1904 (*Josephus. A Dictionary of the Bible*. Extra vol. ed. J. Hastings [New York], elle fut ensuite systématiquement exploitée par Richard Laqueur). *Der jüdische Historiker Fl. Josephus. Ein biographischer Versuch auf neuer quellenkritischer Grundlage*. München, Giessen, 1920. Réimpression à Darmstadt : Wissenschaftliche Buchgesellschaft, 1972.

La date de l'*Autobiographie* dépend de la solution que l'on adopte sur la nature même de cet ouvrage. Pour R. Laqueur, Josèphe se serait contenté de reprendre, en le développant dans le sens de sa situation nouvelle, le « rapport » administratif qu'il avait rédigé pour le Sanhédrin avant la chute de Iotapata. C'est ce document, au fond peu retouché, que nous retrouverions dans l'actuelle *Autobiographie*. Il serait représenté par les paragraphes :

126-129
132-136 } Incident de Dabaritta.
145-148

85-87, 89-99 : Jean de Gischala à Tibériade.

155, 157 (sans l'incise indiquant la distance entre Tibériade et Tarichées).

158-174 : Stratagème de Josèphe pour apaiser la révolte de Tibériade.

C'est autour de ce « noyau » que Josèphe aurait groupé tout le reste. En particulier, c'est au dernier moment qu'il aurait inséré :

137-145 : Comment Josèphe réussit à retourner l'opinion des Tarichéens en sa faveur.

88 : La mention de Juste de Tibériade et de son père parmi les ennemis de Josèphe.

156 : Josèphe fait commencer les travaux de fortification qu'il avait promis à Tibériade.

157 : l'incise indiquant la distance entre Tarichées et Tibériade.

Quoi qu'il en soit, dès que l'on voit dans l'*Autobiographie* le simple remaniement d'un rapport antérieur à la chute de Iotapata, une question se pose : la mise en œuvre hâtive de ce vieux document d'abord inutilisé a-t-elle consisté à compléter un texte grec ou à le traduire de l'araméen à mesure qu'on l'insérait dans la trame de la rédaction en grec d'une autobiographie sommaire?

Laqueur procède d'un bout à l'autre en supposant que le rapport qui forme le noyau de l'*Autobiographie* a été écrit en grec. Nous aurions là un témoin du style de Josèphe à l'époque où il n'avait pas encore subi l'influence des rhéteurs grecs de Rome.

Thackeray, au contraire, pense qu'il ne peut s'agir que d'un rapport rédigé en araméen. Et c'est même seulement à cette condition que la théorie de Laqueur lui paraîtrait acceptable : « Laqueur's thesis... is only tenable on the supposition that the youthful « report » was written in Aramaic » (p. xv). Il fonde ce jugement sur le fait des nombreuses correspondances d'expressions entre le dernier livre des *Antiquités* et les parties de l'*Autobiographie* qui représenteraient le « rapport » de 66.

Il relève comme plus spécialement caractéristiques (je complète ou rectifie quelques-unes de ses références) :

	Vita	Antiq. XX
φόβος οὔτι μέτριος	22, 148 (cf. 122	47
κατάγνωσιν φέρειν τινί	93	83
ταραχὰς(-ὴν) καταστέλλειν	103, 244, 369	174
ὡς εἶδον εἰς οἷον κακῶν ἥκουσι μέγεθος	170	123
οὐκ (οὐδὲν) ἀποδέουσα (ἄκρο) πόλεως	246	130
τὴν ἀποστολὴν ποιεῖσθαι	268	50
διὰ φιλίας ἀφίκεσθαι	16	236
πόρον σωτηρίας εὑρέσθαι	14	54
προστασίαν πιστεύεσθαι	115, 393	238, 251
συναναπείθειν	424	35
συνέδριον καθίζειν	236, 368	200
τάξιν ἐπιστολῶν πιστεύειν	356	183

En somme, une douzaine de périphrases apparentent les passages prétendus de la jeunesse de Josèphe au dernier livre de ses *Antiquités*, publiées vers 94-95. On ne peut les négliger. Dans ces conditions, il est difficile d'admettre que le texte grec, pour ces passages de la *Vita*, remonte à trente ans plus tôt, quand Josèphe rendait compte au Sanhédrin de sa mission d'apaisement en Galilée.

Abraham Schalit[1] (1933) réagit plus catégoriquement. Pour lui, le fameux rapport « n'a jamais existé ». Il en énumère tous les motifs et conclut à l'unité organique de l'*Autobiographie*, tout entière inspirée par la polémique avec Juste de Tibériade.

La théorie du « rapport administratif » telle que l'a conçue Laqueur entraîne effectivement, dans le détail, des conséquences inquiétantes, en particulier ces phénomènes d'action et de réaction réciproques entre le texte de la *Guerre* et celui des *Antiquités* au cours de rééditions successives, Josèphe ajoutant ici un développement que ses nouvelles inimitiés ou ses nouvelles relations, voire son « flair » d'auteur-éditeur, lui inspirent.

Que Josèphe ait rédigé, au début de sa carrière administrative, un rapport pour le Sanhédrin, fût-ce en grec, n'a rien d'invraisemblable. Toutefois il paraît difficile que le document ait subsisté entre les mains de Josèphe ou qu'il ait été retrouvé par lui après qu'il se fut constitué prisonnier dans les conditions que l'on sait. On admettrait plus facilement, avec Gelser, que Josèphe ait écrit ce rapport pendant son séjour à Alexandrie, pour se justifier aux yeux des Romains, D'autre part, Josèphe à moins de soixante ans avait-il besoin, pour rédiger rapidement une apologie de sa conduite pendant la guerre, de s'appuyer sur un document écrit de ce genre? L'amour-

1. *Josephus und Justus. Studien zur « Vita » des Josephus*, *Klio*, 26 (1933), 67-95. « Dei Vita ist Keine Umarbeitung eines alten « Rechenschaftsberichtes », sondern vielmehr das unmittelbare Produkt der Polemik des Justus gegen Josephus », p. 92.

propre avait sans doute assez fidèlement conservé dans sa mémoire le souvenir de ses moindres succès d'intendance et de stratégie : les détails circonstanciés qu'il rappelle plus de trente ans après, suggèrent moins une rédaction contemporaine des incidents qu'une vanité sénile qui se complaît à les évoquer sous l'aspect de prouesses personnelles.

Alors les parentés d'expressions avec le dernier livre des *Antiquités*, relevées par Thackeray, paraissent toutes naturelles.

Quant à la médiocrité du style, elle s'explique assez par la précipitation qu'imposaient les circonstances. Les attaques soudaines de Juste de Tibériade dans son ouvrage sur les événements de 66-70 mettaient en péril non seulement la réputation de Josèphe comme gouverneur de Galilée en 66 et comme rallié à Rome en politique, mais aussi le succès de librairie de ses deux principaux ouvrages, à une époque de sa vie où sa situation à la cour n'était plus aussi avantageuse que sous Titus ou même sous Domitien. Elles appelaient donc une réfutation d'urgence[1]. Or, si de nos jours les batailles de plume se déploient à leur aise dans la presse périodique, Josèphe n'avait d'autre tribune possible que la parution imminente de ses *Antiquités*. Puisqu'il fallait faire vite, il improvisa sur un canevas de souvenirs complaisants une réponse, rédigée en suivant moins les règles de la composition littéraire que les sursauts de sa mauvaise humeur.

Avec Th. Franckfort[2] et S. J. D. Cohen[3] je crois que, le roi Agrippa II étant mort en 92/93, Juste de Tibériade ne tarda pas à dresser son réquisitoire contre Josèphe, qui lui répondit par son autobiographie, avant la mort de Domitien, assassiné le 18 septembre 96.

1. D'où aussi la violence de la riposte de Josèphe. Cf. A. Schalit, *Josephus...*, p. 29.

2. Th. Franckfort, *La date de l'Autobiographie de Fl. Josèphe*, *Revue Belge de Philologie et d'Hist.*, 39 (1961), p. 54-58.

3. S. J. D. Cohen, *Josephus in Galilee...*, p. 180.

L'*Autobiographie* apparaît alors sous son vrai jour : la réplique de Josèphe à l'accusation portée par un rival contre son attitude politique et contre la valeur de ses ouvrages d'histoire.

L'intérêt philologique de ce texte n'en est que plus évident : nous voilà devant le seul cas où Josèphe écrive plus de deux mille lignes[1] sans subir l'influence stylistique d'aucune source écrite. C'est du Josèphe tout pur, écrit *ab irato*.

Autre conséquence : on ne doit pas songer à joindre la *Vita* à la *Guerre*, comme si elle contenait un « rapport » qui prendrait à cette place valeur de pièce justificative. Dans la mesure où l'on cherche à reconstituer l'œuvre totale de Josèphe, il convient de joindre la *Vita* aux *Antiquités*, comme un appendice. Car en fin de compte c'est bien la place que l'auteur voulait, semble-t-il, lui attribuer, en raison de l'utilité apologétique qu'elle présentait. L'emploi de la particule de liaison au début de l'ouvrage peut en être un indice Ἐμοὶ δὲ γένος ἐστὶν οὐκ ἄσημον, comme le fait remarquer David A. Barish[2], en rapprochant de la finale des *Antiquités* celle de l'*Autobiographie*, montrant ainsi leur structure parallèle : dans les deux textes Josèphe parle des événements de sa vie personnelle et du jugement qu'on pourra porter sur son caractère, et il parle aussi de point final aux *Antiquités*. Or, justement dans *A. J.*, 20, 267, Josèphe s'exprime au futur καταπαύσω τὴν ἀρχαιολογίαν tandis que dans l'*Autobiographie*, il parle au présent καταπαύω, avec allusion au fait que les *Antiquités* sont ainsi au complet : ἀποδεδωκὼς... τὴν πᾶσαν τῆς ἀρχαιολογίας ἀναγραφὴν... ἐνθαῦτα καταπαύω τὸν λόγον.

Dans ces conditions, la finale des *Antiquités* doit être disposée et peut être traduite ainsi :

1. En comptant cinquante signes à la ligne.

2. *The Autobiography of Josephus and the hypothesis of a second edition of his Antiquities*. Harvard Theological Review, 71, 1-2 (1978), 61-75.

(266) Peut-être ferais-je une œuvre qui ne provoquera pas l'envie en parlant brièvement de ma famille et de ce que j'ai fait au cours de mon existence, tant que vivent encore ceux qui pourraient ou me réfuter ou bien témoigner en ma faveur. (267) C'est sur ces sujets que je mettrai le point final à l'ouvrage sur les *Antiquités* comprenant vingt livres et soixante mille lignes. Et si Dieu le permet, j'y évoquerai à nouveau, deci-delà la guerre et tout ce qui nous est arrivé jusqu'à ce jour, c'est-à-dire jusqu'à cette treizième année du règne de l'empereur Domitien, qui est la cinquante-sixième de mon âge.

(268) D'autre part j'ai l'intention d'écrire un ouvrage en quatre livres, d'après les interprétations de nos docteurs juifs, sur Dieu et son être, ainsi que sur nos lois, afin de montrer pourquoi il y a des choses qu'elles nous permettent et d'autres qu'elles nous ont interdit de faire.

En résumé : ce que nous appelons l'*Autobiographie* de Josèphe n'est pas le simple développement d'un rapport administratif, écrit en araméen ou en grec, destiné au Sanhedrin et datant des premiers mois de la révolte des Galiléens contre Rome. Il n'est pas non plus un ouvrage à part, publié par Josèphe à la fin de sa vie. Ce n'est pas davantage un supplément ajouté à une hypothétique seconde édition des *Antiquités.* C'est bel et bien une réponse aux attaques publiées par Juste de Tibériade contre Josèphe, gouverneur militaire de Galilée devenu citoyen romain, et auteur d'un récit tendancieux du soulèvement de la Judée.

L'insérer en appendice des *Antiquités* à paraître prochainement pour le grand public hellénisant de l'Empire assurait à cette réfutation une efficacité immédiate et une portée universelle dès les années 95.

Le *Contre Apion* est pour beaucoup de lecteurs le plus intéressant des ouvrages de Josèphe. Il se trouve, en tout cas, qu'il est le seul dont la traduction française ait paru à la fois dans la collection des *Publications de la Société des Études juives* et dans la collection des *Universités de*

France, où Théodore Reinach a donné du texte une édition nouvelle. Il datait l'ouvrage de 93-96 parce qu'il plaçait la *Vita* en 95. Le contraste avec l'*Autobiographie*, n'en est que plus violent. Le *Contre Apion* présente un plan bien conçu, un certain talent littéraire, une connaissance étendue de la philosophie grecque, de la poésie grecque, alliée à un attachement passionné à la religion de ses pères. Le titre traditionnel ne correspond pas bien au sujet de l'ouvrage, Apion n'étant, après tout, qu'un seul représentant des ennemis d'Israël. Les titres plus anciens « Sur l'Antiquité des Juifs » et « Contre les Grecs » étaient eux-mêmes trop vagues. Conçu comme une réplique aux attaques dirigées contre les *Antiquités* et comme une réfutation des préjugés courants, l'ouvrage se veut une apologie du Judaïsme et une démonstration de l'antiquité de la race juive. Il donne un aperçu intéressant sur l'antisémitisme au Ier siècle. L'auteur conteste l'extrême antiquité dont se vantent les Grecs, rend compte de leur silence sur l'histoire juive, accumule les témoignages (Égypte, Phénicie, Babylonie, Grèce) en faveur de l'antiquité de sa propre nation, réfute victorieusement les mensonges méchants et absurdes des antisémites, et conclut par une brillante défense du Législateur et de sa Loi, de sa conception si élevée de Dieu, par opposition aux conceptions immorales courantes parmi les Grecs. Nombre de citations d'ouvrages perdus ajoutent encore à ces pages une valeur toute spéciale. L'œuvre littéraire de Josèphe, pour nous, s'achève sur cette bonne impression.

Eusèbe (*Hist. eccl.*, III, 10) et d'autres écrivains ont attribué à Josèphe ce que nous appelons maintenant le IVe livre des Maccabées : « Cet écrivain, dit-il, a encore composé un ouvrage qui n'est pas indigne de lui, *Sur la toute-puissance de la raison*, que certains intitulent *Maccabaïcon*, parce qu'il comprend les combats des Hébreux qui ont lutté si courageusement par piété envers Dieu, ainsi que le racontent les livres des *Maccabées*. » Plus personne ne soutient cette attribution.

III. L'homme et l'historien

Eusèbe, volontiers favorable à un Juif qui lui fournissait les textes essentiels sur la chute de Jérusalem, dit de de lui : « Il fut de beaucoup le plus célèbre des Juifs de son temps, non seulement auprès de ses compatriotes, mais aux yeux mêmes des Romains, si bien qu'à Rome on l'honora d'une statue et que le sérieux de ses ouvrages leur valut l'honneur des grandes bibliothèques. » Tel me paraît être, du moins, le sens des derniers mots : τοὺς δὲ σπουδασθέντας αὐτῷ λόγους βιβλιοθήκης ἀξιωθῆναι (Eusèbe, *Hist. eccl.*, III, 9), où βιβλιοθήκης, au singulier sans article, fait penser à une détermination *abstraite*, quelque chose comme une *qualité* : des livres que devait acquérir *toute bibliothèque digne de ce nom.* Thackeray n'hésite pas à préciser : « His works (were) placed in the public library » (Introduction, p. x).

Saint Jérôme (Lettre 22, à la vierge Eustochium, J. Labourt, I, xxii, 35 = *P. L.*, 22, 421) considère Josèphe comme le Tite-Live grec : « Tales Josephus, Graecus Livius, in secunda Judaicae captivitatis historia (= *B. J.*, II, 117-161) Essenos refert. »

On peut dire que les Pères de l'Église ont partagé cette estime envers l'historien juif.

En tant qu'historien, Josèphe montre « une extrême impéritie » pour la chronologie (Th. Reinach, *C. Apion*, p. 26, note 3) et sa tendance à exagérer les chiffres est souvent déconcertante. Cela ne l'empêche pas d'avoir beaucoup de prétentions à l'objectivité. Dans *Ant.*, XVI, 183-187, par exemple, il entend s'opposer à l'histoire courtisane de Nicolas de Damas, dut-il s'attirer la mauvaise humeur des descendants d'Hérode : « Car, si nous respectons plusieurs descendants de ce roi qui règnent encore, nous honorons avant eux la vérité... » On reconnaît ce lieu commun de rhétorique. Dans *Ant.*, XX, 154-157, il s'engage à dire la vérité non seulement sur Néron, adulé par les uns, calomnié par d'autres, mais aussi sur les malheurs, voire sur les « fautes », de son propre peuple.

Les modernes ne s'en laissent pas imposer par ces faciles déclarations de principes ; ils jugent l'homme d'après ce qu'on peut savoir de sa conduite, et l'historien sur ses défaillances à ces belles déclarations.

Le P. Vincent a bien dégagé le caractère paradoxal de cette destinée :

« Josèphe était né pour devenir un rabbin ; les circonstances en firent un rhéteur. Et telle fut la destinée singulière de sa vie qu'au lieu d'arriver, dans les milieux juifs, à la renommée qu'il ambitionnait, que sa haute naissance préparait et que semblaient lui promettre de précoces succès, il ne s'attira guère que la haine et le mépris de la plupart des siens, tandis que les Romains, d'abord ses ennemis, le comblèrent finalement de biens et d'honneurs. Ce descendant de famille sacerdotale illustre, ce rejeton de souche royale hasmonéenne, ce prodige des écoles de Jérusalem, ce disciple austère de l'ascète Bannos dans les sauvages profondeurs du désert de Juda, ce pharisien zélé et militant au début de la crise où allait sombrer sa patrie, devait finir ses jours dans la douceur d'une retraite dorée, après être devenu citoyen de Rome et le client choyé d'une dynastie d'empereurs dont la gloire était fondée sur l'anéantissement de la Judée » (*R. B.*, 1911, p. 366).

De son côté, Th. Reinach, en 1930, a tracé ce portrait de l'homme et de l'écrivain (*Contre Apion*, Introduction, p. v) : « Josèphe n'est ni un grand esprit, ni un grand caractère, mais un composé singulier de patriotisme juif, de culture hellénique et de vanité. Comme historien, il témoigne, en général, de peu de sens critique ; il laisse subsister dans ses compilations bien des contradictions, des renvois à des passages « ultérieurs », mais inexistants, qui font peu d'honneur à son soin et à son attention ; il ne professe aussi qu'un respect insuffisant pour la vérité, dès qu'elle ne cadre pas avec ses convictions nationales, son amour-propre ou même son intérêt du moment ; n'oublions pas qu'il fut, comme on l'a dit, « le premier des « historiographes officiels » et que tous ses ouvrages ont plus ou moins le caractère apologétique qui se manifeste tantôt par des exagérations, tantôt par des suppressions calculées.

« Il faut néanmoins lui reconnaître le savoir-faire d'un arrangeur diligent, les qualités d'un polémiste redoutable, d'un écrivain facile, abondant, parfois pathétique et, quand il est aidé, élégant, malgré les sacrifices à la rhétorique traditionnelle. Pour nous, vu le naufrage de presque toute la littérature historique hellénistique et romaine, la valeur documentaire de ses ouvrages, surtout de la *Guerre* et des sept derniers livres des *Antiquités*, est incomparable. Sans Josèphe nous ne saurions presque rien des destinées du peuple juif pendant les deux derniers siècles de son existence nationale, rien du milieu historique où a pris naissance le christianisme. C'est cette dernière circonstance qui assura la survie de ses ouvrages : peu lus des païens, dédaignés des Juifs, ils ont été soigneusement recueillis par l'Église chrétienne : déjà Eusèbe en fait de larges extraits et Jérôme appelle Josèphe le « Tite-Live « grec » ; c'est peut-être un paragraphe, sûrement interpolé ou maquillé [1], le fameux *testimonium de Christo* (*Antiquités*, XVIII, 63-64 ; cf. XX, 200, texte sur saint Jacques) qui a le plus contribué à leur durée et à leur propagation. »

A. Puech est plus sévère encore, du moins pour l'homme, qu'il oppose à la grande figure de Philon. « Parmi les Juifs hellénisés qui ont travaillé à dissiper les préjugés que Grecs et Romains nourrissaient contre leurs frères, Flavius Josèphe n'est pas le plus sympathique. Le vieil Alexandrin qui, vers le moment où Josèphe naissait, allait présenter la requête de ses compatriotes à l'empereur Caligula, Philon, semble avoir été très supérieur par la dignité du caractère et l'élévation de l'esprit. Ce qui est particulièrement regrettable pour Josèphe, c'est que, pour

1. J'espère avoir montré ailleurs (*Rev. des Études juives*, 4e série, 1965, p. 9-21) qu'il ne s'agit pas de maquillage.

porter sur lui un jugement qui ne saurait être très favorable, nous n'avons besoin d'aucun autre témoignage que du sien. Il a étalé la faveur dont il a joui auprès de Vespasien et de Titus ; il n'a laissé à personne le soin de vanter la nouveauté et la véracité de ses ouvrages, les recherches par lesquelles il les avait préparés, le succès qu'ils ont obtenu. Il n'a pas pu nous dissimuler ce qu'en certains jours tragiques son rôle avait d'équivoque. Il nous a confessé lui-même qu'avant de devenir le prophète qui a prédit à Vespasien sa grandeur prochaine, avant de se transformer en admirateur et en flatteur de l'autorité romaine, il avait commencé par organiser la révolte en Galilée ; il n'a pas même pu réussir à voiler suffisamment le stratagème peu honorable grâce auquel, vaincu et traqué, il a sauvé sa vie. On ne peut parler de l'écrivain sans faire d'abord sur l'homme ces réserves trop justifiées. Cela dit, il faut reconnaître que son œuvre, toute tendancieuse qu'elle est, n'est pas seulement imposante par son étendue, mais demeure pour nous très instructive et très significative » (*Bulletin de l'Association G. Budé*, XXVII, 1930, p. 26).

Quoi que l'on pense de l'homme, « si l'on mesure la valeur d'un historien au nombre et à l'importance des informations dont on lui est redevable, il est peu d'historiens qui puissent être comparés à Flavius Josèphe ». Ainsi s'exprimait en 1900 Théodore Reinach dès les premières lignes de son avant-propos à la traduction des *Œuvres complètes de Josèphe*. Aussi son vœu final (p. VIII) était-il que cette collection permît à l'œuvre de Josèphe de « redevenir... un ouvrage de fond, ayant sa place marquée dans toutes les bibliothèques sérieuses ».

« Au XIIe siècle, Pierre Abélard, Pierre le Mangeur, Philippe de Harvengt, Pierre de Blois, Adam Scot, Sicard de Crémone, Richard de Saint-Victor citent volontiers les œuvres de Josèphe. Au XIIIe siècle, Albert le Grand, le Pseudo-Thomas, Raymond Martin, Nicolas Trévet, Roger Bacon, saint Thomas d'Aquin accordent encore une place de choix à l'autorité de Josèphe » (G. Bardy, *Le souvenir de Josèphe chez les Pères*, *Revue d'hist. eccl.*, 1948, p. 179-191). (Il ne nous reste pas moins de 118 manuscrits de Josèphe latin antérieurs au XIVe siècle.)

A la Renaissance, Josèphe connaît un renouveau de célébrité. Les témoignages des Humanistes lui sont absolument favorables : Scaliger, Casaubon, Heinsius, (Hugo) Grotius, (Richard) Montaigu, (Claude) Saumaise, (Denys) Petau, (Samuel) Bochart, Antonius Pagius, Henricus Norisius.

Au XVIIe et au XVIIIe siècle, on lisait encore volontiers dans de massifs in-folio agrémentés de « tailles douces » des traductions latines ou françaises des œuvres de Josèphe. Mme de Sévigné lisait Josèphe dans la traduction d'Arnauld d'Andilly (H. Avigdor, *Josèphe Flavius et Mme de Sévigné*, *R. É. J.*, 127, 1968, 259-263).

II. — LE TEXTE

Le texte de la présente édition s'appuie sur la tradition manuscrite représentée par[1] :

P. Codex Palatinus (Vatican) gr. 14, du XIVe siècle.
R. Parisinus (B. N. Paris) gr. 1423, XIIIe-XIVe s.
A. Ambrosianus (Milan) 370, du XIe s.
M. Mediceo-Laurentianus (Florence), plut. LXIX, cod. 10, du XIVe-XVIe s.
W. Vaticanus (Vatican) gr. 984, daté de 1354.

La tradition indirecte n'intéresse que les §§ 361-364. Il s'agit d'une citation d'Eusèbe dans son *Histoire ecclésiastique*, III, 90.

Dans son *Editio maior* (*Fl. Josephi Opera*, Berlin, Weidmann, 1890), Niese utilisait encore, à l'occasion, les *Ex-*

1. Dans la désignation des mss., j'adopte les rectifications apportées au relevé de Niese par H. Schreckenberg, *Die Flavius Josephus Tradition*, p. 18, 26, 31, 39.

cerpta du manuscrit de Tours collationné par J. Wollenberg (programme d'invitation à l'examen public du collège royal français, Berlin, 1871). Ces extraits comprennent les §§ 1 à 16, et 78 εἰρηνεύεσθαι à 84. Comme ils ne nous donnent aucune leçon originale, ils ne figureront pas dans l'apparat critique.

Dans son immense travail de collation des manuscrits de Josèphe, Niese faisait de P son « manuscrit de base ». Naber, au contraire, dans son édition, faisait plutôt confiance au groupe AMW. Thackeray (*Josephus* ; I : *The Life, Against Apion*, Londres, Heinemann, 1926) donne la préférence au groupe PRA : « the combination PRA is rarely in error ». C'est son texte qu'on retrouvera ci-dessous, à quelques minimes différences près : la plupart ne relèvent que de raisons subjectives.

Par exemple, si j'ai conservé plus souvent que Thackeray les leçons de R, c'est par une sorte de préjugé favorable, car plusieurs leçons de ce manuscrit laissent soupçonner la très bonne qualité de sa source[1]. Ainsi : 52 μαρτυρίας, 137 ὑφ' αὐτοῦ, 251 ὡς αὐτοὺς, 292 εὐθύς με, 335 ἀπέδωκα, 393 Κρίσπον. L'intrusion de mots inutiles ne s'y est pas étendue : 123 νομίζων, 124 καὶ, 130 τὰ ἡρπασμένα. Surtout, c'est à R que nous devons 244 μολύνειν τὰς χεῖρας, qui est plus dans le ton de reproche que l'insignifiant λαμβάνειν τὰς χώρας.

On ne trouvera ici qu'un apparat de lecture. Il permettra du moins de se faire une idée de l'état lacunaire de la tradition et d'apprécier les conjectures.

III. — LA TRADUCTION

Les dernières traductions françaises des œuvres de Josèphe contenant l'*Autobiographie* sont assez anciennes. Celle d'Arnauld d'Andilly est de 1667-1669. Souvent rééditée, elle est passée un peu rajeunie dans le « Panthéon

1. Avis contraire : A. Garzya, *Bolletino del Comitato par la Preparazione dell'Edizione nazionale dei Classici graeci e latini*, 9 (1961), 42.

littéraire » de Buchon (1836) (d'où l'ont reproduite les éditions Lidis en 1968), puis dans l'édition illustrée de Quatremère-Glaire (1846). Celle du Père Louis-Joachim Gillet est de 1756-1757.

Le texte grec, jusque-là mal assuré, a été sérieusement amélioré par Niese, dont le texte est à la base de toutes les éditions modernes.

Dès lors s'imposait une traduction nouvelle, fondée sur un texte plus sûr. C'est Théodore Reinach qui en prit l'initiative. A partir de 1900 paraissaient sous sa direction les *Œuvres complètes de Flavius Josèphe traduites en français...*, Paris, Leroux, 1900-1932.

Dès son Avant-propos (p. VIII), il ménageait à l'*Autobiographie* une place bien différente de celle que lui conservait la tradition : « Notre traduction est calculée pour une étendue de sept volumes... Les *Antiquités* en réclameront quatre, la *Guerre judaïque* (à laquelle nous rattachons, pour des raisons de fond, l'*Autobiographie*) deux. » En 1904, l'annonce des volumes en cours de publication réunissait encore la *Guerre* et l'*Autobiographie.* En 1912, du vivant de Th. Reinach, elle ne mentionnait déjà plus l'*Autobiographie.*

En 1930, dans son édition (posthume) du *Contre-Apion* (Collection des Universités de France) on lit p. IV de l'Introduction : « En appendice à son *Archéologie*, Josèphe nous a donné son autobiographie ». En 1932 paraissait le tome VI : la *Guerre des Juifs*, IV-VII, mais sans l'*Autobiographie* antérieurement annoncée. En son lieu et place, un appendice de six pages donnait la « traduction, d'après Thackeray et Eisler, des passages essentiels du texte slave de la guerre des Juifs ». Et il n'était plus question de l'*Autobiographie.* Ainsi s'interrompait subitement la collection.

Il y manquait le *Contre-Apion* et l'*Autobiographie.* La présente collection a comblé ces deux lacunes en publiant en 1930 le *Contre-Apion* de Théodore Reinach et en 1959 l'*Autobiographie* dont la préparation m'avait été confiée par P. Chantraine. Ce dernier ouvrage étant épuisé, j'en donne ici une seconde édition, que je me suis efforcé d'améliorer et de mettre à jour.

J'ajoute maintenant un choix d'expressions grecques caractéristiques de l'*Autobiographie* de Josèphe.

IV. — BIBLIOGRAPHIE

Une traduction de la *Vita* appelle nécessairement une bibliographie sur l'homme et l'historien. On dispose maintenant d'un ouvrage d'ensemble.

— Schreckenberg, H., *Bibliographie zu Flavius Josephus* [1470-1968], (1968). — Supplementband I, mit Gesamtregister (1979).

Plus récemment :

— Adan Bayewitz, D., *The Fountain of Siloam and Solomon's Pool* [et Josèphe], *Israel Exploration Journal*, XXIX, 1979, 92-100.

— Amusin, I. A., *The reflection of historical events of the first century B. C. in Qumran commentaries*, *Hebrew Union College Annual*, Cincinnati, XLVIII, 1977, 123-152. (Le texte de Josèphe nous aide à identifier ces événements).

— Amusin, I. D., 'Αφέξεσθαι δὲ ληστείας, dans *Le De bello Iudaico* (II, 142 : *Revue de Qumran*, VII, nº 28, 1971, 535-545). (Il faut comprendre : Ils jurent de ne communiquer à personne les principes de leur doctrine sous une forme différente de celle qu'ils ont reçue eux-mêmes, évitant (toute) altération.)

— Barish, D. A., *The Autobiography of Josephus and the hypothesis of a second edition of his Antiquities*, *H. Th. R.*, 71 (1978), p. 61-75.

— Beckworth, R. T., *The Qumran Calendar* [chez Josèphe], *Revue de Qumran*, VII, nº 28, 1971, 587-591.

— Bessone, L., *Flavio Giuseppe e la rivolta di Vindice*, *Giornale filologico ferrarese*, III, 1980, 109-118. (Le renseignement de *Bell. Iud.*, IV, 440, est sans doute faux ; l'entourage de Néron ne sut rien avant que Vindex ne déclarât officiellement sa défection.)

— Bilde, P., *The causes of the Jewish War according to Josephus*, *Journal for the study of Judaism*, X, 1979, 179-202. (Les nombreux passages de Josèphe évoquant les causes de la guerre ont trait à des événements historiques précis, à la mauvaise administration romaine, au conflit entre Juifs et Syro-Grecs, à la désunion du peuple juif et à une interprétation théologique selon laquelle il s'agirait de l'accomplissement d'un plan divin, peut-être dû à l'attitude des Juifs et de leurs chefs enfreignant la Loi.)

— Boyle, J. A., *Alexander and the Mongols* [chez Josèphe, *A. J.*, I, 123], *Journal of the Asiatic Society of Great Britain and Ireland*, II, 1979, 123-136.

— Cavallin, H. C. C., *Leben nach dem Tode im Spätjudentum*, *Aufstig und Niedergang der römischen Welt*. Geschichte und Kultur Roms im Spiegel der neueren Forschung, 1979, 240-345.

— Cohen, N. G., *Asinaeus and Anilaeus. Additional comments to Joseplus' Antiquities of the Jews*, *Annual of the Swedish Theological Institute*, X, 1975-1976, 30-37. (Examen de l'épisode des deux apprentis artisans, Asinaeus et Anilaeus, auxquels prit intérêt le roi des Parthes Artaban III) (*Ant. Iud.*, XVIII, 310-379).

— Cohen, S. J., *Josephus in Galilee and Rome. His vita and development as a historian.* Columbia Studies in the classical tradition, 8 (1979).

— Fornaro, P., *Flavio Giuseppe, Tacito e l'impero* (*Bellum Iudaicum*, VI, 284-315 ; *Historiae*, V, 13) : Torino, Giappichelli, 1980, 195 p. [offset].

— Franxman, Th. W., *Genesis and the Jewish antiquities of Flavius Josephus*, *Biblica & Orient.*, XXXV, Roma, Pontif. Ist. Bibli., 1979, 304 p.

— Freyne, S., *The Galileans in the light of Josephus' Vita*, *New Testament Studies*, XXVI, 1980, 397-413.

(The Galilenas are not to be identified with revolutionaries.)

— Heltzer, M., *A propos des banquets des rois achéménides* [chez Josèphe], *Rev. bibl.*, LXXXVI, 1979, 102-106.

— Hermann, L., *Bannoun ou Joannoun. Felix ou Festus?*, *R. É. J.*, 135 (1976), p. 151-155.

— Horsley, R. A., *The sicarii Ancient Jewish terrorists*, *Journal of Religion*, XXIX, 1979, 435-458.

— Levine, L., *R. Simeon b. Yohai and the purification of Tiberias*, *History and tradition in Hebrew Union College Annual*, LIX, 1978, 143-185.

— Mendels, D., *Hellenistic utopia and the Essenes. Harvard Theological Review*, LXXII, 1979, 207-222.

— Merkelbach, R., *Des Josephus Prophezeiung für Vespasian*, *Rheinisches Museum*, CXXII, 1979, 361 (*B. J.*, III, 400-402, lire ⟨ἔ⟩τι γὰρ et μέχρι οὗ.).

— Miller, J. M., *Geba/Gibeah*, *Vetus Testam*, XXV, 1975, 145-146.

— Momigliano, A., *Ciò che Flavio Giuseppe non vide*, *Rivista Storica Italiana*, XCI, 1979, 564-574. (Texte de la préface au livre de P. Vidal-Naquet.)

— Paul, A., *Le christianisme primitif. Diaspora, dissémination et exclusion*, *Lumière et vie*, XXVIII, 1979, nº 141, 5-16.

— Rajak, T., *Justus of Tiberias*, *Classical Quarterly*, 23 (1973), p. 345-368.

— Troiani, L., *Commento storico al Contro Apione di Giuseppe con trad.*, *Bibl. di Studiant ant.*, IX, 1977, 373 p. Index.

— *Giuseppe, Antichità giudaiche XII*, 150. Athenaeum, LVIII, 1980, 465-466. (Note exégétique et critique.)

— *Gli Ebrei e lo stato pagano in Filone e in Giuseppe*, *Ric. di storiograf. ant.*, II, 1980, 193-218.

— Unnik, W. C. van, *Flavius Josephus als historischer Schriftsteller*, Franz-Delitzsch-Vorlesungen N. F., 1972. Heidelberg, 1978.

— Ussishkin, D., *The Camp of the Assyrians in Jerusalem*, *Isral exploration Journal*, XXIX, 1979, 137-142. (Identification du campement, *Bell. Iud.*, v. 303; 504-507).
— Vidal-Naquet, P., *Il buon uso del tradimento*, *Flavio Giuseppe e la guerra giudaica*, introd. di Momigliano, Bibl. di storia ant., IX. Roma, Ed. Riuniti, 1980.
— Wiseman, T. P., *Josephus on the Palatine* (*A. J.*, 19, 75-76). Liverpool classical Monthly, V, 1980, 231-238. (Analysis of the passage, on the topography of the Palatine hill in pre-Neronian Rome.)

Le témoignage des monnaies pouvant indiquer le *terminus post quem* pour la date de publication de la *Vita*, on consultera :
— Reifenberg, A., *Ancient Jewish Coins* ([2]1947), p. 28-33.
— Kadman, L., *The Coins of the Jewish War of 66-73 C. E.* (1960).
— Roth, C., *The Historical Implications of the Jewish Coinage of the First Revolt*, *I. E. J.*, 12 (1962), p. 36-46.
— Yadin, Y., *Masada* (1966), p. 108-109.
— Muehsam, A., *Coin and Temple* (1966), p. 45-52.
— Meshorer, Y., *Jewish Coins of the Second Temple Period* (1967), p. 88-91.

Pour la topographie de la *Guerre*.
— Klein, S., *Hebräische Ortsnamen bei Josephus*, *Monatschrift für Geschichte und Wissenschaft des Judentums*, 59 (1915), p. 156-169.
— Kahrstedt, U., *Syrische Territorien in hellenistischer Zeit* (1926).
— Abel, F.-M., *Topographie du siège de Jérusalem en 70*, *R. B.*, 56 (1949), p. 238-258.
— Vincent, L.-H., Stève, A. M., *Jérusalem de l'Ancien Testament*, I-III, (1954-1956), p. 90-96, 182-195, 432-437, 517-525.

— KALLAI, Z., *The Biblical Geography of Flavius Josephus*, 4th Wirld Congr. of Jew. St., Abstr. of Papers (1965), p. 1-2.
— SCHALIT, A., *Namenworterbuch zu Fl. Josephus. A complete Concordance to Fl. Josephus*, ed. by K. H. RENGSTORF, Supplément I.

Sur le Temple à l'époque de la guerre :
— BUSINK, Th. A., *Der Tempel von Jerusalem von Salomo bis Herodes*, tome II (1980). (Sur l'emplacement précis du Rideau et la disposition de la « vigne d'or » j'ai fait la mise au point dans *Fl. Josèphe*, *La Guerre des Juifs*, Belles Lettres, t. III (1982), p. 200-204.)

Passages de Juste de Tibériade correspondant à des passages de la *Vita*. La liste en a été dressée par H. SCHRECKENBERG, *Rezeptionsgeschichtliche*, p. 177-178, d'après *Fragmente der griechischen Historiker* (*F. Gr. H.*), de F. JACOBY (1923 sq.). Après corrections de fautes d'impression :

				(*F. Gr. H.*, III, C 2,
Vita	32-42	*Justus*	T 6a	p. 696-697)
	40		T 3a	p. 696
	62-65		T 6b	p. 697
	87-88		T 6c	p. 697
	174-178		T 6d	p. 697-698
	276-278		T 6e	p. 698
	336-345		T 3b	p. 696
	340 (350)		T 5	p. 699
	341-344		T 6f	p. 698
	355-358		T 6g	p. 698
	359-360		T 3c	p. 696
	390-393		T 6h	p. 698-699

INDEX SIGLORUM[1]

P = *Palatinus Vat. gr.* 14, saec. XIV.
R = *Parisinus gr.* 1423, saec. XIII-XIV.
A = *Ambrosianus* 370, saec. XI.
M = *Laurentianus* 69-10, saec. XIV-XVI.

Cocceji : notae Joannis Cocceji in editione Hauercampiana Operum Flavii Josephi, anno 1726.

Hudson : notae Joannis Hudsoni in eadem editione Hauercampiana.

1. Cf. *supra*, p. XXIV, note 1.

VIE DE FLAVIUS JOSÈPHE

Généalogie

I. Ma famille n'est pas sans distinction, issue qu'elle est de prêtres. Les divers peuples ont chacun sa manière propre de fonder la noblesse ; chez nous, c'est la possession de la prêtrise qui atteste l'illustration d'une famille.
2 Or, dans mon cas, non seulement la famille est issue de prêtres, mais encore de la première des vingt-quatre classes[1] — distinction déjà appréciable — et qui plus est de la plus noble de ses tribus. Je suis même, par ma mère, de la race royale, car les descendants d'Asmonée[2], ses ancêtres, furent durant une très longue période grands prêtres et rois de notre nation. 3 Je vais en dire la succession. Notre arrière-grand-père était Simon, surnommé « le Bègue ». Il vécut à l'époque où fut grand prêtre le fils du grand prêtre Simon sous le premier des grands prêtres qui portât le nom d'Hyrcan. 4 Simon le Bègue eut neuf enfants, dont Matthias, dit fils d'Éphée. Ce Matthias épousa une fille du grand prêtre Jonathas, le premier de la famille des Asmonéens qui parvint à la grande prêtrise[3] et frère de Simon, grand prêtre lui aussi. La première année du règne d'Hyrcan[4], il lui naquit un fils, Mathias, surnommé « le Bossu ».
5 Ce dernier eut un fils, Joseph, la neuvième année du règne d'Alexandra[5], et ce Joseph un fils, Mathias, la

1. D'après I *Chr.*, 24, 7, il s'agirait de la classe de Jehoiarib. Dans *Ant.*, VII, 366, Josèphe déclare que la division en vingt-quatre « familles » (πατρίαι) subsiste encore de son temps. Au contraire, dans le *Contra Apion*, II, 108 (dont nous n'avons plus qu'une version latine), il ne parle que de quatre classes (*tribus quattuor sacerdotum*) de plus de cinq mille hommes chacune.

2. Les Asmonéens (ou Maccabées), d'après le nom d'un héros éponyme Asmonée.

3. I *Mac.*, 10, 21 (153 av. J.-C.).

4. Environ 135 av. J.-C.

5. Environ 70 av. J.-C.

ΦΛ. ΙΩΣΗΠΟΥ

ΒΙΟΣ.

I. Ἐμοὶ δὲ γένος ἐστὶν οὐκ ἄσημον, ἀλλ' ἐξ ἱερέων ἄνωθεν καταβεβηκός. Ὥσπερ δ' ἡ παρ' ἑκάστοις ἄλλη τίς ἐστιν εὐγενείας ὑπόθεσις, οὕτως παρ' ἡμῖν ἡ τῆς ἱερωσύνης μετουσία τεκμήριόν ἐστιν γένους λαμπρότητος. 2 Ἐμοὶ δ' οὐ μόνον ἐξ ἱερέων ἐστὶν τὸ γένος, ἀλλὰ καὶ ἐκ τῆς πρώτης ἐφημερίδος τῶν εἰκοσιτεσσάρων, (πολλὴ δὲ κἀν τούτῳ διαφορά,) καὶ τῶν ἐν ταύτῃ δὲ φυλῶν ἐκ τῆς ἀρίστης. Ὑπάρχω δὲ καὶ τοῦ βασιλικοῦ γένους ἀπὸ τῆς μητρός. Οἱ γὰρ Ἀσαμωναίου παῖδες, ὧν ἔγγονος ἐκείνη, τοῦ ἔθνους ἡμῶν ἐπὶ μήκιστον χρόνον ἠρχιεράτευσαν καὶ ἐβασίλευσαν. 3 Ἐρῶ δὲ τὴν διαδοχήν. Ὁ πρόπαππος ἡμῶν Σίμων ὁ Ψελλὸς ἐπικαλούμενος. Οὗτος ἐγένετο καθ' ὃν καιρὸν ἠρχιεράτευσεν Σίμωνος ἀρχιερέως ὁ παῖς, ὃς πρῶτος ἀρχιερέων Ὑρκανὸς ὠνομάσθη. 4 Γίνονται δὲ τῷ Ψελλῷ Σίμωνι παῖδες ἐννέα· τούτων ἐστὶν Ματθίας ὁ Ἠφαίου λεγόμενος. Οὗτος ἠγάγετο πρὸς γάμον θυγατέρα Ἰωνάθου ἀρχιερέως, τοῦ πρώτου ἐκ τῶν Ἀσαμωναίου παίδων γένους ἀρχιερατεύσαντος, τοῦ ἀδελφοῦ Σίμωνος τοῦ ἀρχιερέως. Καὶ γίνεται παῖς αὐτῷ Ματθίας ὁ Κυρτὸς ἐπικληθείς, ἄρχοντος Ὑρκανοῦ τὸν πρῶτον ἐνιαυτόν. 5 Τούτου γίνεται Ἰώσηπος ἐνάτῳ ἔτει τῆς Ἀλεξάνδρας ἀρχῆς, καὶ Ἰωσήπου Ματθίας βασιλεύοντος Ἀρχελάου τὸ δέκατον, Ματθίᾳ δὲ ἐγὼ τῷ πρώτῳ τῆς Γαΐου

I *1* 2 δ' ἡ Niese : δὴ PAW δὲ RM ‖ *4* 3 Ἠφαίου : Ἠφιλίου R Ἠφιλίου (γρ.) A Ἠφλίου M Ἡφλίου W.

dixième année du règne d'Archelaos[1]. C'est de ce Mathias que je naquis la première année du principat de Caius César[2]. J'ai trois fils : l'aîné, Hyrcan, naquit la quatrième année du principat de Vespasien César[3], Justus, la septième année, Agrippa, la neuvième[4]. 6 Voilà donc la généalogie de notre famille. Je la cite telle que je l'ai trouvée consignée dans les registres publics, sans me soucier de ceux qui essaient de nous calomnier.

Éducation.

II. 7 Mathias mon père ne se distinguait pas uniquement par sa noblesse ; il était plus estimé encore pour sa droiture qui lui valait un grand prestige à Jérusalem, la plus importante de nos cités. 8 Je fus élevé avec mon frère nommé Mathias, mon frère de père et de mère. Mes grands progrès dans les études me valaient une réputation de mémoire et d'intelligence supérieures. 9 N'étant encore qu'au sortir de l'enfance, vers ma quatorzième année[5], tout le monde me félicitait pour mon amour de l'étude ; continuellement les grands prêtres et les notables de la cité venaient me voir pour recevoir de moi quelque éclaircissement sur nos lois. 10 Environ mes seize ans[6], je voulus faire l'expérience des diverses tendances qui existent chez nous. Il y en a trois : la première, celle des Pharisiens, la seconde, celle des Sadducéens, la troisième, celle des Esséniens ; j'en ai déjà parlé plusieurs fois[7]. Dans ma pensée, apprendre ainsi à les connaître toutes à fond me permettrait de choisir la meilleure. 11 Au prix d'une austère application, et d'un labeur considérable, je passai par toutes les trois. Jugeant même insuffisante l'expérience que j'en avais tirée, quand j'entendis parler d'un certain Bannous qui vivait au désert, se contentait pour vêtement de ce que lui fournissaient les arbres[8], et pour nourriture, de ce que la terre produit spontanément, et usait de fréquentes ablutions d'eau froide de jour et de nuit, par souci de pureté, je me fis son disciple. 12 Après trois ans passés près de lui, ayant accompli ce que je désirais, je revins dans

1. Environ 6 ap. J.-C. — 2. 37-38 ap. J.-C. — 3. Environ 73 ap. J.-C. — 4. Environ 78 ap. J.-C. — 5. 51-52 ap. J.-C. — 6. 53-54 ap. J.-C.

Καίσαρος ἡγεμονίας. Ἐμοὶ δὲ παῖδές εἰσι τρεῖς, Ὑρκανὸς μὲν ὁ πρεσβύτατος ἔτει τετάρτῳ τῆς Οὐεσπασιανοῦ Καίσαρος ἡγεμονίας, ἑβδόμῳ δὲ Ἰοῦστος, ἐνάτῳ δὲ Ἀγρίππας. 6 Τὴν μὲν οὖν τοῦ γένους ἡμῶν διαδοχήν, ὡς ἐν ταῖς δημοσίαις δέλτοις ἀναγεγραμμένην εὗρον, οὕτως παρατίθεμαι, τοῖς διαβάλλειν ἡμᾶς πειρωμένοις χαίρειν φράσας.

II. 7 Ὁ πατὴρ δέ μου Ματθίας οὐ διὰ μόνην τὴν εὐγένειαν ἐπίσημος ἦν, ἀλλὰ πλέον διὰ τὴν δικαιοσύνην ἐπῃνεῖτο, γνωριμώτατος ὢν ἐν τῇ μεγίστῃ πόλει τῶν παρ' ἡμῖν τοῖς Ἱεροσολυμίταις. 8 Ἐγὼ δὲ συμπαιδευόμενος ἀδελφῷ Ματθίᾳ τοὔνομα (γεγόνει γάρ μοι γνήσιος ἐξ ἀμφοῖν τῶν γονέων) εἰς μεγάλην παιδείας προύκοπτον ἐπίδοσιν, μνήμῃ τε καὶ συνέσει δοκῶν διαφέρειν. 9 Ἔτι δ' ἀντίπαις ὢν περὶ τεσσαρεσκαιδέκατον ἔτος, διὰ τὸ φιλογράμματον ὑπὸ πάντων ἐπῃνούμην, συνιόντων ἀεὶ τῶν ἀρχιερέων καὶ τῶν τῆς πόλεως πρώτων, ὑπὲρ τοῦ παρ' ἐμοῦ περὶ τῶν νομίμων ἀκριβέστερόν τι γνῶναι. 10 Περὶ ἑκκαίδεκα δὲ ἔτη γενόμενος ἐβουλήθην τῶν παρ' ἡμῖν αἱρέσεων ἐμπειρίαν λαβεῖν· τρεῖς δ' εἰσὶν αὗται, Φαρισαίων μὲν ἡ πρώτη, καὶ Σαδδουκαίων ἡ δευτέρα, τρίτη δὲ ἡ Ἐσσηνῶν, καθὼς πολλάκις εἴπομεν· οὕτως γὰρ ᾠόμην αἱρήσεσθαι τὴν ἀρίστην, εἰ πάσας καταμάθοιμι. 11 Σκληραγωγήσας οὖν ἐμαυτὸν καὶ πολλὰ πονηθεὶς τὰς τρεῖς διῆλθον· καὶ μηδὲ τὴν ἐντεῦθεν ἐμπειρίαν ἱκανὴν ἐμαυτῷ νομίσας εἶναι, πυθόμενός τινα Βαννοῦν ὄνομα κατὰ τὴν ἐρημίαν διατρίβειν, ἐσθῆτι μὲν ἀπὸ δένδρων χρώμενον, τροφὴν δὲ τὴν αὐτομάτως φυομένην προσφερόμενον, ψυχρῷ δὲ ὕδατι τὴν ἡμέραν καὶ τὴν νύκτα πολλάκις λουόμενον πρὸς ἁγνείαν, ζηλωτὴς ἐγενόμην αὐτοῦ. 12 Καὶ διατρίψας παρ' αὐτῷ ἐνιαυτοὺς τρεῖς καὶ τὴν ἐπιθυμίαν τελειώσας, εἰς τὴν πόλιν ὑπέστρεφον. Ἐννεακαιδέκατον δ'

I 6 1 οὖν om. P.

ma cité[1]. Agé alors de dix-neuf ans, je commençai à me conduire en suivant les principes de la secte des Pharisiens, qui présente des ressemblances avec ce que les Grecs appellent l'école du Portique.

VOYAGE A ROME (c. 64 ap. J.-C.).

III. 13 A vingt-six ans passés, il m'arriva d'aller à Rome pour la raison que je vais dire. A l'époque où Félix était procurateur de Judée, pour on ne sait quelle futile raison, il fit mettre aux fers et envoyer à Rome pour s'expliquer devant César[2] quelques prêtres de mes amis, qui étaient des hommes distingués. 14 Comme je voulais trouver un moyen de les délivrer, surtout que j'avais appris comment, même dans la misère, loin d'oublier la piété envers Dieu, ils vivaient de figues et de noix[3], j'arrivai à Rome, après une traversée pleine de dangers. 15 Car, notre bateau ayant coulé en pleine mer Adriatique, nous étions environ six cents à nager toute la nuit, lorsqu'au point du jour, providentiellement, parut à nos yeux un bateau cyrénéen. Alors, avec quelque quatre-vingts compagnons en tout, nous devançames les autres et nous fûmes hissés à bord. 16 Rescapé, à Dicaiarchéa, que les Italiens appellent Puteoli, je me liai d'amitié avec Alituros. C'était un mime, favori de Néron, et de race juive. Présenté par son entremise à Poppée, femme du César, je m'emploie au plus tôt à solliciter auprès d'elle la libération de ces prêtres. Quand j'eus obtenu de Poppée, outre cette faveur, d'autres bienfaits importants, je m'en retournai chez moi.

A LA VEILLE DE LA GUERRE.

IV. 17 J'y trouve déjà les premières agitations révolutionnaires et beaucoup d'esprits qui s'exaltent à la perspective de l'insurrection contre Rome. Je m'employai donc à calmer les agitateurs et tâchai de les faire changer d'idée en leur mettant sous les yeux à qui ils

1. 56-57 ap. J.-C.

2. Néron.

3. Pour éviter de manger des « idolothytes », viandes immolées sur des autels païens. Cf. I *Cor.*, VIII.

ἔτος ἔχων ἠρξάμην[τε] πολιτεύεσθαι τῇ Φαρισαίων αἱρέσει κατακολουθῶν, ἥ παραπλήσιός ἐστι τῇ παρ' Ἕλλησι Στωϊκῇ λεγομένῃ.

III. 13 Μετ' εἰκοστὸν δὲ καὶ ἕκτον ἐνιαυτὸν εἰς Ῥώμην μοι συνέπεσεν ἀναβῆναι διὰ τὴν λεχθησομένην αἰτίαν. Καθ' ὃν χρόνον Φῆλιξ τῆς Ἰουδαίας ἐπετρόπευεν, ἱερεῖς τινας συνήθεις ἐμοί, καλοὺς κἀγαθούς, διὰ μικρὰν καὶ τὴν τυχοῦσαν αἰτίαν δήσας εἰς τὴν Ῥώμην ἔπεμψε, λόγον ὑφέξοντας τῷ Καίσαρι. 14 Οἷς ἐγὼ πόρον εὑρέσθαι βουλόμενος σωτηρίας, μάλιστα δὲ πυθόμενος ὅτι καίπερ ἐν κακοῖς ὄντες οὐκ ἐπελάθοντο τῆς εἰς τὸ θεῖον εὐσεβείας, διατρέφοιντο δὲ σύκοις καὶ καρύοις, ἀφικόμην εἰς τὴν Ῥώμην πολλὰ κινδυνεύσας κατὰ θάλασσαν. 15 Βαπτισθέντος γὰρ ἡμῶν τοῦ πλοίου κατὰ μέσον τὸν Ἀδρίαν, περὶ ἑξακοσίους τὸν ἀριθμὸν ὄντες, δι' ὅλης τῆς νυκτὸς ἐνηξάμεθα. Καὶ περὶ ἀρχομένην ἡμέραν ἐπιφανέντος ἡμῖν κατὰ θεοῦ πρόνοιαν Κυρηναϊκοῦ πλοίου, φθάσαντες τοὺς ἄλλους ἐγώ τε καί τινες ἕτεροι, περὶ ὀγδοήκοντα σύμπαντες, ἀνελήφθημεν εἰς τὸ πλοῖον. 16 Διασωθεὶς δ' εἰς τὴν Δικαιάρχειαν, ἣν Ποτιόλους Ἰταλοὶ καλοῦσιν, διὰ φιλίας ἀφικόμην Ἀλιτύρῳ, (μιμολόγος δ' ἦν οὗτος μάλιστα τῷ Νέρωνι καταθύμιος, Ἰουδαῖος τὸ γένος). Καὶ δι' αὐτοῦ Ποππαίᾳ τῇ τοῦ Καίσαρος γυναικὶ γνωσθείς, προνοῶ ὡς τάχιστα παρακαλέσας αὐτὴν τοὺς ἱερεῖς λυθῆναι. Μεγάλων δὲ δωρεῶν πρὸς τῇ εὐεργεσίᾳ ταύτῃ τυχὼν παρὰ τῆς Ποππαίας, ὑπέστρεφον ἐπὶ τὴν οἰκείαν.

IV. 17 Καταλαμβάνω δ' ἤδη νεωτερισμῶν ἀρχάς, καὶ πολλοὺς ἐπὶ τῇ Ῥωμαίων ἀποστάσει μέγα φρονοῦντας. Καταστέλλειν οὖν ἐπειρώμην τοὺς στασιώδεις καὶ μετα-

II *12* 4 τε « seclusit Bekker sed fortasse post λεγομένῃ aliquid excidit » Niese.

III *16* 3 μάλιστα Bekker : κάλ(λ)ιστα codd. || 5 Ποππαίᾳ, Ποππαίας Niese : ποπλια, ποππλιας P πομπηΐα, -ΐας cett.

allaient s'attaquer : ils n'étaient pas de taille avec les Romains non seulement pour l'expérience de la guerre, mais aussi pour la chance. 18 Qu'ils n'aillent pas tête baissée et de manière absolument folle exposer aux pires dangers leurs patries, leurs familles et leurs propres personnes. 19 Tels étaient mes arguments et j'insistais vigoureusement pour les dissuader, car je prévoyais que l'issue de la guerre serait pour nous absolument désastreuse. Je ne parvins pourtant pas à les convaincre : tant l'emportait la folie de ces écervelés !

V. 20 Craignant donc que mon acharnement à répéter ces conseils finît par me faire détester et soupçonner d'intelligence avec l'ennemi, et ne m'exposât à être arrêté par eux et mis à mort, comme déjà ils occupaient l'Antonia [1] — c'était une forteresse — je me retirai dans le parvis intérieur du sanctuaire. 21 Quand on eut exécuté Menahem et les chefs de la troupe des bandits [2], je m'esquivai du sanctuaire et rejoignis les grands prêtres et les principaux des Pharisiens. 22 Nous n'étions pas peu inquiets de voir d'un côté le peuple en armes et nous, d'autre part, embarrassés sur le parti à prendre et impuissants à faire cesser l'action des agitateurs. Sous la menace d'un danger si évident, nous parlions d'entrer dans leurs vues, mais nous les invitions à rester tranquilles et à laisser aux ennemis la responsabilité de l'attaque [3], afin qu'on pût nous rendre cette justice que nous prenions les armes pour un cas de légitime défense. 23 Nous le faisions dans l'espoir qu'avant longtemps Cestius [4] arriverait avec des forces importantes et arrêterait l'insurrection.

VI. Défaite de Cestius et massacres de Juifs en Syrie (66 ap. J.-C.).

24 Or, celui-ci arriva soudain, livra bataille et fut vaincu en laissant sur le terrain beaucoup des siens. La défaite de Cestius fut fatale à toute notre nation. Le parti de la

1. A l'angle nord-ouest du Temple, qu'elle dominait. C'est Hérode qui lui donna le nom d'Antonia en l'honneur de Marc-Antoine (*B. J.*, I, 401). C'est la « forteresse » de *Actes*, 21, 34.

2. Cf. *B. J.*, II, 433-448. Menahem, avec quelques irréguliers, prit la direction du parti antiromain et fut exécuté par une faction rivale.

νοεῖν ἔπειθον, ποιησάμενος πρὸ ὀφθαλμῶν πρὸς οὓς πολεμήσουσιν, ὅτι Ῥωμαίων οὐ κατ' ἐμπειρίαν μόνον πολεμικὴν ἀλλὰ καὶ κατ' εὐτυχίαν ἐλαττοῦνται· 18 καὶ μὴ προπετῶς καὶ παντάπασιν ἀνοήτως πατρίσι καὶ γενεαῖς καὶ σφίσιν αὐτοῖς τὸν περὶ τῶν ἐσχάτων κακῶν κίνδυνον ἐπάγειν. 19 Ταῦτα δ' ἔλεγον καὶ λιπαρῶς ἐνεκείμην ἀποτρέπων, δυστυχέστατον ἡμῖν τοῦ πολέμου τὸ τέλος γενήσεσθαι προορώμενος. Οὐ μὴν ἔπεισα· πολὺ γὰρ ἡ τῶν απονοηθέντων ἐπεκράτησε μανία.

V. 20 Δείσας οὖν μὴ ταῦτα συνεχῶς λέγων διὰ μίσους ἀφικοίμην καὶ ὑποψίας ὡς τὰ τῶν πολεμίων φρονῶν, καὶ κινδυνεύσω ληφθεὶς ὑπ' αὐτῶν ἀναιρεθῆναι, ἐχομένης ἤδη τῆς Ἀντωνίας, ὅπερ ἦν φρούριον, εἰς τὸ ἐνδοτέρω ἱερὸν ὑπεχώρησα. 21 Μετὰ δὲ τὴν ἀναίρεσιν Μαναήμου καὶ τῶν πρώτων τοῦ ληστρικοῦ στίφους, ὑπεξελθὼν τοῦ ἱεροῦ πάλιν τοῖς ἀρχιερεῦσιν καὶ τοῖς πρώτοις τῶν Φαρισαίων συνδιέτριβον. 22 Φόβος δ' οὔτι μέτριος εἶχεν ἡμᾶς ὁρῶντας τὸν μὲν δῆμον ἐν τοῖς ὅπλοις, αὐτοὶ δ' ὄντες ἐν ἀπόρῳ τί ποιήσωμεν, καὶ τοὺς νεωτεριστὰς παύειν οὐ δυνάμενοι· προδήλου δ' ἡμῖν τοῦ κινδύνου παρεστῶτος, συγκατανεύειν μὲν αὐτῶν ταῖς γνώμαις ἐλέγομεν, συνεβουλεύομεν δὲ μένειν ἐφ' αὐτῶν καὶ τοὺς πολεμίους ἐπελθόντας ἐᾶν, ἵνα τοῦ δικαίως ἀνταίρειν ὅπλα πίστιν εὕρωνται. 23 Ταῦτα δ' ἐπράττομεν ἐλπίζοντες οὐκ εἰς μακρὰν Κέστιον μετὰ μεγάλης δυνάμεως ἀναβάντα παύσειν τὸν νεωτερισμόν.

VI. 24 Ὁ δ' ἐπελθὼν καὶ συμβαλὼν μάχῃ ἐνικήθη, πολλῶν τῶν μετ' αὐτοῦ πεσόντων· καὶ γίνεται τὸ Κεστίου πταῖσμα συμφορὰ τοῦ σύμπαντος ἡμῶν ἔθνους. Ἐπήρθησαν γὰρ ἐπὶ τούτῳ μᾶλλον οἱ τὸν πόλεμον ἀγαπήσαντες καὶ νικήσαντες τοὺς Ῥωμαίους εἰς τέλος ἤλπισαν,

V *22* 6 ἐπελθόντας P : ἀπελθόντας cett. ‖ 7-8 ἵνα... ἐπράττομεν P : corrupta RMW om. A.

VI *24* 5 νικήσαντες : « Perhaps νικήσειν should be read » Thackeray.

guerre, à ce succès, releva la tête. Vainqueurs des Romains une première fois, ils conçurent l'espoir de l'être jusqu'au bout, sans compter cet autre motif encore : 25 les populations qui vivaient dans les villes syriennes des environs s'emparaient des Juifs mêlés à elles et les massacraient avec femmes et enfants, sans avoir le moindre grief à invoquer contre eux ; car ces gens n'avaient pris parti pour aucun mouvement insurrectionnel contre les Romains, ni montré la moindre disposition ou formé le moindre complot hostile aux Syriens. 26 Ce sont les Scythopolitains[1] qui commirent les plus abominables et les plus criminelles atrocités. En effet, attaqués par d'autres Juifs, leurs ennemis venus d'ailleurs, ils forcèrent les Juifs installés parmi eux à prendre les armes contre leurs compatriotes, ce qui nous est interdit ; ils livrèrent bataille avec l'appoint de ces forces et vainquirent les attaquants. Or, après la victoire, au mépris de toute bonne foi à l'égard de leurs concitoyens et de leurs alliés, ils les exterminèrent tous, ce qui fait plusieurs dizaines de milliers. 27 La même chose arriva aux Juifs établis à Damas. Mais j'ai déjà donné sur ce sujet des détails plus circonstanciés dans mon ouvrage sur la *Guerre des Juifs*[2]. Si je les mentionne ici, c'est pour montrer aux lecteurs que la guerre contre les Romains n'est pas venue de l'initiative des Juifs mais plutôt de la fatalité.

VII. Mission de Josèphe en Galilée.

28 Donc, après la défaite de Cestius dont je viens de parler, les notables de Jérusalem, voyant, d'un côté, que les bandits[3] ainsi que les agitateurs étaient très bien pourvus d'armes, craignant, d'autre part, au cas où ils resteraient eux-mêmes désarmés, de tomber aux mains des ennemis — et c'est bien ce qui arriva ensuite — apprenant, d'ailleurs, que la Galilée ne s'était pas encore soulevée tout entière contre les Romains et qu'une partie du pays restait encore tranquille, 29 m'envoient, ainsi que deux autres prêtres distingués, Joazar et Judas, avec mission de convaincre ces mauvais sujets de déposer les armes, et de leur faire comprendre qu'il vaut mieux en confier la

προσγενομένης καὶ ἑτέρας τινὸς τοιαύτης αἰτίας. 25 Οἱ τὰς πέριξ τῆς Συρίας πόλεις κατοικοῦντες τοὺς παρ' ἑαυτοῖς Ἰουδαίους συλλαμβάνοντες σὺν γυναιξὶ καὶ τέκνοις ἀνῄρουν, οὐδεμίαν αὐτοῖς αἰτίαν ἐπικαλεῖν ἔχοντες · οὔτε γὰρ ἐπὶ Ῥωμαίων ἀποστάσει νεώτερόν τι πεφρονήκεσαν, οὔτε πρὸς αὐτοὺς ἐκείνους ἐχθρὸν ἢ ἐπίβουλον.
26 Σκυθοπολῖται δὲ πάντων ἀσεβέστατα καὶ παρανομώτατα διεπράξαντο. Ἐπελθόντων γὰρ αὐτοῖς Ἰουδαίων ἔξωθεν πολεμίων, τοὺς παρ' αὐτοῖς Ἰουδαίους ἐβιάσαντο κατὰ τῶν ὁμοφύλων ὅπλα λαβεῖν, ὅπερ ἐστὶν ἡμῖν ἀθέμιτον · καὶ μετ' ἐκείνων συμβαλόντες ἐκράτησαν τῶν ἐπελθόντων. Ἐπειδὴ δ' ἐνίκησαν, ἐκλαθόμενοι τῆς πρὸς τοὺς ἐνοίκους καὶ συμμάχους πίστεως, πάντας αὐτοὺς διεχρήσαντο, πολλὰς μυριάδας ὄντας. 27 Ὅμοια δ' ἔπαθον καὶ οἱ τὴν Δαμασκὸν Ἰουδαῖοι κατοικοῦντες. Ἀλλὰ περὶ μὲν τούτων ἀκριβέστερον ἐν ταῖς περὶ τοῦ Ἰουδαϊκοῦ πολέμου βίβλοις δεδηλώκαμεν · νῦν δ' αὐτῶν ἐπεμνήσθην, βουλόμενος παραστῆσαι τοῖς ἀναγινώσκουσιν ὅτι οὐ προαίρεσις ἐγένετο τοῦ πολέμου πρὸς Ῥωμαίους Ἰουδαίοις, ἀλλὰ τὸ πλέον ἀνάγκη.

VII. 28 Νικηθέντος οὖν, ὡς ἔφαμεν, τοῦ Κεστίου, τῶν Ἱεροσολυμιτῶν οἱ πρῶτοι θεασάμενοι τοὺς μὲν λῃστὰς ἅμα τοῖς νεωτερισταῖς εὐπορουμένους ὅπλων, δείσαντες δὲ αὐτοὶ μὴ ἄνοπλοι καθεστηκότες ὑποχείριοι γένωνται τοῖς ἐχθροῖς, ὃ καὶ μετὰ ταῦτα συνέβη, καὶ πυθόμενοι τὴν Γαλιλαίαν οὔπω πᾶσαν Ῥωμαίων ἀφεστάναι, μέρος δ' αὐτῆς ἠρεμεῖν ἔτι, 29 πέμπουσιν ἐμὲ καὶ δύο ἄλλους τῶν ἱερέων, καλοὺς κἀγαθοὺς ἄνδρας, Ἰωάζαρον καὶ Ἰούδαν, πείσοντας τοὺς πονηροὺς καταθέσθαι τὰ ὅπλα, καὶ διδάξοντας ὡς ἐστιν ἄμεινον τοῖς κρατίστοις τοῦ ἔθνους αὐτὰ τηρεῖσθαι. Ἔγνωστο δὲ τούτοις ἀεὶ μὲν ἔχειν τὰ ὅπλα πρὸς

VII *29* 2 Ἰωάζαρον RA : Ἰώζάρον P Ἰάζωρον MW.

garde aux notables du peuple. A ce qui fut décidé, ces derniers garderaient les armes toujours prêtes pour tout besoin immédiat, mais ils attendraient de savoir ce que les Romains allaient faire.

VIII. Situation de la Galilée.

a) *Sepphoris.*

30 Muni de ces instructions, je me rendis en Galilée. J'y trouvai les Sepphoritains très angoissés sur le sort de leur cité, car les Galiléens avaient décidé de la mettre au pillage, à cause de ses sentiments proromains et parce que ses habitants avaient tendu la main et promis fidélité à Cestius Gallus, gouverneur de Syrie. 31 Je les libérai tous de leur crainte quand j'eus retourné la populace en leur faveur et leur eus donné l'autorisation d'entretenir des relations aussi fréquentes qu'ils voudraient avec leurs concitoyens retenus comme otages par Cestius à Dora, ville de Phénicie. Quant aux habitants de Tibériade, je les trouvai déjà engagés dans la lutte à main armée, pour la raison que voici.

IX. b) *Tibériade et ses trois partis.*

32 Il y avait dans cette ville trois partis. L'un, de citoyens considérés ; il avait à sa tête Julius Capellus. 33 Lui d'abord et tous ses amis : Hérode, fils de Miaros, Hérode, fils de Gamalus, Compsos, fils de Compsos (son frère Crispus, naguère préfet sous le grand roi[1], se trouvait alors dans ses propriétés, de l'autre côté du Jourdain), 34 tous ceux-ci donc, à ce moment-là, conseillaient de rester fidèles aux Romains et au roi[2]. Ces vues n'agréaient pas à Pistos, que son fils Justus en détournait et qui, du reste, était d'un naturel un peu déséquilibré. 35 Le second parti, composé d'individus des plus insignifiants, avait décidé la guerre. 36 Quant à Justus, fils de Pistos et chef du troisième parti, tout en faisant mine d'hésiter à entreprendre la guerre, il brûlait de voir une révolution, car il se flattait qu'un changement de régime lui fournirait l'occasion d'acquérir du pouvoir. 37 Il se présenta

1. Hérode Agrippa (37-44).
2. Agrippa II (48-100).

τὸ μέλλον ἕτοιμα, περιμένειν δὲ τί πράξουσιν Ῥωμαῖοι
μαθεῖν.

VIII. 30 Λαβὼν οὖν ἐγὼ τὰς ὑποθήκας ταύτας ἀφικόμην
εἰς τὴν Γαλιλαίαν. Καὶ Σεπφωρίτας μὲν οὐκ ἐν ὀλίγῳ περὶ
τῆς πατρίδος ἀγῶνι καθεστῶτας εὗρον, διαρπάσαι κεκρι-
κότων αὐτὴν τῶν Γαλιλαίων διὰ τὴν πρὸς Ῥωμαίους ἐκεί-
νων φιλίαν, καὶ ὅτι Κεστίῳ Γάλλῳ τῷ τῆς Συρίας ἡγεμο-
νεύοντι δεξιάν τε καὶ πίστιν προτείνειαν. 31 Ἀλλὰ τού-
τους μὲν ἐγὼ πάντας ἀπήλλαξα τοῦ φόβου, πείσας ὑπὲρ
αὐτῶν τὰ πλήθη καὶ ἐπιτρέψας ὁσάκις θέλουσι διαπέμ-
πεσθαι πρὸς τοὺς ἐν Δώροις οἰκείους ὁμηρεύοντας Κεσ-
τίῳ · τὰ δὲ Δῶρα πόλις ἐστὶν τῆς Φοινίκης. Τοὺς ἐν Τιβε-
ριάδι δὲ κατοικοῦντας εὗρον ἐφ᾽ ὅπλα κεχωρηκότας ἤδη,
δι᾽ αἰτίαν τοιαύτην.

IX. 32 Στάσεις τρεῖς ἦσαν κατὰ τὴν πόλιν · μία μὲν ἀν-
δρῶν εὐσχημόνων, ἦρχε δ᾽ αὐτῆς Ἰούλιος Κάπελλος.
33 Οὗτος δὴ καὶ οἱ σὺν αὐτῷ πάντες, Ἡρώδης ὁ Μιαροῦ
καὶ Ἡρώδης ὁ τοῦ Γαμάλου καὶ Κομψὸς ὁ τοῦ Κόμψου ·
Κρίσπος γὰρ ἀδελφὸς αὐτοῦ, τοῦ μεγάλου βασιλέως γενό-
μενός ποτε ἔπαρχος, ἐν ταῖς ἰδίαις κτήσεσιν ἐτύγχανεν πέ-
ραν τοῦ Ἰορδάνου · 34 πάντες οὖν οἱ προειρημένοι κατὰ
τὸν καιρὸν ἐκεῖνον ἐμμένειν συνεβούλευον τῇ πρὸς τοὺς
Ῥωμαίους καὶ τὸν βασιλέα πίστει · τῇ γνώμῃ δ᾽ οὐ συνη-
ρέσκετο Πίστος, παραγόμενος ὑπὸ Ἰούστου τοῦ παιδός ·
35 καὶ γὰρ ἦν φύσει πως ἐπιμανής. Ἡ δευτέρα δὲ στάσις,
ἐξ ἀσημοτάτων συνεστηκυῖα, πολεμεῖν ἔκρινεν. 36 Ἰοῦσ-
τος δ᾽ ὁ Πίστου παῖς, ὁ τῆς τρίτης μερίδος πρῶτος, ὑπε-
κρίνετο μὲν ἐνδοιάζειν πρὸς τὸν πόλεμον, νεωτέρων δ᾽
ἐπεθύμει πραγμάτων, ἐκ τῆς μεταβολῆς οἰόμενος δύναμιν
ἑαυτῷ περιποιήσειν. 37 Παρελθὼν οὖν εἰς μέσους διδάσ-

VII *29* 7 μαθεῖν « suspectum » Niese.
VIII *31* 2 πάντας codd. : παντὸς Niese || 4 πρὸς ed. pr. : διὰ codd.
IX *34* 4 παραγόμενος Dindorf : παραγενόμενος codd.

donc et tâcha de faire accroire au peuple que leur cité avait toujours été la capitale de la Galilée, au moins sous son fondateur, Hérode le Tétrarque, qui voulait que la ville de Sepphoris fût sous la dépendance de Tibériade. Même sous le roi Agrippa le père, ils n'avaient pas perdu cette primauté, mais l'avaient conservée jusqu'au jour où Félix devint gouverneur de la Judée. 38 Seulement, maintenant ils avaient le malheur d'avoir été donnés en fief par Néron à Agrippa le Jeune. Immédiatement, Sepphoris, par sa soumission aux Romains, était devenue la capitale de la Galilée, et c'est chez elle que furent installées la banque royale et les archives. 39 Tout en répétant ces critiques et bien d'autres encore contre le roi Agrippa, afin d'exciter le peuple à la sédition, il ajoutait que le moment était venu de prendre les armes de s'adjoindre comme alliés les Galiléens (ceux-ci leur laisseraient volontiers le commandement, par haine des Sepphoritains, partisans de la fidélité aux Romains) et d'en tirer vengeance dans un grand combat. 40 Cette harangue lui concilia la foule ; car c'était un démagogue habile à triompher, par la magie et la perfidie de ses discours, des contradicteurs qui proposaient de meilleurs avis. En effet, il n'était pas sans culture grecque, et c'est ce qui lui donna l'audace de se mettre à écrire l'histoire de ces événements, comptant bien par sa faconde l'emporter sur la vérité. 41 Mais ce personnage, l'immoralité de sa vie et le fait que notre désastre n'est dû, peu s'en faut, qu'à lui et à son frère, je le montrerai au cours du récit[1] 42 A ce moment-là, Juste, une fois qu'il a décidé ses concitoyens à prendre les armes et qu'il y a contraint bien des réfractaires, part en campagne avec tout ce monde, incendie les villages dépendants de Gadara et de Hippos et situés à la limite du territoire de Tibériade et de celui de Scythopolis. X. 43 Telle était la situation à Tibériade.

c) *Gischala.*

A Gischala, elle se présentait de la façon suivante. Jean,

1. Cf. 88, 279, 336-367, 390-393, 410.

κειν ἐπειρᾶτο τὸ πλῆθος ὡς ἡ πόλις ἀεὶ τῆς Γαλιλαίας ἄρξειεν ἐπί γε τῶν Ἡρώδου χρόνων τοῦ τετράρχου καὶ κτίστου γενομένου, βουληθέντος αὐτοῦ τὴν Σεπφωριτῶν πόλιν τῇ Τιβεριέων ὑπακούειν · ἀποβαλεῖν δὲ τὸ πρωτεῖον αὐτοὺς μηδὲ ἐπὶ τοῦ βασιλέως Ἀγρίππα τοῦ πατρός, διαμεῖναι δὲ καὶ μέχρι Φήλικος προεσταμένου τῆς Ἰουδαίας. 38 Νῦν δὲ ἔλεγεν αὐτοὺς ἠτυχηκέναι τῷ νεωτέρῳ δωρεὰν Ἀγρίππᾳ δοθέντας ὑπὸ Νέρωνος · ἄρξαι γὰρ εὐθὺς τὴν μὲν Σέπφωριν, ἐπειδὴ Ῥωμαίοις ὑπήκουσεν, τῆς Γαλιλαίας, καταλυθῆναι δὲ παρ' αὐτοῖς τήν τε βασιλικὴν τράπεζαν καὶ τὰ ἀρχεῖα. 39 Ταῦτα καὶ πρὸς τούτοις ἕτερα πολλὰ κατὰ βασιλέως Ἀγρίππα λέγων ὑπὲρ τοῦ τὸν δῆμον εἰς τὴν ἀποστασίαν ἐρεθίσαι, προσετίθει νῦν εἶναι καιρὸν ἀραμένους ὅπλα καὶ Γαλιλαίους συμμάχους προσλαβόντας (ἄρξειν γὰρ αὐτῶν ἑκόντων διὰ τὸ πρὸς τοὺς Σεπφωρίτας μῖσος ὑπάρχον αὐτοῖς, ὅτι τὴν πρὸς Ῥωμαίους πίστιν διαφυλάσσουσιν) μεγάλῃ χειρὶ πρὸς τὴν ὑπὲρ αὐτῶν τιμωρίαν τραπέσθαι. 40 Ταῦτα λέγων προετρέψατο τὸ πλῆθος · ἦν γὰρ ἱκανὸς δημαγωγεῖν καὶ τῶν ἀντιλεγόντων τὰ βελτίω περιεῖναι γοητείᾳ καὶ ἀπάτῃ τῇ διὰ λόγων. Καὶ γὰρ οὐδ' ἄπειρος ἦν παιδείας τῆς παρ' Ἕλλησιν, ᾗ θαρρῶν ἐπεχείρησεν καὶ τὴν ἱστορίαν τῶν πραγμάτων τούτων ἀναγράφειν, ὡς τῷ λόγῳ τούτῳ περιεσόμενος τῆς ἀληθείας. 41 Ἀλλὰ περὶ μὲν τούτου τοῦ ἀνδρός, ὡς φαῦλος τὸν βίον ἐγένετο, καὶ ὡς σὺν τῷ ἀδελφῷ μικροῦ δεῖν καταστροφῆς αἴτιος ὑπῆρξεν, προϊόντος τοῦ λόγου δηλώσομεν. 42 Τότε δὲ πείσας ὁ Ἰοῦστος τοὺς πολίτας ἀναλαβεῖν τὰ ὅπλα, πολλοὺς δὲ καὶ μὴ θελήσαντας ἀναγκάσας, ἐξελθὼν σὺν πᾶσι τούτοις ἐμπίμπρησιν τάς τε Γαδαρηνῶν καὶ Ἱππηνῶν κώμας, αἳ δὴ μεθόριοι τῆς Τιβεριάδος καὶ τῆς τῶν Σκυθοπολιτῶν γῆς ἐτύγχανον κείμεναι. X. 43 Καὶ

IX *37* 5 ἀποβαλεῖν Niese : ἀποβάλλειν codd. || *38* 5 ἀρχεῖα Hudson : αρχια P ἀρχαῖα RAMW || *39* 5 ἄρξειν : ἄρχειν Niese || 6 ὑπάρχον Dindorf : ὑπάρξειν Niese ὑπάρχειν codd.

fils de Lévi, voyant certains citoyens tirer vanité de l'insurrection contre Rome, tâcha de les retenir et leur demanda de rester fidèles. 44 Il n'y parvint pas, malgré tous ses efforts. Car les populations environnantes, Gadaréniens, Gabaréniens, Soganéiens et Tyriens, rassemblèrent une armée importante, firent irruption sur Gischala, la prirent d'essaut et, après l'avoir incendiée, puis rasée, rentrèrent chez eux.

45 Alors, Jean, exaspéré par cette provocation, arme tous ses partisans, attaque les dites populations et les bat. Quant à Gischala, il la rebâtit plus forte, en la munissant de remparts, pour en assurer la sécurité à l'avenir.

XI. d) *Gamala et Philippe ben Jachim.*

46 Gamala, au contraire, resta fidèle à Rome pour la raison que voici. Philippe, fils de Jachim, lieutenant du roi Agrippa, échappé vivant par miracle du palais royal de Jérusalem au moment du siège, était tombé dans un autre danger, celui d'être tué par Manahem et sa bande de brigands[1]. 47 Mais des Babyloniens de ses proches, se trouvant à Jérusalem, empêchèrent les brigands de commettre le meurtre. Philippe attendit là-bas quatre jours, puis, le cinquième, il s'enfuit avec une fausse perruque pour n'être pas reconnu. Arrivé dans l'une de ses bourgades, située aux confins de la forteresse de Gamala, il envoie à quelques-uns de ses gens l'ordre de le rejoindre. 48 Mais le ciel, heureusement pour lui, fit obstacle à ce plan, car sans cela il eût certainement péri. Saisi par un soudain accès de fièvre, il écrit une lettre aux enfants[2],

1. Cf. *B. J.*, II, 556 sq., 433 sq.

2. D'Agrippa I, son précédent maître : Agrippa II et Bérénice. En 44, à la mort de son père, Agrippa II n'avait que dix-sept ans. Claude, dans l'entourage de qui il vivait à Rome, voulut lui donner la succession immédiatement. Mais, si l'on en croit Josèphe (*Ant.*, XIX, 360-363), les affranchis de Claude firent échouer ce projet en objectant la jeunesse du prince. L'allusion faite ici à son rôle pendant la guerre est à compléter par *B. J.*, II, 335 à 421, 523 à 525, et III, 443-447. Le grand discours d'Agrippa II aux Juifs rassemblés au Xyste de Jérusalem défend la thèse personnelle de Josèphe sur l'inopportunité d'attaquer les Romains (cf. *Vita*, 17-19).

Τιβεριὰς μὲν ἐν τούτοις ἦν. Τὰ περὶ Γίσχαλα δὲ εἶχεν τὸν τρόπον τοῦτον. Ἰωάννης ὁ τοῦ Ληουεί, τῶν πολιτῶν τινας ὁρῶν διὰ τὴν ἀποστασίαν τὴν ἀπὸ Ῥωμαίων μέγα φρονοῦντας, κατέχειν αὐτοὺς ἐπειρᾶτο, καὶ τὴν πίστιν ἠξίου διαφυλάττειν. 44 Οὐ μὴν ἠδυνήθη, καίτοι πάνυ προθυμούμενος. Τὰ γὰρ πέριξ ἔθνη Γαδαρηνοὶ καὶ Γαβαρηνοί, Σωγαναῖοι καὶ Τύριοι, πολλὴν ἀθροίσαντες δύναμιν, καὶ τοῖς Γισχάλοις ἐπεισπεσόντες, λαμβάνουσι τὰ Γίσχαλα κατὰ κράτος · καὶ πυρπολήσαντες, εἶτα δὲ καὶ προσκατασκάψαντες, εἰς τὴν οἰκείαν ἀνέζευξαν. 45 Ἰωάννης δὲ ἐπὶ τούτῳ παροξυνθεὶς ὁπλίζει πάντας τοὺς μεθ' αὐτοῦ καὶ συμβαλὼν τοῖς προειρημένοις ἔθνεσι κατὰ κράτος ἐνίκησε, τά τε Γίσχαλα κρείττονα πάλιν ἀνακτίσας, τείχεσιν ὑπὲρ ἀσφαλείας τῆς εἰς ὕστερον ὠχύρωσεν.

XI. 46 Γάμαλα δὲ πίστει τῇ πρὸς Ῥωμαίους ἐνέμεινε, δι' αἰτίαν τοιαύτην. Φίλιππος ὁ Ἰακείμου παῖς, ἔπαρχος δὲ τοῦ βασιλέως Ἀγρίππα, σωθεὶς παρὰ δόξαν ἐκ τῆς ἐν Ἱεροσολύμοις βασιλικῆς αὐλῆς πολιορκουμένης καὶ διαφυγών, εἰς ἕτερον ἐνέπεσε κίνδυνον, ὥστε ὑπὸ Μαναήμου καὶ τῶν σὺν αὐτῷ λῃστῶν ἀναιρεθῆναι · 47 διεκώλυσαν δὲ Βαβυλώνιοί τινες συγγενεῖς αὐτοῦ ἐν Ἱεροσολύμοις ὄντες πρᾶξαι τοὺς λῃστὰς τὸ ἔργον. Ἐπιμείνας οὖν ἡμέρας τέσσαρας ὁ Φίλιππος ἐκεῖ, τῇ πέμπτῃ φεύγει περιθετῇ χρησάμενος κόμῃ, τοῦ μὴ κατάδηλος γενέσθαι. Καὶ παραγενόμενος εἴς τινα τῶν ἑαυτοῦ κωμῶν κατὰ τοὺς ὅρους Γάμαλα τοῦ φρουρίου κειμένην, πέμπει πρός τινας τῶν ὑπ' αὐτοῦ προστάσσων ὡς αὐτὸν ἀφικέσθαι. 48 Ταῦτα δ' αὐτὸν ἐννοούμενον ἐμποδίζει τὸ θεῖον ἐπὶ συμφέροντι · μὴ γὰρ τούτου γενομένου, πάντως ἂν ἀπολώλει. Πυρετοῦ δὴ

X *44* 2 Γαδαρηνοί, Σωγαναῖοι Gagnierus et Hudson : βαραγαναῖοι A -νεοι P παραγεναῖοι R -γενέοι M -γανέοι W.

XI *47* 8 ἀφικέσθαι : τὴν Φιλίππου add. codd. Lacunam notat Niese.

Agrippa et Bérénice, et la fait porter par un de ses affranchis à Varus[1]. 49 Varus, à cette époque, était l'administrateur du royaume, établi par les souverains. Euxmêmes s'étaient rendus à Beyrouth, où ils voulaient rencontrer Cestius. 50 Varus, donc, au reçu de la lettre de Philippe, en apprenant qu'il avait échappé au danger, fut très vexé, car il comprit qu'il allait désormais paraître lui-même bien inutile aux souverains, puisque Philippe arrivait. Alors, il fit comparaître devant le peuple le messager qui avait apporté la lettre, l'accusa d'avoir fabriqué un faux, déclara qu'il mentait en annonçant que Philippe combattait à Jérusalem avec les Juifs contre les Romains et le fit exécuter. 51 Ne voyant pas revenir son affranchi, Philippe, n'arrivant pas à en comprendre la raison, envoie un second messager avec une nouvelle lettre et avec la consigne de lui rapporter ce qui était arrivé à son premier messager pour qu'il tardât tellement. 52 Mais celui-là aussi, dès son arrivée, Varus l'accusa sans motif et le fit exécuter. C'est que Varus était incité à de grandes prétentions par les Syriens de Césarée, qui lui répétaient qu'Agrippa allait être mis à mort par les Romains, sur des dénonciations venant de Juifs, et qu'alors lui, en qualité de descendant de rois, recevrait le pouvoir. Car Varus — tous le reconnaissaient — était de race royale, en sa qualité de descendant de Soaimos, tétrarque dans le Liban. 53 Enflé de ces prétentions, Varus garda les messages en sa possession, en s'arrangeant pour que le texte ne tombât pas sous les yeux du roi, et d'autre part, il gardait toutes les issues de la ville pour éviter que quelque individu ne s'échappât et n'allât raconter au roi toutes ses manœuvres. Enfin, pour se concilier les Syriens de Césarée, il fit tuer quantité de Juifs.

Massacre des « Juifs babyloniens ».

54 Il voulut aussi, avec l'aide des gens de la Trachonitide en Batanée, attaquer à main armée à Ecbatane les « Juifs babyloniens », comme on les appelle[2]. 55 Il fit ap-

1. Écrit Νόαρος dans *B. J.*, II, 481 sq., mais Οὔαρος en II, 247.
2. Les hauts plateaux à l'est de la mer de Galilée, e. g. la Batanée (Bashan) et le district volcanique de Trachonitide (τράχύς rocail-

κατασχόντος αὐτὸν ἐξαίφνης, γράψας ἐπιστολὰς τοῖς παισὶν Ἀγρίππᾳ καὶ Βερενίκῃ δίδωσιν τῶν ἐξελευθέρων τινὶ κομίζειν πρὸς Οὔαρον. 49 Ἦν δ' οὗτος κατὰ τὸν καιρὸν ἐκεῖνον ὁ τὴν βασιλείαν διοικῶν, καταστησάντων αὐτὸν τῶν βασιλέων, αὐτοὶ γὰρ εἰς Βηρυτὸν ἀφικνοῦντο, ὑπαντῆσαι βουλόμενοι Κεστίῳ. 50 Λαβὼν οὖν ὁ Οὔαρος τὰ παρὰ Φιλίππου γράμματα καὶ πυθόμενος αὐτὸν διασεσῶσθαι βαρέως ἤνεγκεν, ἀχρεῖος τὸ λοιπὸν αὐτὸς νομίζων φανεῖσθαι τοῖς βασιλεῦσιν, ἀφικομένου τοῦ Φιλίππου. Προαγαγὼν οὖν εἰς τὸ πλῆθος τὸν τὰς ἐπιστολὰς κομίσαντα, καὶ πλαστογραφίαν ἐπικαλέσας, ψεύδεσθαί τε φήσας αὐτὸν ἀπαγγείλαντα Φίλιππον ἐν τοῖς Ἱεροσολύμοις μετὰ τῶν Ἰουδαίων Ῥωμαίοις πολεμεῖν, ἀπέκτεινεν. 51 Μὴ ὑποστρέψαντος δὲ τοῦ ἐξελευθέρου Φίλιππος ἀπορῶν τὴν αἰτίαν δεύτερον ἐκπέμπει μετ' ἐπιστολῶν πάλιν τὸν ἀπαγγελοῦντα πρὸς αὐτὸν τί τὸ συμβεβηκὸς εἴη τῷ ἀποσταλέντι, δι' ὃ βραδύνειεν. 52 Καὶ τοῦτον δὲ παραγενόμενον ὁ Οὔαρος συκοφαντήσας ἀνεῖλεν. Καὶ γὰρ ὑπὸ τῶν ἐν Καισαρείᾳ Σύρων ἐπῆρτο μέγα φρονεῖν, ἀναιρεθήσεσθαι μὲν λεγόντων ὑπὸ Ῥωμαίων τὸν Ἀγρίππαν διὰ τὰς ὑπὸ Ἰουδαίων μαρτυρίας, λήψεσθαι δ' αὐτὸν τὴν ἀρχήν, ἐκ βασιλέων ὄντα. Καὶ γὰρ ἦν ὁμολογουμένως ὁ Οὔαρος βασιλικοῦ γένους, ἔγγονος Σοέμου τοῦ περὶ τὸν Λίβανον τετραρχοῦντος. 53 Διὰ τοῦτ' οὖν ὁ Οὔαρος τυφούμενος τὰς μὲν ἐπιστολὰς παρ' ἑαυτῷ κατέσχεν, μηχανώμενος μὴ ἐντυχεῖν τοῖς γράμμασι τὸν βασιλέα, τὰς ἐξόδους δὲ πάσας ἐφρούρει, μὴ διαδράς τις ἀπαγγείλειε τῷ βασιλεῖ τὰ πραττόμενα. Καὶ δὴ χαριζόμενος τοῖς κατὰ τὴν Καισάρειαν Σύροις πολλοὺς τῶν Ἰουδαίων ἀπέκτεινεν.

54 Ἐβουλήθη δὲ καὶ μετὰ τῶν ἐν Βαταναίᾳ Τραχωνιτῶν ἀναλαβὼν τὰ ὅπλα ἐπὶ τοὺς ἐν Ἐκβατάνοις Βαβυλωνίους Ἰουδαίους (ταύτην γὰρ τὴν προσηγορίαν ἔχουσιν) ὁρμῆ-

XI *50* 7-8 μετὰ — Ῥωμαίοις om. P || *52* 4 μαρτυρίας R : ἁμαρτίας cett.

peler les douze Juifs les plus considérés de Césarée, leur ordonna de se rendre à Ecbatane et de dire à leurs compatriotes fixés là-bas : « Varus a reçu un rapport prétendant que vous vous préparez à marcher contre le roi. Bien qu'il n'y ajoute pas foi, il nous a envoyés pour vous décider à déposer les armes. Votre geste lui prouvera en même temps qu'il avait eu raison de ne pas croire aux rapports qu'on lui avait faits sur vous. » 56 Il ordonnait, d'ailleurs, de lui envoyer soixante-dix de leurs notables pour s'expliquer sur l'accusation portée. Les douze s'étant donc rendus auprès de leurs compatriotes à Ecbatane et les ayant trouvés tout à fait innocents de tout mouvement insurrectionnel, les gagnèrent à l'idée d'envoyer les soixante-dix notables. 57 N'ayant pas le moindre soupçon de ce qui allait arriver, ils les envoyèrent. Ces derniers, donc, descendent à Césarée avec les douze délégués. Varus vient à leur rencontre avec l'armée royale, les massacre tous, y compris les délégués, et se met en marche contre les Juifs d'Ecbatane. 58 Mais un des soixante-dix, qui avait pu s'échapper, réussit à le devancer et les alerta. Alors, ils prirent leurs armes et se retirèrent avec femmes et enfants dans la forteresse de Gamala, abandonnant leurs bourgades pleines de quantité de provisions et riches de myriades de têtes de bétail. 59 Informé de la chose, Philippe se rendit, lui aussi, à la forteresse de Gamala. Dès son arrivée, la foule lui cria de prendre le commandement et lui demandait d'attaquer Varus et les Syriens de Césarée, car le bruit s'était répandu qu'ils avaient tué le roi. 60 Philippe s'efforça de contenir leurs emportements en leur rappelant tous les bienfaits du roi pour eux et en leur expliquant toute l'importance des forces romaines ; il assurait qu'on n'avait pas avantage à provoquer la guerre contre eux ; et il finit par les convaincre. 61 Le roi, informé que

leux ; moderne El Lejā) étaient exposés aux incursions des Arabes. Pour protéger la région, où se déploie la route directe de Babylone à Jérusalem, Hérode le Grand avait établi en Batanée une colonie de Juifs babyloniens, sous l'autorité de Zamaris, grand-père du Philippe nommé ici. Cf. *Ant.*, XVII, 23 sq. — Ecbatane est une des forteresses construites dans la région. — *B. J.*, II, 481 sq., donne de ce récit une version différente.

σαι. 55 Καλέσας οὖν τῶν κατὰ τὴν Καισάρειαν Ἰουδαίων δώδεκα τοὺς δοκιμωτάτους, προσέτασσεν αὐτοῖς ἀφικομένοις εἰς Ἐκβάτανα πρὸς τοὺς ἐκεῖ κατοικοῦντας αὐτῶν ὁμοφύλους εἰπεῖν ὅτι Οὔαρος, ἀκούσας ὑμᾶς ἐπὶ βασιλέα μέλλειν ὁρμᾶν καὶ μὴ πιστεύσας, πέπομφεν ἡμᾶς πείσοντας ὑμᾶς τὰ ὅπλα καταθέσθαι· τοῦτο γὰρ αὐτῷ τεκμήριον ἔσεσθαι καὶ τοῦ καλῶς μὴ πιστεῦσαι τοῖς περὶ ὑμῶν λέγουσιν. 56 Ἐκέλευε δὲ καὶ τοὺς πρώτους αὐτῶν ἄνδρας ἑβδομήκοντα πέμπειν, ἀπολογησομένους περὶ τῆς ἐπενηνεγμένης αἰτίας. Ἐλθόντες οὖν οἱ δώδεκα πρὸς τοὺς ἐν Ἐκβατάνοις ὁμοφύλους, καὶ καταλαβόντες αὐτοὺς μηδὲν ἐπὶ νεωτερισμῷ φρονοῦντας, ἔπεισαν καὶ τοὺς ἑβδομήκοντα πέμπειν. 57 Οἱ δὲ μηδὲν ὑποπτεύσαντες τοιοῦτον οἷον ἔμελλεν ἀποβήσεσθαι, ἐξαπέστειλαν. Καταβαίνουσι δ' οὗτοι μετὰ τῶν δώδεκα πρέσβεων εἰς τὴν Καισάρειαν. Ὑπαντήσας οὖν ὁ Οὔαρος μετὰ τῆς βασιλικῆς δυνάμεως, σὺν τοῖς πρέσβεσιν πάντας ἀπέκτεινεν καὶ τὴν πορείαν ἐπὶ τοὺς ἐν Ἐκβατάνοις Ἰουδαίους ἐποιεῖτο. 58 Φθάσας δέ τις ἐκ τῶν ἑβδομήκοντα σωθεὶς ἀπήγγειλεν αὐτοῖς, κἀκεῖνοι τὰ ὅπλα λαβόντες σὺν γυναιξὶ καὶ τέκνοις εἰς Γάμαλα τὸ φρούριον ὑπεχώρησαν, καταλιπόντες τὰς κώμας πολλῶν ἀγαθῶν πλήρεις καὶ βοσκημάτων πολλὰς μυριάδας ἐχούσας. 59 Φίλιππος δὲ πυθόμενος ταῦτα, καὶ αὐτὸς εἰς Γάμαλα τὸ φρούριον ἧκεν· παραγενομένου δέ, κατεβόα τὸ πλῆθος ἄρχειν αὐτὸν παρακαλοῦντες, καὶ πολεμεῖν πρὸς Οὔαρον καὶ τοὺς ἐν τῇ Καισαρείᾳ Σύρους· διαδέδοκτο γὰρ ὑπὸ τούτων τὸν βασιλέα τεθνάναι. 60 Φίλιππος δ' αὐτῶν κατεῖχε τὰς ὁρμάς, ὑπομιμνήσκων τῶν τε τοῦ βασιλέως εἰς αὐτοὺς εὐεργεσιῶν καὶ τὴν Ῥωμαίων διηγούμενος ὅση τίς ἐστιν ἡ δύναμις, συμφέρειν οὐκ ἔλεγεν ἄρασθαι πρὸς τούτους πόλεμον, καὶ τέλος ἔπεισεν. 61 Ὁ δὲ βασιλεὺς

XI *59* 4 διαδέδοκτο R : διεδέχετο cett. διεδίδοτο Hudson διεδέδοτο Bekker.

Varus allait massacrer les Juifs de Césarée avec femmes et enfants, par dizaines de milliers en un seul jour, le rappelle et envoie à sa place Aequus Modius, comme je l'ai exposé ailleurs[1]. Quant à Philippe, il garda la forteresse de Gamala et maintint le territoire environnant dans la fidélité à Rome.

XII. Démolition du palais d'Hérode le Tétrarque.

62 Dès qu'à mon arrivée en Galilée je fus informé de ces nouvelles, j'écrivis au Sanhédrin de Jérusalem en demandant des instructions sur ce que je devais faire. On m'engagea à rester à mon poste et à veiller sur la Galilée, en retenant aussi mes collègues s'ils y consentaient. 63 Mes collègues, munis de sommes considérables des dîmes qu'à titre de prêtres ils avaient reçues en redevances, décidèrent de s'en retourner chez eux. Mais à la demande que je leur fis de rester jusqu'à ce que nous ayons rétabli la situation, ils acceptent. 64 Là-dessus, parti avec eux de Sepphoris, je me rends dans une bourgade nommée Bethmaüs, à quatre stades de Tibériade, et de là j'envoie une députation au Conseil de Tibériade en demandant aux notables du peuple de me rejoindre. 65 Quand ils furent là (Juste était venu avec eux), je leur expliquai que, avec mes collègues, je leur étais député par la Communauté de Jérusalem pour les décider à démolir le palais construit par Hérode le Tétrarque, où il y avait des représentations de formes vivantes, alors que nos lois interdisent toute construction de ce genre[2], et je les engageais à nous donner l'autorisation de procéder au plus tôt à l'exécution. 66 Capella[3] et les principaux du groupe longtemps refusèrent, mais, forcés par nos instances, ils finirent par consentir. Seulement, nous sommes devancés par Jésus, fils de Sapphias[4], dont nous avons dit

1. Cf. *B. J.*, II, 483, où est bien mentionnée la révocation de Varus, sans le nom de son successeur. Pour la suite, voir 179 sq.

2. *Exode*, 20, 4.

3. Ou Capellus, comme 32.

4. Ce personnage n'a pas encore été nommé. L'allusion se rapporte sans doute au « second parti, composé des individus les plus insignifiants », *supra*, 35.

πυθόμενος ὅτι Οὔαρος μέλλει τοὺς ἐπὶ τῆς Καισαρείας Ἰουδαίους σὺν γυναιξὶ καὶ τέκνοις πολλὰς ὄντας μυριάδας ἀναιρεῖν ἡμέρᾳ μιᾷ, μεταπέμπεται [πρὸς] αὐτόν, Αἴκουον Μόδιον πέμψας αὐτῷ διάδοχον, ὡς ἐν ἄλλοις ἐδηλώσαμεν. Ὁ δὴ Φίλιππος Γάμαλα τὸ φρούριον κατέσχεν καὶ τὴν πέριξ χώραν πίστει τῇ πρὸς Ῥωμαίους ἐμμένουσαν.

XII. 62 Ἐπεὶ δ' εἰς τὴν Γαλιλαίαν ἀφικόμην ἐγώ, καὶ ταῦτα παρὰ τῶν ἀπαγγειλάντων ἔμαθον, γράφω τῷ συνεδρίῳ τῶν Ἱεροσολυμιτῶν περὶ τούτων, καὶ τί με πράττειν κελεύουσιν ἐρωτῶ. Οἱ δὲ προσμεῖναι παρεκάλεσαν καὶ τοὺς συμπρέσβεις, εἰ θέλοιεν, κατασχόντα πρόνοιαν ποιήσασθαι τῆς Γαλιλαίας. 63 Οἱ δὲ συμπρέσβεις εὐπορήσαντες πολλῶν χρημάτων ἐκ τῶν διδομένων αὐτοῖς δεκατῶν, ἃς ὄντες ἱερεῖς ὀφειλομένας ἀπελάμβανον, εἰς τὴν οἰκείαν ὑποστρέφειν γῆν ἔκριναν· ἐμοῦ δ' αὐτοὺς προσμεῖναι παρακαλέσαντος ἕως οὗ τὰ πράγματα καταστήσωμεν, πείθονται. 64 Ἄρας οὖν μετ' αὐτῶν ἀπὸ τῆς Σεπφωριτῶν πόλεως εἰς κώμην τινά, Βηθμαοὺς λεγομένην, ἀπέχουσαν Τιβεριάδος στάδια τέσσαρα, παραγίνομαι. Καὶ πέμψας ἐντεῦθεν [τοὺς] πρὸς τὴν Τιβεριέων βουλήν, καὶ τοὺς πρώτους τοῦ δήμου παρεκάλουν ἀφικέσθαι πρός με. 65 Καὶ παραγενομένων (ἐληλύθει δὲ σὺν αὐτοῖς καὶ Ἰοῦστος) ἔλεγον ὑπὸ τοῦ κοινοῦ τῶν Ἱεροσολυμιτῶν πρεσβεῦσαι μετὰ τούτων πεπόμφθαι πρὸς αὐτούς, πείσων καθαιρεθῆναι τὸν οἶκον τὸν ὑπὸ Ἡρώδου τοῦ τετράρχου κατασκευασθέντα, ζῴων μορφὰς ἔχοντα, τῶν νόμων οὕτως τι κατασκευάζειν ἀπαγορευόντων, καὶ παρεκάλουν αὐτοὺς ἐᾶν ἡμᾶς ᾗ τάχος τοῦτο πράττειν. 66 Ἐπὶ πολὺ μὲν οὖν οἱ περὶ τὸν Καπέλλαν καὶ τοὺς πρώτους αὐτῶν ἐπιτρέπειν οὐκ ἤθελον, βιαζόμενοι δ' ὑφ' ἡμῶν συγκατατίθενται. Φθάνει δ' Ἰησοῦς ὁ

XI *61* 4 πρὸς del. Bekker || 5 Μόδιον MW : Μονόδιον cett. cf. 114.
XII *64* 4 τοὺς seclusit Thackeray || *65* 3 πρεσβεῦσαι PRA : πρεσβεύσων cett.

d'abord qu'il dirigeait le parti des marins et des miséreux : avec une poignée de Galiléens, il mit le feu à tout le palais, espérant en tirer une fortune, parce qu'il avait vu que certains plafonds étaient revêtus d'or. 67 Ils firent, bien malgré nous, un beau pillage. Ainsi, après notre conférence avec Capella et les notables de Tibériade, nous quittâmes Bethmaüs pour la Haute-Galilée. Jésus et ses partisans massacrent alors tous les Grecs de Tibériade et tous ceux qui avant la guerre avaient été leurs ennemis.

XIII. 68 A ces nouvelles, je me fâchai tout de bon et, descendant à Tibériade, je mis tous mes soins à enlever aux pillards tout ce qui pouvait encore être sauvé du mobilier royal : des candélabres corinthiens, des tables de palais et un poids considérable d'argent en lingots. Je décidai de garder pour le roi tout ce que j'avais récupéré[1]. 69 Je fis donc venir les dix notables du Conseil et Capella, fils d'Antyllus, et leur confiai ces objets, avec la consigne de ne les livrer à nul autre que moi-même.

Les fourberies de Jean de Gischala.

70 De là, je me rendis avec mes collègues à Gischala, auprès de Jean, pour savoir quelle était sa position. J'eus vite fait de voir qu'il ne rêvait que révolution et brûlait d'avoir le commandement. 71 En effet, il me demandait de l'autoriser à mettre la main sur le blé impérial déposé dans les bourgades de la Haute-Galilée. Car, disait-il, il voulait en employer le prix à réparer les murs de sa ville natale. 72 Mais comme j'avais compris sa manœuvre et ce qu'il tramait, je lui refusai l'autorisation, car je pensais garder ce blé ou pour les Romains ou pour moi-même, puisque c'est à moi que la responsabilité de la situation là-bas avait été confiée par la Communauté de Jérusalem. 73 N'arrivant pas à me convaincre sur ce point, il se tourna vers mes collègues : ils n'avaient aucune idée de ce qui allait arriver et ils étaient tout prêts à toucher de l'argent. Il les achète pour qu'ils votent que

1. Cette décision devait valoir ensuite à Josèphe bien des ennuis.

τοῦ Σαπφία παῖς, ὃν τῆς τῶν ναυτῶν καὶ τῶν ἀπόρων στάσεως πρῶτον ἔφαμεν ἄρξαι, παραλαβών τινας Γαλιλαίους, καὶ τὴν πᾶσαν αὐλὴν ἐμπρήσας, πολλῶν οἰόμενος εὐπορήσειν ἐξ αὐτῆς χρημάτων, ἐπειδή τινας οἴκων ὀροφὰς κεχρυσωμένας εἶδεν· 67 καὶ διήρπασαν πολλὰ παρὰ γνώμην τὴν ἡμετέραν πράξαντες. Ἡμεῖς γὰρ μετὰ τὴν πρὸς Καπέλλαν καὶ τοὺς πρώτους Τιβεριέων ὁμιλίαν εἰς τὴν ἄνω Γαλιλαίαν ἀπὸ Βηθμαῶν ἀνεχωρήσαμεν. Ἀναιροῦσιν δ᾽ οἱ περὶ τὸν Ἰησοῦν πάντας τοὺς ἐνοικοῦντας Ἕλληνας ὅσοι τε πρὸ τοῦ πολέμου γεγόνεισαν αὐτῶν ἐχθροί.

XIII. 68 Πυθόμενος δ᾽ ἐγὼ ταῦτα παρωξύνθην σφόδρα, καὶ καταβὰς εἰς Τιβεριάδα πρόνοιαν εἰσηνεγκάμην τῶν βασιλικῶν σκευῶν, ὅσα δυνατὸν ἦν τοὺς ἁρπάσαντας ἀφελέσθαι. Λυχνίαι δ᾽ ἦσαν Κορίνθιαι ταῦτα καὶ τράπεζαι τῶν βασιλικῶν καὶ ἀσήμου ἀργυρίου σταθμὸς ἱκανός. Πάντα δ᾽ ὅσα παρέλαβον, φυλάσσειν τῷ βασιλεῖ ἔκρινα. 69 Μεταπεμψάμενος οὖν τοὺς τῆς βουλῆς πρώτους δέκα καὶ Καπέλλαν τὸν Ἀντύλλου τὰ σκεύη παρέδωκα, μηδενὶ παραγγείλας ἑτέρῳ πλὴν ἐμοῦ δοῦναι.

70 Κἀκεῖθεν εἰς τὰ Γίσχαλα πρὸς τὸν Ἰωάννην μετὰ τῶν συμπρέσβεων ἀφικόμην βουλόμενος γνῶναι τί ποτε φρονεῖ· κατεῖδον δ᾽ αὐτὸν ταχέως νεωτέρων ὀρεγόμενον πραγμάτων καὶ τῆς ἀρχῆς ἐπιθυμίαν ἔχοντα. 71 Παρεκάλει γάρ με τὸν Καίσαρος σῖτον κείμενον ἐν ταῖς τῆς ἄνωθεν Γαλιλαίας κώμαις ἐξουσίαν αὐτῷ δοῦναι ἐκφορῆσαι· θέλειν γὰρ ἔφασκεν εἰς ἐπισκευὴν τῶν τῆς πατρίδος τειχῶν αὐτὸν ἀναλῶσαι. 72 Κατανοήσας δὲ ἐγὼ τὴν ἐπιχείρησιν αὐτοῦ καὶ τί διανοοῖτο πράσσειν, οὐκ ἔφην αὐτῷ συγχωρεῖν. Ἢ γὰρ Ῥωμαίοις αὐτὸν ἐνενοούμην φυλάττειν, ἢ ἐμοὶ αὐτῷ, διὰ τὸ καὶ τὴν ἐξουσίαν τῶν ἐκεῖ πραγμάτων αὐτὸς παρὰ τοῦ κοινοῦ τῶν Ἱεροσολυμιτῶν πεπιστεῦσθαι. 73 Μὴ πείθων δέ με περὶ τούτων καὶ ἐπὶ τοὺς συμπρέσβεις ἐτράπετο· καὶ γὰρ ἦσαν ἀπρονόητοι τῶν ἐσομένων καὶ λαβεῖν ἑτοι-

tout le blé en dépôt dans son district lui soit livré. Mis en échec par deux contre moi tout seul, je restai tranquille. 74 A cette fourberie, Jean en ajouta encore une seconde[1]. Il affirma, en effet, que les Juifs fixés à Césarée de Philippe et qui y étaient enfermés sur l'ordre du roi par Modius, son lieutenant, lui avaient envoyé un message lui demandant que, étant donné qu'ils n'avaient plus d'huile pure pour leurs ‹ usages ›, il voulût bien veiller à leur en procurer une provision, crainte que la nécessité où ils seraient de se servir d'huile grecque leur fît transgresser leurs lois[2]. 75 Ce n'était pas la piété qui inspirait à Jean ces paroles, mais l'âpreté au gain, cela crevait les yeux. Car, comme il savait que là-bas, à Césarée, les deux « setiers » se vendent une drachme, tandis qu'à Gischala on a quatre-vingts « setiers[3] » pour quatre drachmes, il envoya (à Césarée) toute la provision d'huile, et l'on pouvait croire que c'était sur mon ordre. 76 Ce n'est pourtant pas de gaîté de cœur que je le lui accordais, mais par peur de la populace, qui, en cas de refus, risquait de me tuer à coups de pierres. Résultat : mon autorisation une fois donnée, Jean, grâce à cette fourberie, se trouva riche de sommes considérables.

XIV. Mesures de Josèphe pour calmer la Galilée.

77 Laissant mes collègues rentrer de Gischala à Jérusalem, je m'occupai de procurer des armes aux villes et de les fortifier. Je fis venir les plus courageux des brigands. Me rendant compte qu'il n'y avait pas moyen de leur ôter leurs armes, j'arrivai à persuader le peuple de les prendre à leur solde comme mercenaires : il vaut encore mieux, disais-je, leur verser spontanément un petit traitement que de les voir mettre vos biens au pillage. 78 Je fis jurer à ces brigands de n'entrer sur le territoire que quand

1. Avec 74 comparer *B. J.*, II, 591 sq. (détails différents).

2. L'huile étrangère était interdite, sans doute parce qu'elle avait pu être souillée par des récipients non purifiés. Cf. *Ant.*, XII, 120.

3. Setier = environ un demi-litre. Retenons que l'huile coûtait dix fois plus cher à Césarée qu'à Gischala.

μότατοι. Φθείρει δὲ χρήμασιν αὐτοὺς ψηφίσασθαι πάντα τὸν σῖτον αὐτῷ παραδοθῆναι τὸν ἐν τῇ αὐτοῦ ἐπαρχίᾳ κείμενον. Κἀγὼ μόνος ἡττώμενος ὑπὸ δύο τὴν ἡσυχίαν ἦγον. 74 Καὶ δευτέραν Ἰωάννης ἐπεισέφερεν πανουργίαν. Ἔφη γὰρ Ἰουδαίους τοὺς τὴν Φιλίππου Καισάρειαν κατοικοῦντας, συγκεκλεισμένους κατὰ προσταγὴν τοῦ βασιλέως ὑπὸ Μοδίου τοῦ τὴν δυναστείαν διοικοῦντος, πεπομφέναι πρὸς αὐτόν, παρακαλοῦντας, ἐπειδὴ οὐκ ἔχουσιν ἔλαιον ᾧ χρήσονται καθαρόν, ποιησάμενον πρόνοιαν εὐπορίαν αὐτοῖς τούτου παρασχεῖν, μὴ δι' ἀνάγκην Ἑλληνικῷ χρώμενοι τὰ νόμιμα παραβαίνωσιν. 75 Ταῦτα δ' οὐχ ὑπ' εὐσεβείας ἔλεγεν Ἰωάννης, δι' αἰσχροκέρδειαν δὲ φανερωτάτην. Γινώσκων γὰρ παρὰ μὲν ἐκείνοις κατὰ τὴν Καισάρειαν τοὺς δύο ξέστας δραχμῆς μιᾶς πωλουμένους, ἐν δὲ τοῖς Γισχάλοις τοὺς ὀγδοήκοντα ξέστας δραχμῶν τεσσάρων, πᾶν τὸ ἔλαιον ὅσον ἦν ἐκεῖ διεπέμψατο, λαβὼν ἐξουσίαν καὶ παρ' ἐμοῦ τὸ δοκεῖν· 76 οὐ γὰρ ἑκὼν ἐπέτρεπον, ἀλλὰ διὰ φόβον τὸν ἀπὸ τοῦ πλήθους, μὴ κωλύων καταλευσθείην ὑπ' αὐτῶν. Συγχωρήσαντος οὖν μου, πλείστων χρημάτων ὁ Ἰωάννης ἐκ τῆς κακουργίας ταύτης εὐπόρησε.

XIV. 77 Τοὺς δὲ συμπρέσβεις ἀπὸ τῶν Γισχάλων ἀπολύσας εἰς τὰ Ἱεροσόλυμα, πρόνοιαν ἐποιούμην ὅπλων τε κατασκευῆς καὶ πόλεων ἐχυρότητος. Μεταπεμψάμενος δὲ τῶν λῃστῶν τοὺς ἀνδρειοτάτους, ἀφελέσθαι μὲν αὐτῶν τὰ ὅπλα οὐχ οἷόν τε ὂν ἑώρων· ἔπεισα δὲ τὸ πλῆθος μισθοφορὰν αὐτοῖς παρέχειν, ἄμεινον εἶναι λέγων ἑκόντας ὀλίγα διδόναι μᾶλλον ἢ τὰς κτήσεις διαρπαζομένας ὑπ' αὐτῶν περιορᾶν. 78 Καὶ λαβὼν παρ' αὐτῶν ὅρκους μὴ ἀφίξεσθαι πρότερον εἰς τὴν χώραν, ἐὰν μὴ μετακληθῶσιν ἢ ὅταν τὸν

XIII *73* 6 ὑπὸ δύο ed. pr. : ὑποδὺς codd. ‖ *74* 4 ὑπὸ Μοδίου Holwerda : ὑποδίκου codd. cf. *61*. ‖ 6 χρήσονται : χρίσονται R ‖ *75* δ' οὐχ ὑπ' Niese : δοὺς ὑπὲρ P δ' οὐχ ὑπὲρ A δὲ οὐχ ὑπὲρ RMW.

XIV *77* 3 ἐχυρότητος P : ὀχυρότητος cett. ‖ 5 μισθοφορὰν P : μισθοφορίαν cett.

ils y seraient appelés ou dans le cas où ils n'auraient pas touché leur solde, puis je les congédiai en insistant pour qu'ils n'attaquent ni les Romains ni leurs voisins ; car mon premier souci était d'assurer la paix en Galilée. 79 Voulant, sous le couvert de l'amitié, garder comme otages de la fidélité du pays les magistrats de Galilée, soixante-dix au total, je m'en fis des amis et des compagnons de voyage, je les prenais pour assesseurs dans les procès, et je ne prononçais la sentence qu'avec leur approbation, en m'appliquant à ne pas violer la justice par des jugements trop expéditifs et à me garder d'accepter, dans ces affaires, le moindre cadeau corrupteur.

XV. Déclaration d'intégrité.

80 Environ mes trente ans, âge où, même si l'on ne cède pas aux passions coupables, il est difficile d'échapper aux calomnies de l'envie, spécialement quand on occupe un poste qui confère une grande autorité, j'avais respecté l'honneur de toutes les femmes et j'avais méprisé tous les cadeaux qu'on m'offrait, en homme qui n'en a que faire. Bien plus, je n'acceptais même pas de ceux qui me les apportaient les dîmes qui m'étaient dues comme prêtre. 81 Toutefois, après ma victoire sur les Syriens des villes environnantes, j'ai accepté une part du butin et je reconnais l'avoir envoyée à Jérusalem à mes proches. 82 Et quand deux fois j'ai pris de force Sepphoris, quatre fois Tibériade, une fois Garaba, et quand j'ai tenu à ma merci Jean, qui avait si souvent comploté contre moi, je n'ai tiré aucune vengeance ni de lui, ni d'aucune des populations susdites, comme la suite du récit le montrera. 83 C'est pour cela, je pense, que Dieu, de son côté, lui au regard de qui n'échappent pas ceux qui font le bien, m'a délivré de leurs mains et m'a gardé sain et sauf d'une foule de dangers que je raconterai dans la suite.

XVI. La popularité de Josèphe excite la jalousie de Jean.

84 L'attachement et la fidélité de la population galiléenne à mon endroit étaient telles que, leurs cités prises de

μισθὸν μὴ λάβωσιν, ἀπέλυσα παραγγείλας μήτε Ῥωμαίοις πολεμεῖν μήτε τοῖς περιοίκοις. Εἰρηνεύεσθαι γὰρ πρὸ πάντων τὴν Γαλιλαίαν ἐφρόντιζον. 79 Τοὺς δ' ἐν τέλει τῶν Γαλιλαίων, ὅσον ἑβδομήκοντα πάντας, βουλόμενος ἐν προφάσει φιλίας καθάπερ ὅμηρα τῆς πίστεως ἔχειν, φίλους τε καὶ συνεκδήμους ἐποιησάμην, ἐπί τε κρίσεις παρελάμβανον, καὶ μετὰ γνώμης τῆς ἐκείνων τὰς ἀποφάσεις ἐποιούμην, μήτε προπετείᾳ πειρώμενος τοῦ δικαίου διαμαρτάνειν καθαρεύειν τε παντὸς ἐπ' αὐταῖς λήμματος.

XV. 80 Περὶ τριακοστὸν γοῦν ἔτος ὑπάρχων, ἐν ᾧ χρόνῳ, κἂν ἀπέχηταί τις τῶν παρανόμων ἐπιθυμιῶν, δύσκολον τὰς ἐκ τοῦ φθόνου διαβολὰς φεύγειν, ἄλλως τε καὶ ⟨ἐπ'⟩ ἐξουσίας ὄντα μεγάλης, γυναῖκα μὲν πᾶσαν ἀνύβριστον ἐφύλαξα, πάντων δὲ τῶν διδομένων ὡς μὴ χρῄζων κατεφρόνησα· ἀλλ' οὐδὲ τὰς ὀφειλομένας μοι ὡς ἱερεῖ δεκάτας ἀπελάμβανον παρὰ τῶν κομιζόντων. 81 Ἐκ μέντοι τῶν λαφύρων μέρος, τοὺς Σύρους τοὺς τὰς πέριξ πόλεις κατοικοῦντας νικήσας ἔλαβον, ἃ καὶ εἰς Ἱεροσόλυμα τοῖς συγγενέσιν ὁμολογῶ πεπομφέναι. 82 Καὶ δὶς μὲν κατὰ κράτος ἑλὼν Σεπφωρίτας, Τιβεριεῖς τετράκις, Γαραβεῖς δ' ἅπαξ, καὶ τὸν Ἰωάννην πολλάκις ἐπιβουλεύσαντά μοι λαβὼν ὑποχείριον, οὔτ' αὐτὸν οὔτε τινὰς τῶν προειρημένων ἐθνῶν ἐτιμωρησάμην, ὡς προϊὼν ὁ λόγος παραστήσει. 83 Διὰ τοῦτ' οἶμαι καὶ τὸν Θεὸν (οὐ γὰρ λελήθασιν αὐτὸν οἱ τὰ δέοντα πράττοντες) καὶ ἐκ τῆς ἐκείνων ῥύσασθαί με χειρός, καὶ μετὰ ταῦτα πολλοῖς περιπεσόντα κινδύνοις διαφυλάξαι. Περὶ ὧν ὕστερον ἀπαγγελοῦμεν.

XVI. 84 Τοσαύτη δ' ἦν ἡ πρός με τοῦ πλήθους τῶν Γαλιλαίων εὔνοια καὶ πίστις, ὥστε ληφθεισῶν αὐτῶν κατὰ κρά-

XIV *79* 2 ἐν « fort. spurium » Niese || 4 τε secundo Bekker : δὲ codd. || 7 ἐπ' P : ἐν cett.

XV *80* 3 ⟨ἐπ'⟩ add. Bekker || *81* 2 μέρος Cocceji : μέρους codd. || *82* 2 γαβαρεῖς Niese (ex γαραδεῖς P) : γαδαρεῖς cett.

force, leurs femmes et leurs enfants réduits en esclavage, ils gémissaient moins sur leurs propres malheurs qu'ils ne se souciaient d'assurer ma sécurité. 85 Ce que voyant, Jean en prit ombrage. Il m'écrit en me demandant l'autorisation de descendre prendre les eaux thermales à Tibériade, à cause de sa cure[1]. 86 Ne soupçonnant aucune mauvaise intention de sa part, je ne m'y opposai pas. J'écrivis même une lettre personnelle aux fonctionnaires à qui j'avais confié l'administration de Tibériade, en leur demandant de préparer un logement pour Jean et sa suite et de le pourvoir largement de tout le nécessaire. Je résidais à ce moment-là dans une bourgade de Galilée appelée Cana.

XVII. L'émeute de Tibériade.

87 Jean, lui, aussitôt arrivé dans la ville de Tibériade, cherche à persuader la population de me lâcher et de s'attacher à lui. Beaucoup accueillirent cette invitation avec plaisir ; des gens toujours à l'affût de révolutions, par tempérament portés aux changements et amis de l'agitation. 88 Plus que personne, Juste et son père, Pistos, s'empressèrent de m'abandonner pour embrasser le parti de Jean. Mais je prévins leurs agissements. 89 C'est qu'il m'était arrivé, envoyé par Silas, que j'avais nommé gouverneur de Tibériade, comme je l'ai dit[2], un messager qui me mit au courant des intentions des gens de Tibériade et me conseillait d'agir vite. Si je tardais, la ville tomberait en d'autres mains. 90 A la lecture de la lettre de Silas, je pris deux cents hommes et marchai toute la nuit, non sans avoir dépêché un courrier pour faire savoir aux gens de Tibériade que j'arrivais. 91 A l'aube, comme j'approchais de la ville, la population vint à ma rencontre, et Jean était avec eux. Il me salua, tout décontenancé et craignant que sa conduite, si on la perçait à jour, n'exposât sa tête, il se retira bien vite dans son logement[3]. 92 Arrivé au stade, je renvoyai mes gardes du

1. Cf. *B. J.*, II, 614 sq.
2. Non dans cet ouvrage, mais dans *B. J.*, II, 616.
3. Selon *B. J.*, II, 614, Jean prétexte une maladie et envoie un message à Josèphe pour lui demander l'autorisation d'aller prendre les eaux chaudes de Tibériade.

τος τῶν πόλεων, γυναικῶν δὲ καὶ τέκνων ἀνδραποδισθέντων, οὐχ οὕτως ταῖς ἑαυτῶν ἐπεστέναξαν συμφοραῖς ὥσπερ τῆς ἐμῆς ἐφρόντισαν σωτηρίας. 85 Ταῦτα δ' ὁρῶν Ἰωάννης ἐφθόνησε· καὶ γράφει πρός με παρακαλῶν ἐπιτρέψαι καταβάντι χρήσασθαι τοῖς ἐν Τιβεριάδι θερμοῖς ὕδασι, τῆς τοῦ σώματος ἕνεκα θεραπείας. 86 Κἀγὼ μηδὲν ὑποπτεύσας πράξειν αὐτὸν πονηρὸν οὐκ ἐκώλυσα· πρὸς δὲ καὶ τοῖς τῆς Τιβεριάδος τὴν διοίκησιν ὑπ' ἐμοῦ πεπιστευμένοις κατ' ὄνομα γράφω κατάλυσιν ἑτοιμάσαι τῷ Ἰωάννῃ καὶ τοῖς ἀφιξομένοις σὺν αὐτῷ, πάντων τε τῶν ἐπιτηδείων ἀφθονίαν παρασχεῖν. Διέτριβον δὲ κατὰ τὸν καιρὸν ἐκεῖνον ἐν κώμῃ τῆς Γαλιλαίας, ἣ προσαγορεύεται Κανά.

XVII. 87 Ὁ δὲ Ἰωάννης ἀφικόμενος εἰς τὴν Τιβεριέων πόλιν, ἔπειθε τοὺς ἀνθρώπους ἀποστάντας τῆς πρός με πίστεως προστίθεσθαι αὐτῷ. Καὶ πολλοὶ τὴν παράκλησιν ἡδέως ἐδέξαντο, νεωτέρων ἐπιθυμοῦντες ἀεὶ πραγμάτων καὶ φύσει πρὸς μεταβολὰς ἐπιτηδείως ἔχοντες καὶ στάσεσι χαίροντες· 88 μάλιστα δὲ Ἰοῦστος καὶ ὁ πατὴρ αὐτοῦ Πίστος ὡρμήκεσαν ἀποστάντες ἐμοῦ προσθέσθαι τῷ Ἰωάννῃ. Διεκώλυσα δ' αὐτοὺς φθάσας. 89 Ἧκεν γὰρ ἄγγελός μοι παρὰ Σίλα, ὃν ἐγὼ καθεστάκειν τῆς Τιβεριάδος στρατηγόν, ὡς προεῖπον, τὴν τῶν Τιβεριέων γνώμην ἀπαγγέλλων, κἀμὲ σπεύδειν παρακαλῶν· βραδύναντος γὰρ ὑπὸ τὴν ἑτέρων ἐξουσίαν γενήσεσθαι τὴν πόλιν. 90 Ἐντυχὼν οὖν τοῖς γράμμασι τοῦ Σίλα καὶ διακοσίους ἀναλαβὼν ἄνδρας δι' ὅλης τῆς νυκτὸς τὴν πορείαν ἐποιούμην, προπέμψας ἄγγελον τὸν τὴν ἐμὴν παρουσίαν τοῖς ἐν τῇ Τιβεριάδι σημανοῦντα. 91 Πρωῒ δὲ πλησιάζοντος ἐμοῦ τῇ πόλει τὸ πλῆθος ὑπηντίαζεν καὶ Ἰωάννης σὺν αὐτοῖς· ὃς καὶ πάνυ με τεταραγμένως ἀσπασάμενος, δείσας μὴ εἰς ἔλεγχον αὐτοῦ τῆς πράξεως ἀφικομένης ἀπολέσθαι κινδυνεύσῃ, ὑπεχώρησε μετὰ σπουδῆς εἰς τὴν ἑαυτοῦ κατάλυ-

XVII *89* 5 γενήσεσθαι Niese : γενέσθαι codd.

corps, sauf un, et conservai, avec lui, dix soldats. Alors, debout sur un tertre élevé[1], je tentai de haranguer le peuple de Tibériade. Je les exhortai à ne pas se soulever si vite. 93 Ce changement ferait mal juger d'eux et il induirait à juste titre le prochain gouverneur à concevoir quelques doutes sur leur fidélité pour l'avenir à son égard aussi.

XVIII. Josèphe se réfugie a Tarichées.

94 Je n'avais pas encore terminé ma harangue que j'entendis un de mes familiers[1] me crier de descendre : ce n'était pas le moment de m'occuper de gagner l'attachement des gens de Tibériade, mais de sauver ma vie et de voir comment échapper à mes ennemis. 95 Jean avait choisi et envoyé les plus sûrs de ses mille soldats avec ordre de me tuer, car il avait appris que j'étais resté seul avec mes familiers. 96 Arrivent ces émissaires, et ils auraient exécuté le coup, mais vite je sautai du tertre avec Jacques, mon garde du corps, et un certain Hérode de Tibériade, qui me retint au moment de la chute, puis me conduisit jusqu'au lac, où je m'emparai d'un bateau, m'y embarquai et, échappé à mes ennemis contre toute attente, j'arrivai à Tarichées.

XIX. Ralliement de la Galilée autour de Josèphe.

97 Les habitants de cette ville, dès qu'ils apprirent la perfidie des gens de Tibériade, entrèrent dans une grande fureur. Ils saisirent leurs armes et me prièrent de les conduire contre eux, car, répétaient-ils, ils voulaient les punir et venger leur général. 98 Ils répandirent la nouvelle à travers toute la Galilée et s'appliquèrent à exciter ces populations aussi contre les gens de Tibériade, et les invitaient à venir en nombre se joindre à eux, en vue d'accomplir sous l'autorité de leur général ce qu'ils avaient

1. Selon *B. J.*, II, 619, « sur un tertre haut de six coudées ». De plus, ce n'est pas à l'initiative d'un de ses familiers, mais à un cri de la foule, que Josèphe doit de comprendre le danger.

σιν. 92 Κἀγὼ δὲ γενόμενος κατὰ τὸ στάδιον, τοὺς περὶ ἐμὲ σωματοφύλακας ἀπολύσας πλὴν ἑνός, καὶ μετὰ τούτου κατασχὼν δέκα τῶν ὁπλιτῶν, δημηγορεῖν ἐπειρώμην τῷ πλήθει τῶν Τιβεριέων στὰς ἐπὶ τριγχοῦ τινος ὑψηλοῦ, παρεκάλουν τε μὴ οὕτως αὐτοὺς ταχέως ἀφίστασθαι· 93 κατάγνωσιν γὰρ αὐτοῖς οἴσειν τὴν μεταβολήν, καὶ τῷ μετὰ ταῦτα προϊσταμένῳ δι' ὑποψίας γενήσεσθαι δικαίας, ὡς μηδὲ τὴν πρὸς ἐκεῖνον πίστιν φυλαξόντων.

XVIII. 94 Οὔπω δέ μοι πάντα λελάλητο, καί τινος ἐξήκουσα τῶν οἰκείων καταβαίνειν κελεύοντος· οὐ γάρ μοι καιρὸν εἶναι φροντίζειν τῆς παρὰ Τιβεριέων εὐνοίας, ἀλλὰ περὶ τῆς ἰδίας σωτηρίας καὶ πῶς τοὺς ἐχθροὺς ἐκφύγω. 95 Πεπόμφει δ' ὁ Ἰωάννης τῶν περὶ αὐτὸν ὁπλιτῶν ἐπιλέξας τοὺς πιστοτάτους ἐκ τῶν χιλίων οἵπερ ἦσαν αὐτῷ· καὶ προσέταξεν τοῖς πεμφθεῖσιν ἀνελεῖν με πεπυσμένος ὡς εἴην μετὰ τῶν οἰκείων μεμονωμένος. 96 Ἧκον δ' οἱ πεμφθέντες, κἂν ἐπεπράχεισαν τοὖργον, εἰ μὴ τοῦ τριγχοῦ θᾶττον ἀφαλόμενος ἐγὼ μετὰ τοῦ σωματοφύλακος Ἰακώβου, καὶ ὑπό τινος Τιβεριέως Ἡρώδου προσανακουφισθείς, ὁδηγηθείς τε ὑπὸ τούτου ἐπὶ τὴν λίμνην καὶ πλοίου λαβόμενος καὶ ἐπιβάς, παρὰ δόξαν τοὺς ἐχθροὺς διαφυγὼν εἰς Ταριχέας ἀφικόμην.

XIX. 97 Οἱ δὲ τὴν πόλιν ταύτην κατοικοῦντες ὡς ἐπύθοντο τὴν τῶν Τιβεριέων ἀπιστίαν σφόδρα παρωξύνθησαν. Ἁρπάσαντες οὖν τὰ ὅπλα παρεκάλουν σφᾶς ἄγειν ἐπ' αὐτούς· (θέλειν γὰρ ἔφασκον ὑπὲρ τοῦ στρατηγοῦ δίκας λαβεῖν παρ' αὐτῶν·) 98 διήγγελλόν δὲ τὰ γεγονότα καὶ τοῖς κατὰ τὴν Γαλιλαίαν πᾶσιν, ἐρεθίσαι καὶ τούτους κατὰ τῶν Τιβεριέων διὰ σπουδῆς ἔχοντες, παρεκάλουν τε πλείστους συναχθέντας ἀφικέσθαι πρὸς αὐτούς, ἵνα μετὰ γνώμης

XVII *93* 3 μηδὲ Dindorf : μήτε codd.
XVIII *96* 2 τοὖργου om. P ‖ 5 τε : add. m. 1 A, om. cett.
XIX *98* 2 πᾶσιν : πᾶσαν PM.

décidé. 99 Il arriva donc nombre de Galiléens de tous côtés, avec leurs armes, et ils m'invitaient à attaquer Tibériade, à m'en emparer par la force, à la raser tout entière et à en réduire les habitants en esclavage, avec femmes et enfants. Les mêmes conseils m'étaient donnés aussi par ceux de mes amis qui s'étaient échappés de Tibériade. 100 Quant à moi, je ne pouvais admettre ces vues, car je trouvais criminel de prendre l'initiative d'une guerre fratricide, et j'estimais que la dispute ne devait pas aller plus loin que les paroles. Bien plus, je niai que même en cas de réussite ce projet pût leur profiter, car les Romains n'attendaient que leurs dissensions intérieures pour les perdre. Avec ces arguments, je parvins à calmer l'irritation des Galiléens.

XX. 101 Jean, devant l'échec de son complot, prend peur pour sa personne. Avec ses soldats, il part de Tibériade pour Gischala et m'écrit sur ce qui venait de se passer, pour se justifier : ce qui était arrivé s'était produit contre sa volonté, il me priait de ne concevoir aucun soupçon contre lui et il ajoutait force serments et de terribles malédictions pour essayer de me faire prendre sa lettre au sérieux.

XXI. 102 Les Galiléens, (car en grand nombre d'autres encore s'étaient levés en armes de tout le pays), sachant combien l'individu était fourbe et parjure, me demandaient de me mettre à leur tête contre lui et me promettaient d'anéantir Gischala[1] en même temps que lui. 103 J'avouai ma reconnaissance pour leur généreux élan et je promis de leur rendre des points en fait de dévouement, mais je les exhortai instamment à se contenir malgré tout, et les priai de me pardonner si je préférais réduire les troubles sans verser le sang. Quand j'eus persuadé les populations de Galilée, je me mis en route pour Sepphoris[2].

1. Dans cette page, on saisit un écho des dissensions entre cités galiléennes autant que la rivalité de personne entre Josèphe et Jean de Gischala.

2. Josèphe ne perd pas de vue l'importance de Sepphoris. Cf. *Index des noms géographiques*.

τοῦ στρατηγοῦ πράττωσιν τὸ δόξαν. 99 Ἧκον οὖν οἱ Γαλιλαῖοι πολλοὶ πανταχόθεν μεθ' ὅπλων καὶ παρεκελεύοντό μοι προσβαλεῖν τῇ Τιβεριάδι, καὶ κατὰ κράτος αὐτὴν ἐξελεῖν, καὶ πᾶσαν ἔδαφος ποιήσαντα τοὺς ἐνοίκους σὺν γυναιξὶ καὶ τέκνοις ἀνδραποδίσασθαι· συνεβούλευον δὲ ταῦτα καὶ τῶν φίλων οἱ ἐκ τῆς Τιβεριάδος διασωθέντες. 100 Ἐγὼ δὲ οὐ συνεπένευον δεινὸν ἡγούμενος ἐμφυλίου πολέμου κατάρχειν. Μέχρι λόγων γὰρ ᾤμην εἶναι δεῖν τὴν φιλονεικίαν· καὶ μὴν οὐδ' αὐτοῖς ἔφασκον συμφέρειν τοῦτο πρᾶξαι, Ῥωμαίων ταῖς πρὸς ἀλλήλους στάσεσιν αὐτοὺς ἀπολεῖσθαι προσδοκώντων. Ταῦτα δὲ λέγων ἔπαυσα τῆς ὀργῆς τοὺς Γαλιλαίους.

XX. 101 Ὁ δὲ Ἰωάννης, ἀπράκτου τῆς ἐπιβουλῆς αὐτῷ γενομένης, ἔδεισε περὶ ἑαυτοῦ, καὶ τοὺς περὶ αὐτὸν ὁπλίτας ἀναλαβὼν ἀπῆρεν ἐκ τῆς Τιβεριάδος εἰς τὰ Γίσχαλα, καὶ γράφει πρός με περὶ τῶν πεπραγμένων ἀπολογούμενος ὡς μὴ κατὰ γνώμην τὴν αὐτοῦ γενομένων, παρεκάλει τε μηδὲν ὑπονοεῖν κατ' αὐτοῦ, προστιθεὶς ὅρκους καὶ δεινάς τινας ἀράς, δι' ὧν ᾤετο πιστευθήσεσθαι περὶ ὧν ἐπέστειλεν.

XXI. 102 Οἱ δὲ Γαλιλαῖοι (πολλοὶ γὰρ ἕτεροι πάλιν ἐκ τῆς χώρας πάσης ἀνήχθησαν μεθ' ὅπλων) εἰδότες τὸν ἄνθρωπον ὡς πονηρός ἐστιν καὶ ἐπίορκος, παρεκάλουν ἀγαγεῖν σφᾶς ἐπ' αὐτόν, ἄρδην ἀφανίσειν ἐπαγγελλόμενοι σὺν αὐτῷ καὶ τὰ Γίσχαλα. 103 Χάριν μὲν οὖν ἔχειν αὐτῶν ταῖς προθυμίαις ὡμολόγουν ἐγὼ καὶ νικήσειν αὐτῶν τὴν εὔνοιαν ἐπηγγελλόμην, παρεκάλουν δ' ὅμως ἐπισχεῖν αὐτοὺς ἀξιῶν, καὶ συγγινώσκειν μοι δεόμενος προῃρημένῳ τὰς ταραχὰς χωρὶς φόνων καταστέλλειν. Καὶ πείσας τὸ πλῆθος τῶν Γαλιλαίων εἰς τὴν Σέπφωριν ἀφικνούμην.

XIX *100* 5 ἀπολεῖσθαι Niese : ἀπολέσαι fort. recte R ἀπολέσθαι cett.

XX *101* 5 παρεκάλει : παρακαλεῖ P.

XXII. COMPLOT ÉVENTÉ A SEPPHORIS.

104 Les habitants de cette ville ayant décidé de rester fidèles à Rome[1], mais redoutant mon arrivée, tâchèrent d'assurer leur propre sécurité en détournant mon attention d'un autre côté. 105 C'est ainsi qu'ils envoyèrent au chef de bande Jésus, sur les confins du territoire de Ptolémaïs, la promesse de lui verser une forte somme s'il acceptait d'entreprendre la guerre contre nous, avec toutes ses forces (huit cents hommes). 106 Cédant à leurs promesses, il accepta de tomber sur nous à l'improviste alors que nous ne savions rien. En tout cas, il me fait demander l'autorisation de venir me présenter ses devoirs. Dès que j'eus accordé l'autorisation — car j'ignorais tout du complot — il se hâta de venir m'attaquer avec sa bande de brigands. 107 Mais son mauvais coup n'eut pas le temps d'aboutir, car, au moment où déjà il approchait, un transfuge de sa bande vint me mettre au courant de cette machination. Sitôt averti, je gagnai la place du marché, en laissant croire que j'ignorais le complot, mais j'emmenais avec moi bon nombre de Galiléens armés et même quelques hommes de Tibériade. 108 Ensuite, après avoir donné l'ordre de garder sévèrement tous les chemins, je donnai aux gardes des portes la consigne que, lorsque Jésus arriverait, on ne laissât entrer que lui et son état-major, à l'exclusion de tous les autres ; s'ils essayaient d'entrer de force, il n'y aurait qu'à les frapper. 109 Mes ordres furent exécutés et Jésus entra avec seulement quelques-uns des siens. Sur mon ordre de déposer immédiatement les armes sous peine de mort, se voyant complètement encerclé par mes soldats, pris de peur, il obéit. Quant à ceux de son escorte qui avaient été maintenus dehors, à la nouvelle qu'il était fait prisonnier, ils s'enfuirent[2]. 110 Alors, prenant Jésus à part, je lui déclarai que je n'ignorais pas le complot ourdi contre moi ni quels étaient les personnages qui le mandaient ; malgré tout je lui pardonnerais le passé si, à l'avenir, il était prêt à se repentir et à se montrer loyal avec moi.

1. Cf. 30.
2. Mais leur rôle n'est pas terminé pour autant. Cf. 111.

XXII. 104 Οἱ δὲ τὴν πόλιν ταύτην κατοικοῦντες ἄνδρες, κεκρικότες τῇ πρὸς Ῥωμαίους ἐμμεῖναι πίστει, δεδιότες δὲ τὴν ἐμὴν ἄφιξιν, ἐπειράθησαν ἑτέρᾳ με πράξει περισπάσαντες ἀδεεῖς εἶναι περὶ αὐτῶν. 105 Καὶ δὴ πέμψαντες πρὸς Ἰησοῦν τὸν ἀρχιληστὴν εἰς τὴν Πτολεμαΐδος μεθορίαν, ὑπέσχοντο δώσειν πολλὰ χρήματα θελήσαντι μετὰ τῆς σὺν αὐτῷ δυνάμεως (ἦσαν δὲ ὀκτακόσιοι τὸν ἀριθμόν), πόλεμον ἐξάψαι πρὸς ἡμᾶς. 106 Ὁ δ' ὑπακούσας αὐτῶν ταῖς ὑποσχέσεσιν ἠθέλησεν ἐπιπεσεῖν ἡμῖν ἀνετοίμοις καὶ μηδὲν προγινώσκουσιν. Πέμψας γοῦν πρός με παρεκάλει λαβεῖν ἐξουσίαν ἀσπασόμενον ἀφικέσθαι. Συγχωρήσαντος δέ μου (τῆς γὰρ ἐπιβουλῆς οὐδὲν προηπιστάμην) ἀναλαβὼν τὸ σύνταγμα τῶν ληστῶν ἔσπευδεν ἐπ' ἐμέ. 107 Οὐ μὴν ἔφθασεν αὐτοῦ τέλος λαβεῖν ἡ κακουργία. Πλησιάζοντος γὰρ ἤδη, τῶν σὺν αὐτῷ τις αὐτομολήσας ἧκεν πρός με τὴν ἐπιχείρησιν αὐτοῦ φράζων. Κἀγὼ πυθόμενος ταῦτα προῆλθον εἰς τὴν ἀγορὰν σκηψάμενος ἀγνοεῖν τὴν ἐπιβουλήν. Ἐπηγόμην δὲ πολλοὺς ὁπλίτας Γαλιλαίους, τινὰς δὲ καὶ Τιβεριέων· 108 εἶτα προστάξας τὰς ὁδοὺς πάσας ἀσφαλέστατα φρουρεῖσθαι, παρήγγειλα τοῖς ἐπὶ τῶν πυλῶν μόνον Ἰησοῦν, ἐπειδὰν παραγένηται, μετὰ τῶν πρώτων εἰσελθεῖν ἐᾶσαι, ἀποκλεῖσαι δὲ τοὺς ἄλλους, βιαζομένους δὲ τύπτειν. 109 Τῶν δὲ τὸ προσταχθὲν ποιησάντων, εἰσῆλθεν ὁ Ἰησοῦς μετ' ὀλίγων, καὶ κελεύσαντος ἐμοῦ ῥῖψαι τὰ ὅπλα θᾶττον, (εἰ γὰρ ἀπειθοίη τεθνήξεσθαι,) περιεστῶτας ἰδὼν πανταχόθεν αὐτῷ τοὺς ὁπλίτας, φοβηθεὶς ὑπήκουσεν. Οἱ δ' ἀποκλεισθέντες τῶν ἐπακολουθούντων αὐτῷ πυθόμενοι τὴν σύλληψιν ἔφυγον. 110 Κἀγὼ τὸν Ἰησοῦν προσκαλεσάμενος κατ' ἰδίαν, οὐκ ἀγνοεῖν ἔφην τὴν ἐπ' ἐμὲ συσκευασθεῖσαν ἐπιβουλήν, οὐδ' ὑπὸ τίνων πεμφθείη· συγγνώσεσθαι δ' ὅμως αὐτῷ τῶν πεπραγμένων, εἰ μέλλοι μετανοήσειν καὶ πιστὸς ἐμοὶ γενήσεσθαι. 111 Ὑπισχνουμένου

XXII *105* 5 πρὸς : εἰς PRA ‖ *106* 6 ἐπ' : εἰς PR.

111 Il promit tout et je le relâchai en l'autorisant à reprendre le commandement des hommes qu'il avait auparavant. Quant aux gens de Sepphoris, je les menaçai de sanctions, s'ils n'abandonnaient pas leur conduite inconsidérée.

XXIII. Josèphe empêche la circoncision forcée des réfugiés.

112 Vers ce moment-là m'arrivent de Trachonitide deux grands personnages sujets du roi[1], amenant leurs chevaux, leurs armes et de l'argent qu'ils avaient emporté secrètement de leur pays. Comme 113 les Juifs prétendaient leur imposer la circoncision s'ils voulaient rester parmi eux, je ne permis pas qu'on les y obligeât de force et je soutenais que chacun doit honorer Dieu selon sa conviction personnelle, non par contrainte. En outre, il fallait que ces hommes qui s'étaient régugiés près de nous pour y trouver la sécurité n'eussent pas à le regretter. Mes arguments persuadèrent la foule, et l'on procura largement à ces hôtes tout ce qu'exigeait leur habituelle manière de vivre.

XXIV. Premier contact de Josèphe avec des forces romaines.

114 Le roi Agrippa envoie alors des troupes, avec Aequus Modius à leur tête, détruire la forteresse de Gamala. Mais le détachement n'étant pas suffisant pour encercler la forteresse, ils assiégèrent Gamala en montant la garde aux points découverts. 115 Le décurion Aebutius, chargé du commandement en chef pour la Grande-Plaine[2], informé que je m'étais rendu à Simonias[3], bourgade aux confins de la Galilée, à soixante stades de lui, emmena les cent cavaliers qu'il avait avec lui et des fantassins (environ deux cents), auxquels il adjoignit comme auxiliaires ceux qui logeaient dans la ville de Gaba[4]. Par une marche de nuit, il arriva à la bourgade où je me trouvais. 116 Mais, de mon côté, je fis front avec

1. Agrippa II.
2. D'Esdrélon.
3. Semūnieh, à l'ouest de Nazareth.
4. Dans la plaine d'Esdrélon. Gaba avait été fondée par Hérode

δὲ πάντα ποιήσειν ἐκείνου, ἀπέλυσα, συγχωρήσας αὐτῷ συναγαγεῖν πάλιν οὓς πρότερον εἶχεν. Σεπφωρίταις δ' ἠπείλησα, εἰ μὴ παύσαιντο τῆς ἀγνωμοσύνης, λήψεσθαι παρ' αὐτῶν δίκας.

XXIII. 112 Κατὰ τοῦτον τὸν καιρὸν ἀφικνοῦνται πρός με δύο μεγιστᾶνες τῶν ὑπὸ τὴν ἐξουσίαν τοῦ βασιλέως ἐκ τῆς τῶν Τραχωνιτῶν χώρας, ἐπαγόμενοι τοὺς ἑαυτῶν ἵππους καὶ ὅπλα καὶ χρήματα δ' ὑπεκκομίζοντες. 113 Τούτους περιτέμνεσθαι τῶν Ἰουδαίων ἀναγκαζόντων, εἰ θέλουσιν εἶναι παρ' αὐτοῖς, οὐκ εἴασα βιασθῆναι, φάσκων δεῖν ἕκαστον ἄνθρωπον κατὰ τὴν ἑαυτοῦ προαίρεσιν τὸν Θεὸν εὐσεβεῖν, ἀλλὰ μὴ μετὰ βίας · χρῆναι δὲ τούτους δι' ἀσφάλειαν πρὸς ἡμᾶς καταφεύγοντας μὴ μετανοεῖν. Πεισθέντος δὲ τοῦ πλήθους, τοῖς ἥκουσιν ἀνδράσιν τὰ πρὸς τὴν συνήθη δίαιταν ἅπαντα παρεῖχον δαψιλῶς.

XXIV. 114 Πέμπει δ' ὁ βασιλεὺς Ἀγρίππας δύναμιν καὶ στρατηγὸν ἐπ' αὐτῆς Αἴκουον Μόδιον Γάμαλα τὸ φρούριον ἐξαιρήσοντας. Οἱ δὲ πεμφθέντες κυκλώσασθαι μὲν τὸ φρούριον οὐκ ἤρκεσαν, ἐν δὲ τοῖς φανεροῖς τῶν τόπων ἐφεδρεύοντες ἐπολιόρκουν τὰ Γάμαλα. 115 Αἰβούτιος δὲ ὁ δεκάδαρχος ὁ τοῦ μεγάλου πεδίου τὴν προστασίαν πεπιστευμένος, ἀκούσας ὅτι παρείην εἰς Σιμωνιάδα κώμην ἐν μεθορίῳ κειμένην τῆς Γαλιλαίας, αὐτοῦ δ' ἀπέχουσαν ἑξήκοντα σταδίους, [νυκτὸς] ἀναλαβὼν τοὺς ἑκατὸν ἱππεῖς οὓς εἶχεν σὺν αὑτῷ, καί τινας πεζοὺς περὶ διακοσίους, καὶ τοὺς ἐν Γάβᾳ πόλει κατοικοῦντας ἐπαγόμενος συμμάχους, νυκτὸς ὁδεύσας ἧκεν εἰς τὴν κώμην ἐν ᾗ διέτριβον. 116 Ἀντιπαραταξαμένου δὲ κἀμοῦ μετὰ δυνάμεως πολλῆς,

XXIII *112* 4 καὶ χρήματα δ' MW : χρήματα δ' A χρήματα δὲ P καὶ χρήματα R ‖ ὑπεκκομίζοντες Thack : ὑποκομίζοντες codd.

XXIV *114* 2 Μόδιον : Μονόδιον R cf. *61* ‖ *115* 2 δεκάδαρχος : δεκαδάρχης R δέκαρχος M, in mg. γρ. δεχάρχης A ‖ 4 μεθορίῳ Niese (ex μορίῳ P) : μεθορίοις cett. ‖ 5 νυκτὸς seclusit Thackeray ‖ 8 νυκτὸς secundo om. R.

des forces importantes. Aebutius essaya de nous attirer dans la plaine, car il comptait beaucoup sur sa cavalerie. Seulement, nous ne nous y prêtâmes pas. Car, me rendant compte de l'avantage que ce serait pour la cavalerie si nous descendions dans la plaine, puisque nous n'étions tous que des fantassins, je pris la décision d'engager le combat sur place. 117 Longtemps, Aebutius et les siens nous opposèrent une vaillante résistance. Mais, voyant que sur ce terrain-là sa cavalerie ne servait à rien, il se replia sur la cité de Gaba, sans le moindre avantage après avoir perdu trois des siens au cours du combat. 118 Je le talonnais avec deux mille fantassins. Arrivé aux environs de Bésara, proche du territoire de Ptolémaïs et à vingt stades de Gaba, où résidait Aebutius, je poste mes hommes en dehors du village avec ordre de garder soigneusement les routes, pour que les ennemis ne viennent pas nous harceler pendant que nous transporterions le blé. 119 Car il y en avait un stock considérable appartenant à la reine Bérénice et réuni à Bésara de tous les villages d'alentour. Quand j'en eus donné leur pleine charge aux chameaux et aux ânes — que j'avais amenés en grand nombre — j'envoyai le blé en Galilée. 120 Cela fait, je tâchai de provoquer Aebutius au combat. Mais, comme il le refusa, parce qu'il avait été frappé de notre rapidité de mouvements et de notre intrépidité, je me tournai contre Néapolitanus, dont on venait de m'apprendre la razzia dans le district de Tibériade. 121 Néapolitanus était commandant d'un escadron de cavalerie et chargé de défendre Scythopolis contre les ennemis. Quand j'eus réussi à arrêter ses dévastations, dans le district de Tibériade, je portai toute mon attention à la Galilée.

XXV. Jean cherche a détacher la Galilée de Josèphe.

122 Mais Jean, fils de Lévi, qui, comme je l'ai dit [1], résidait à Gischala, apprenant que tout allait pour moi au gré de mes désirs et que j'étais aimé de mes hommes et redouté

le Grand. On l'appelait la cité des cavaliers, à cause des cavaliers qui, licenciés par le roi Hérode, y établirent leur résidence. *B. J.*, III, 36, et cf. *Ant.*, XV, 294, qui la situe au pied du Carmel. C'est la *Geba* de Pline, *H. N.*, V, 17, 19.

1. 47.

ὁ μὲν Αἰβούτιος εἰς τὸ πεδίον ὑπάγειν ἡμᾶς ἐπειρᾶτο, (σφόδρα γὰρ τοῖς ἱππεῦσιν ἐπεποίθει,) οὐ μὴν ὑπηκούσαμεν. Ἐγὼ γὰρ τὸ πλεονέκτημα συνιδὼν τὸ γενησόμενον τοῖς ἱππεῦσιν, εἰ καταβαίημεν εἰς τὸ πεδίον, (πεζοὶ γὰρ ἡμεῖς σύμπαντες ἦμεν,) ἔγνων αὐτοῦ τοῖς πολεμίοις συνάπτειν. 117 Καὶ μέχρι μέν τινος γενναίως ἀντέσχε σὺν τοῖς περὶ αὐτὸν ὁ Αἰβούτιος· ἀχρεῖον δ' ὁρῶν κατὰ τὸν τόπον τοῦτον οὖσαν αὐτῷ τὴν ἱππικὴν δύναμιν ἀναζεύγνυσιν ἄπρακτος εἰς Γάβαν πόλιν, τρεῖς ἄνδρας ἀποβαλὼν κατὰ τὴν μάχην. 118 Εἱπόμην δὲ κατὰ πόδας ἐγώ, δισχιλίους ἐπαγόμενος ὁπλίτας· καὶ περὶ Βησάραν πόλιν γενόμενος, ἐν μεθορίῳ μὲν τῆς Πτολεμαΐδος κειμένην εἴκοσι δ' ἀπέχουσαν στάδια τῆς Γάβας, ἔνθα διέτριβεν ὁ Αἰβούτιος, στήσας τοὺς ὁπλίτας ἔξωθεν τῆς κώμης καὶ φρουρεῖν αὐτοῖς ἀσφαλῶς τὰς ὁδοὺς προστάξας ὑπὲρ τοῦ μὴ ἐνοχλῆσαι τοὺς πολεμίους ἡμῖν, ἕως τὸν σῖτον ἐκφορήσομεν. 119 (πολὺς γὰρ ἀπέκειτο Βερενίκης τῆς βασιλίδος ἐκ τῶν πέριξ κωμῶν εἰς τὴν Βησάραν συλλεγόμενος), πληρώσας τὰς καμήλους καὶ τοὺς ὄνους (πολλοὺς δ' ἐπηγόμην) διέπεμψα τὸν σῖτον εἰς τὴν Γαλιλαίαν. 120 Τοῦτο δὲ πράξας προεκαλούμην εἰς μάχην τὸν Αἰβούτιον. Οὐχ ὑπακούσαντος δ' ἐκείνου, (κατεπέπληκτο γὰρ τὴν ἡμετέραν ἑτοιμότητα καὶ τὸ θάρσος,) ἐπὶ Νεαπολιτανὸν ἐτραπόμην, τὴν Τιβεριέων χώραν ἀκούσας ὑπ' αὐτοῦ λεηλατεῖσθαι. 121 Ἦν δὲ ὁ Νεαπολιτανὸς ἴλης μὲν ἔπαρχος, παρειλήφει δὲ τὴν Σκυθόπολιν εἰς φυλακὴν τὴν ἀπὸ τῶν πολεμίων. Τοῦτον οὖν κωλύσας ἐπὶ πλέον τὴν Τιβεριέων κακοῦν περὶ τὴν τῆς Γαλιλαίας πρόνοιαν ἐγινόμην.

XXV. 122 Ὁ δὲ τοῦ Ληυΐ παῖς Ἰωάννης, ὃν ἔφαμεν ἐν τοῖς Γισχάλοις διατρίβειν, πυθόμενος πάντα κατὰ νοῦν μοι προχωρεῖν, καὶ δι' εὐνοίας μὲν εἶναί με τοῖς ὑπηκόοις, τοῖς

XXIV *119* 2-3 πληρώσας τὰς Niese : πληρώσαντας P πληρώσαντες RMW πληρώσας A ‖ 120, 3 Νεαπολιτανός Schalit Νεο — codd.

des ennemis, n'en fut pas très réjoui et, estimant que mes succès risquaient d'entraîner sa perte, il sombra dans une jalousie peu ordinaire. 123 Dans l'espoir d'arrêter mon succès en allumant un sentiment de haine chez mes administrés, il essaya d'amener les habitants de Tibériade, ceux de Sepphoris et, en outre, ceux de Garaba, les cités les plus importantes de Galilée, à m'abandonner pour passer de son côté : il les gouvernerait beaucoup mieux que moi, prétendait-il ! 124 Les gens de Sepphoris, qui, ayant pris parti pour la domination romaine, ne nous accordaient d'importance ni à l'un ni à l'autre, n'acceptèrent pas ses propositions. Ceux de Tibériade refusèrent de faire défection, mais ils consentirent à lier amitié avec lui. Ceux de Garaba passèrent au parti de Jean, à l'instigation de Simon, premier personnage de la cité, ami et partisan de Jean. 125 Officiellement, bien sûr, ils se défendaient d'avoir fait défection, car ils craignaient les Galiléens, dont, plus d'une fois, ils avaient constaté l'attachement à ma personne ; mais, en cachette ils n'attendaient que le moment favorable pour me tendre un piège. Effectivement, je courus le pire danger pour la raison que voici.

XXVI. Le coup de main de Dabaritta.

126 Quelques jeunes aventuriers de Dabaritta[1] guettaient le passage de la femme de Ptolémée, agent financier du roi[2]. Se rendant du territoire qui relevait du roi[3] à un territoire sous domination romaine, elle faisait route, par la Grande-Plaine, avec grand train et une escorte de cavaliers pour sa sécurité. 127 Ils se jettent par surprise sur le convoi, forcent la femme à s'enfuir, et pillent tous ses bagages[4]. Ils se présentent à moi à Tarichées

1. Daberath (*Josué*, 19, 12), moderne Debūrieh, sur les pentes occidentales du mont Tabor. Pour tout cet épisode, cf. le récit parallèle de *B. J.*, II, 595 sq., où il n'est question que de Ptolémée lui-même, non de sa femme.

2. Ou son ministre des finances. Ailleurs, le mot grec (ἐπίτροπος) désigne le *procurateur* romain.

3. Le royaume d'Agrippa était constitué par la partie est et nord-est de la mer de Galilée. La femme de Ptolémée, qui se rendait peut-être à Césarée, devait, après avoir traversé la région indépendante de la Décapole, pénétrer dans la province romaine peu avant d'atteindre la Grande-Plaine d'Esdrélon.

πολεμίοις δὲ δι' ἐκπλήξεως, οὐκ εὖ τὴν γνώμην διετέθη, κατάλυσιν δ' αὐτῷ τὴν ἐμὴν εὐπραγίαν φέρειν νομίζων, εἰς φθόνον ἐξώκειλεν οὔτι μέτριον, 123 καὶ παύσειν με τῆς εὐτυχίας ἐλπίσας, εἰ παρὰ τῶν ὑπηκόων μῖσος ἐξάψειεν, ἔπειθεν τοὺς τὴν Τιβεριάδα κατοικοῦντας καὶ τοὺς τὴν Σέπφωριν, πρὸς τούτοις δὲ καὶ τοὺς Γάραβα (πόλεις δ' εἰσὶν αὗται τῶν κατὰ τὴν Γαλιλαίαν αἱ μέγισται) τῆς πρός με πίστεως ἀποστάντας αὐτῷ προστίθεσθαι· κρεῖττον γὰρ ἐμοῦ στρατηγήσειν αὐτῶν ἔφασκεν. 124 Καὶ Σεπφωρεῖς μὲν (οὐδετέρῳ γὰρ ἡμῶν προσεῖχον διὰ τὸ Ῥωμαίους ᾑρῆσθαι δεσπότας) οὐκ ἐπένευον αὐτῷ, Τιβεριεῖς δὲ τὴν μὲν ἀπόστασιν οὐκ ἐδέχοντο, αὐτοῦ δὲ συγκατένευον γενήσεσθαι φίλοι. Οἱ δὲ Γάραβα κατοικοῦντες προστίθενται τῷ Ἰωάννῃ· Σίμων δ' ἦν ὁ παρακαλῶν αὐτούς, πρωτεύων μὲν τῆς πόλεως, ὡς φίλῳ δὲ καὶ ἑταίρῳ τῷ Ἰωάννῃ χρώμενος. 125 Ἐκ μὲν οὖν τοῦ φανεροῦ τὴν ἀπόστασιν οὐχ ὡμολόγουν, (σφόδρα γὰρ ἐδεδοίκεσαν τοὺς Γαλιλαίους ἅτε δὴ πεῖραν αὐτῶν τῆς πρὸς ἡμᾶς πολλάκις εὐνοίας λαβόντες,) ἐκ τοῦ λεληθότος δὲ καιρὸν παραφυλάσσοντες ἐπιτήδειον ἐπεβούλευον. Καὶ δὴ ἀφικόμην εἰς κίνδυνον τὸν μέγιστον διὰ τοιαύτην αἰτίαν.

XXVI. 126 Νεανίσκοι τινὲς θρασεῖς, Δαβαριττηνοὶ γένος, ἐπιτηρήσαντες τὴν Πτολεμαίου γυναῖκα τοῦ βασιλέως ἐπιτρόπου, μετὰ πολλῆς παρασκευῆς καί τινων ἱππέων ἀσφαλείας χάριν ἑπομένων διὰ τοῦ μεγάλου πεδίου τὴν πορείαν ποιουμένην ἐκ τῆς τοῖς βασιλεῦσιν ὑποτελοῦς χώρας εἰς τὴν Ῥωμαίων ἐπικράτειαν, 127 ἐπιπίπτουσιν αὐτοῖς ἄφνω· καὶ τὴν μὲν γυναῖκα φυγεῖν ἠνάγκασαν, ὅσα δ' ἐπεφέρετο πάντα διήρπασαν. Καὶ ἧκον εἰς Ταριχέας πρός με τέτταρας ἡμιόνους καταφόρτους ἄγοντες

XXV *122* 4 διετέθη Niese : ἐτέθη codd. ‖ *123* 4 Σέπφωριν : νομίζων add. PAMW ‖ *124* 4 αὐτοῦ R : καὶ αὐτοῦ PAMW.

XXVI *127* 3 ἐπεφέρετο : ὑπεφέρετο PR fort. recte ἐφέρετο MW.

avec quatre mules pliant sous leur charge d'étoffes et de vaissellerie. Il y avait aussi un lingot d'argent assez gros et cinq cents pièces d'or. 128 Personnellement, je voulais mettre tout cela de côté pour le rendre à Ptolémée, car il était de notre race, or il nous est interdit par nos lois[1] de dépouiller fût-ce nos ennemis, mais je déclarai à ceux qui m'avaient apporté ce butin qu'il fallait le garder pour en consacrer le prix à la réparation des murs de Jérusalem. 129 Mais les jeunes gens, déçus de ne pas recevoir une part du butin comme ils se l'étaient promis, allèrent dans les villages autour de Tibériade raconter que j'allais livrer leur territoire aux Romains, 130 et qu'en réalité je n'avais fait que mentir en leur disant que je gardais le produit de la prise pour la réparation des murs de Jérusalem, alors que j'avais décidé de rendre au propriétaire ce qu'on lui avait pris. 131 Sur ce dernier point du moins, ils ne s'étaient pas trompés, car, à peine m'avaient-ils quitté que je fis appeler les deux notables, Dassion et Jannée, le fils de Lévi, qui avaient le titre d'amis intimes du roi ; je leur ordonnai de prendre les objets saisis et de les lui envoyer, et je les menaçai de la peine de mort s'ils mettaient quelqu'un d'autre au courant.

XXVII. Complot pour assassiner Josèphe a Tarichées.

132 Le bruit ayant fini par s'imposer dans toute la Galilée que j'allais livrer la région aux Romains, et toute la population s'agitant pour exiger mon châtiment, les habitants de Tarichées eux-mêmes en viennent à croire que les jeunes aventuriers disaient vrai et ils entreprennent de décider mes gardes du corps et mes soldats à me laisser là dès que j'irais me coucher et à se rendre immédiatement à l'Hippodrome, pour tenir conseil avec toute la population sur le sort du général. 133 Ceux-ci se laissant persuader et s'étant rendus à la réunion, ou déjà se pressait une foule considérable, ils n'eurent tous qu'un cri : punir celui qui les avait si lâchement trahis. 134 Celui

1. Cf. *Exode*, 23, 4.

ἐσθῆτος καὶ σκευῶν· ἦν δὲ καὶ ἀργυρίου σταθμὸς οὐκ ὀλίγος καὶ χρυσοῖ πεντακόσιοι. 128 Ταῦτ' ἐγὼ βουλόμενος διαφυλάξαι τῷ Πτολεμαίῳ, (καὶ γὰρ ἦν ὁμόφυλος, ἀπηγόρευται δ' ἡμῖν ὑπὸ τῶν νόμων μηδὲ τοὺς ἐχθροὺς ἀποστερεῖν,) πρὸς μὲν τοὺς κομίσαντας ἔφην φυλάττειν αὐτὰ δεῖν, ἵν' ἐκ τῆς πράσεως αὐτῶν ἐπισκευασθῇ τὰ τείχη τῶν Ἱεροσολύμων. 129 Οἱ δὲ νεανίαι χαλεπῶς ἔσχον οὐ λαβόντες μοῖραν ἐκ τῶν λαφύρων καθάπερ προσεδόκησαν· καὶ πορευθέντες εἰς τὰς πέριξ τῆς Τιβεριάδος κώμας, προδιδόναι μέλλειν με Ῥωμαίοις τὴν χώραν αὐτῶν ἔλεγον· 130 κεχρῆσθαι γὰρ σοφίσματι πρὸς αὐτοὺς λέγοντα τὰ ἐκ τῆς ἁρπαγῆς κομισθέντα φυλάττειν εἰς τὴν ἐπισκευὴν τῶν τειχῶν τῆς Ἱεροσολυμιτῶν πόλεως, ἐγνωκέναι δὲ πάλιν τῷ δεσπότῃ ἀποδοῦναι τὰ ἡρπασμένα. 131 Καὶ κατὰ τοῦτό γε τῆς ἐμῆς γνώμης οὐ διήμαρτον. Ἀπαλλαγέντων γὰρ αὐτῶν μεταπεμψάμενος δύο τοὺς πρώτους Δασσίωνα καὶ Ἰανναῖον τὸν τοῦ Ληουΐ, φίλους ἐν τοῖς μάλιστα τοῦ βασιλέως καθεστῶτας, τὰ ἐκ τῆς ἁρπαγῆς σκεύη λαβόντας διαπέμψασθαι πρὸς ἐκεῖνον ἐκέλευον, θάνατον ἀπειλήσας αὐτοῖς τὴν ζημίαν, εἰ πρὸς ἕτερον ταῦτα ἀπαγγελοῦσιν.

XXVII. 132 Ἐπισχούσης δὲ φήμης τὴν Γαλιλαίαν ἅπασαν ὡς τῆς χώρας αὐτῶν μελλούσης ὑπ' ἐμοῦ τοῖς Ῥωμαίοις προδίδοσθαι καὶ πάντων παροξυνθέντων ἐπὶ τὴν ἐμὴν τιμωρίαν, οἱ τὰς Ταριχέας κατοικοῦντες καὶ αὐτοὶ τοὺς νεανίσκους ἀληθεύειν ὑπολαβόντες πείθουσι τοὺς σωματοφύλακας καὶ τοὺς ὁπλίτας κοιμώμενόν με καταλιπόντας παραγενέσθαι θᾶττον εἰς ἱππόδρομον, ὡς ἐκεῖ βουλευσομένους μετὰ πάντων περὶ τοῦ στρατηγοῦ. 133 Πειθομένων δὲ τούτων καὶ συνελθόντων, πολὺς ὄχλος ἤδη προσυνήθροιστο, μίαν τε πάντες ἐποιοῦντο φωνήν, κολάζειν τὸν προδότην πονηρὸν περὶ αὐτοὺς γεγενημένον. 134 Μάλιστα

XXVI *130* 4 τὰ ἡρπασμένα om. R.

qui les excitait le plus était Jésus, fils de Sapphias et, à cette époque, archonte à Tibériade, triste individu, né pour semer les pires désordres, un meneur et un agitateur sans pareil[1]. Le voilà maintenant qui, brandissant les lois de Moïse, s'avance au milieu de la foule et dit :
135 « Si le souci de vos propres intérêts ne suffit pas, concitoyens, à vous faire détester Josèphe, jetez du moins un regard sur vos lois ancestrales, que votre général en chef se préparait à trahir ; montrez par amour pour elles votre haine du crime, punissez l'auteur d'un pareil attentat ! »

XXVIII. 136 Après ces paroles, bruyamment approuvées par la foule, il prend avec lui quelques gens armés et court vers la maison où je logeais, pour me tuer. Moi qui ne me doutais de rien, sous le coup de la fatigue, je m'étais endormi profondément, avant tout ce bruit[2].
137 Simon, mon garde du corps particulier, qui était resté seul près de moi, voyant toute la cité faire irruption, me réveilla, me mit au courant du danger qui me menaçait et m'exhorta à mourir courageusement de sa main[3], en digne général, avant l'arrivée des ennemis, qui m'y forceraient ou me tueraient eux-mêmes. 138 Telles étaient ses paroles. Pour moi, ayant remis mon sort entre les mains de Dieu, je me hâtai d'aller au-devant de la foule. Je changeai mon vêtement pour un habit noir, suspendis mon épée à mon cou me mis en route pour l'Hippodrome, en passant par un chemin spécial où je pensais ne rencontrer aucun ennemi, et j'apparus soudain, me prosternai à terre, mouillai la terre de mes larmes et gagnai la compassion de tout le monde. 139 Me rendant compte du revirement de la foule, je tâche de provoquer une divergence d'opinions avant l'arrivée des soldats de retour de ma maison. Je reconnaissais que, à leur point de vue, j'étais coupable, mais je demandais de pou-

1. Même phrase dans *Ant.*, XVII, 325 : πονηρόν τε ἄλλως καὶ ταράξαι μεγάλα πράγματα φύσιν ἔχοντα.

2. Ou bien, si l'on supprime πρὸ : « fatigué par cette agitation, je m'étais endormi profondément ».

3. Dans l'Antiquité, le suicide consistait souvent à se faire donner la mort par un familier.

δ' αὐτοὺς ἐξέκαιεν ὁ τοῦ Σαπφία παῖς Ἰησοῦς, ἄρχων τότε τῆς Τιβεριάδος, πονηρὸς ἄνθρωπος καὶ ταράξαι μεγάλα πράγματα φύσιν ἔχων, στασιοποιός τε καὶ νεωτεριστὴς ὡς οὐχ ἕτερος. Καὶ τότε δὴ λαβὼν εἰς χεῖρας τοὺς Μωυσέως νόμους καὶ προελθὼν εἰς μέσον, 135 « εἰ μὴ ὑπὲρ αὑτῶν, ἔφη, πολῖται, μισεῖν δύνασθε Ἰώσηπον, εἰς τοὺς πατρίους ἀποβλέψαντες νόμους, ὧν ὁ πρῶτος ὑμῶν στρατηγὸς προδότης ἔμελλε γίνεσθαι, καὶ μισοπονηρήσαντες ὑπὲρ τούτων τιμωρήσασθε τὸν τοιαῦτα τολμήσαντα ».

XXVIII. 136 Ταῦτ' εἰπών, καὶ τοῦ πλήθους ἐπιβοήσαντος, ἀναλαβών τινας ὁπλίτας ἐπὶ τὴν οἰκίαν ἐν ᾗ κατηγόμην ἔσπευδεν ὡς ἀναιρήσων. Ἐγὼ δ' οὐδὲν προαισθόμενος διὰ κόπον πρὸ τῆς ταραχῆς κατεσχήμην. 137 Σίμων δ' ὁ τοῦ σώματός μου τὴν φυλακὴν πεπιστευμένος, ὁ καὶ μόνος παραμείνας, ἰδὼν τὴν ἐπιδρομὴν τῶν πολιτῶν, διήγειρέ με καὶ τὸν ἐφεστῶτά μοι κίνδυνον ἐξήγγειλεν· ἠξίου τε γενναίως θνήσκειν ὡς στρατηγὸν ὑπ' αὐτοῦ, πρὶν δὴ ἐλθεῖν τοὺς ἐχθροὺς ἀναγκάσοντας ἢ κτενοῦντας. 138 Ὁ μὲν ταῦτα ἔλεγεν, ἐγὼ δὲ τῷ Θεῷ τὰ κατ' ἐμαυτὸν ἐπιτρέψας εἰς τὸ πλῆθος ὡρμήθην προελθεῖν. Μετενδὺς οὖν μέλαιναν ἐσθῆτα καὶ τὸ ξίφος ἀπαρτησάμενος ἐκ τοῦ αὐχένος, καθ' ὁδὸν ἑτέραν ᾗ μηδένα μοι τῶν πολεμίων ὑπαντιάσειν ᾤμην, ᾔειν εἰς τὸν ἱππόδρομον, ἄφνω τε φανεὶς καὶ πρηνὴς πεσὼν καὶ τὴν γῆν δάκρυσι φύρων ἐλεεινὸς ἔδοξα πᾶσιν. 139 Συνεὶς δὲ τοῦ πλήθους τὴν μεταβολήν, διιστάναι τὰς γνώμας αὐτῶν ἐπειρώμην πρὸ τοῦ τοὺς ὁπλίτας ἀπὸ τῆς οἰκίας ὑποστρέψαι. Καὶ συνεχώρουν μὲν ἀδικεῖν, ὡς αὐτοὶ νομίζουσιν,

XXVII *134* 2 Σαπφία Hudson (ex *66* et B. J. II 566 et 599) : σαπίθα uel σαπιθᾶ codd. || 6 προελθὼν Niese : προσελθὼν codd. || *135* 3 πρῶτος « fort. corruptum » Niese.

XXVIII *136* 4 πρὸ fort. delendum (cf. Niese) || κατεσχήμην : « ὕπνῳ supplendum aut subaudiendum esse putat Hudson » Niese. Cf. *Ant.* I 148 || *137* 5 ὑπ' αὐτοῦ : ὑφ' αὐτοῦ R ἐπ' αὐτοῦ W om. M || δὴ ἐλθεῖν R : διελθεῖν cett. (δ' ἢ ἐλθεῖν, Thackeray, minus placet).

voir leur apprendre d'abord pour quel emploi j'avais gardé la fortune ramenée du coup de main, après quoi, s'ils l'ordonnaient, je demandais à mourir. 140 La foule m'ordonne de prendre la parole, quand surviennent les soldats et, dès qu'ils m'aperçoivent, ils accourent pour me tuer. Mais la foule leur ordonne de rester tranquilles. Ils obéissent, certains que, une fois que j'aurais reconnu devant la foule avoir gardé l'argent pour le roi, ils m'exécuteraient comme un traître qui a avoué.

XXIX. Josèphe en appelle au peuple a Tarichées.

141 A la faveur du silence général qui s'établit : « Chers compatriotes, leur dis-je, je suis prêt à mourir si la justice l'exige, mais je veux, avant de mourir, vous dire la vérité. 142 Sachant que cette cité est très accueillante aux étrangers et qu'elle se grossit d'un tel nombre d'hommes qui, abandonnant leur propre patrie, sont tout heureux d'y venir partager notre sort, je voulais y bâtir des murs avec cet argent qui vous met en fureur contre moi, alors que j'allais le dépenser pour ces constructions. » 143 A ces mots, parmi les Tarichéens et les étrangers, une rumeur s'élève qui m'exprime leur reconnaissance et m'invite à me rassurer, tandis que les Galiléens et les gens de Tibériade restaient sur leurs ressentiments ; et la division s'installe entre eux, les uns menaçant de me faire expier, les autres *me pressant* de ne pas tenir compte *des premiers*[1]. 144 Mais, dès que j'eus promis de bâtir des murs aussi à Tibériade et dans les autres villes qui en avaient besoin, ils eurent confiance et se retirèrent chacun chez soi. Quant à moi, échappé contre toute attente au péril que je viens de dire, je m'en retournai à la maison, accompagné de mes amis et de vingt soldats.

XXX. Complot pour incendier la maison de Josèphe.

145 Seulement, de nouveau, les brigands et les agitateurs, craignant pour leur compte que je leur fasse payer leurs agissements, arrivent avec six cents soldats pour

1. En supposant, avec Thackeray, une lacune.

ἐδεόμην· δὲ διδάξαι πρότερον εἰς τίνα χρείαν ἐφύλαττον τὰ ἐκ τῆς ἁρπαγῆς κομισθέντα χρήματα καὶ τότε θνήσκειν εἰ κελεύοιεν. 140 Τοῦ δὲ πλήθους λέγειν κελεύοντος, ἐπῆλθον οἱ ὁπλῖται, καὶ θεασάμενοί με προσέτρεχον ὡς κτενοῦντες. Ἐπισχεῖν δὲ τοῦ πλήθους κελεύοντος ἐπείσθησαν προσδοκῶντες, ἐπειδὰν ὁμολογήσω πρὸς αὐτοὺς τὰ χρήματα τῷ βασιλεῖ τετηρηκέναι, ὡς ὡμολογηκότα τὴν προδοσίαν ἀναιρήσειν.

XXIX. 141 Σιγῆς οὖν παρὰ πάντων γενομένης, « ἄνδρες, εἶπον, ὁμόφυλοι, θανεῖν μὲν εἰ δίκαιόν ἐστιν οὐ παραιτοῦμαι· βούλομαι δ' ὅμως πρὸ τοῦ τελευτῆσαι τὴν ἀλήθειαν φράσαι πρὸς ὑμᾶς. 142 Τὴν γὰρ πόλιν ταύτην φιλοξενωτάτην οὖσαν ἐπιστάμενος πληθύουσάν τε προθύμως τοσούτων ἀνδρῶν, οἳ τὰς ἑαυτῶν πατρίδας καταλιπόντες ἀφίκοντο κοινωνοὶ τῆς ἡμετέρας γενόμενοι τύχης, ἐβουλήθην τείχη κατασκευάσαι ἐκ τῶν χρημάτων τούτων, περὶ ὧν ἡ παρ' ὑμῶν ἐστιν ὀργὴ δαπανωμένων εἰς τὴν οἰκοδομίαν αὐτῶν. » 143 Πρὸς ταῦτα παρὰ μὲν τῶν Ταριχεωτῶν καὶ ξένων ἐγείρεται φωνὴ χάριν ἔχειν ὁμολογούντων καὶ θαρρεῖν προτρεπομένων, Γαλιλαῖοι δὲ καὶ Τιβεριεῖς τοῖς θυμοῖς ἐπέμενον. Καὶ γίνεται στάσις πρὸς ἀλλήλους, τῶν μὲν κολάσειν ἀπειλούντων με, τῶν δὲ καταφρονεῖν. 144 Ἐπειδὴ δ' ἐπηγγειλάμην καὶ Τιβεριάδι κατασκευάσειν τείχη καὶ ταῖς ἄλλαις πόλεσιν αὐτῶν ταῖς ἀναγκαίαις, πιστεύσαντες ὑπεχώρουν ἕκαστος εἰς τὴν ἑαυτοῦ. Κἀγὼ παρὰ πᾶσαν ἐλπίδα διαφυγὼν τὸν προειρημένον κίνδυνον, μετὰ τῶν φίλων καὶ ὁπλιτῶν εἴκοσιν εἰς τὴν οἰκίαν ὑπέστρεψα.

XXX. 145 Πάλιν δ' οἱ λῃσταὶ καὶ τῆς στάσεως αἴτιοι, δείσαντες περὶ ἑαυτῶν μὴ δίκας εἰσπραχθῶσιν ὑπ' ἐμοῦ τῶν πεπραγμένων, ἀναλαβόντες ἑξακοσίους ὁπλίτας ἧκον ἐπὶ

XXIX *142* 2 προθύμως « fort. ante ἀφίκοντο transponendum » Niese ‖ 4 γενόμενοι codd. : γενησόμενοι Niese ‖ *143* 5 καταφρονεῖν : lacunam suspicatur Thackeray.

incendier la maison où je résidais. 146 Averti de leur approche, je regardai comme peu digne de prendre la fuite, et décidai de risquer un coup d'audace. J'ordonnai donc de fermer les portes de la maison, puis, je montai à l'étage, d'où je les invitai à envoyer quelques hommes prendre l'argent[1]. Ainsi n'auraient-ils plus qu'à se calmer, leur dis-je. 147 Ils envoyèrent le plus entreprenant de la bande, mais je le fis sévèrement fouetter, j'ordonnai de lui couper une main et de la lui suspendre au cou et, dans cet état, je le renvoyai à ceux qui me l'avaient envoyé. 148 Ils furent saisis d'une stupeur et d'une crainte peu ordinaires. Aussi, craignant de subir à leur tour le même sort, s'ils restaient là, car ils s'imaginaient que j'avais à l'intérieur une troupe plus nombreuse qu'eux, ils prirent la fuite. Quant à moi, grâce à ce stratagème, je parvins à échapper à ce nouveau complot.

XXXI. Nouvelle persécution des réfugiés.

149 Mais de nouveau certains excitèrent la foule en disant qu'il ne fallait pas laisser vivre les grands personnages de la cour qui s'étaient rendus chez moi[2], puisqu'ils refusaient de se conformer aux usages de ceux près de qui ils ont cherché refuge. Ils les accusaient faussement aussi d'être des sorciers et de faire obstacle à l'éviction des Romains. La foule se laissa vite persuader, trompée par ces propos spécieux destinés à gagner sa confiance. 150 Informé de la situation, une fois encore j'essayai[3] de faire la leçon à la foule : ils ne devaient pas persécuter des gens qui avaient cherché refuge auprès d'eux, et je perçais à jour la sottise de l'accusation de sorcellerie par cet argument : les Romains n'entretiendraient pas tant de myriades de soldats si l'on pouvait vaincre ses ennemis par l'intervention de sorciers[4]. 151 On obéit pendant quelque temps à ce que je disais là, mais, détournés de nouveau par les vauriens, ils se montaient contre ces

1. Il s'agit toujours de l'argent pris au coup de main de Dabaritta. La phrase : « Ainsi... leur dis-je » est comprise par Thackeray comme un *a parté* de Josèphe avec lui-même. Mais le contexte montre que Josèphe mettait toute son audace dans cette ironie.

2. Cf. 112. — 3. Cf. 113. — 4. Ou : à coup d'incantations (« by enchantements » : Thackeray).

τὴν οἰκίαν ἔνθα διέτριβον, ἐμπρήσοντες αὐτήν. 146 Ἀπαγγελθείσης δέ μοι τῆς ἐφόδου φεύγειν μὲν ἀπρεπὲς ἡγησάμην, ἔκρινα δὲ παραβαλόμενος χρήσασθαί τι καὶ τόλμῃ. Προστάξας οὖν ἀποκλεῖσαι τῆς οἰκίας τὰς θύρας αὐτὸς ἐπὶ τὸ ὑπερῷον ἀναβὰς παρεκάλουν εἰσπέμψαι τινὰς ληψομένους τὰ χρήματα· παύσεσθαι γὰρ οὕτως τῆς ὀργῆς αὐτοὺς ἔφην. 147 Εἰσπεμψάντων δὲ τὸν θρασύτατον αὐτῶν μάστιξιν αἰκισάμενος τὴν ἑτέραν τε τῶν χειρῶν ἀποκόψαι κελεύσας καὶ κρεμάσας ἐκ τοῦ τραχήλου, τοιοῦτον ἐξέβαλον πρὸς τοὺς ἐξαποστείλαντας. 148 Τοὺς δ' ἔλαβεν ἔκπληξις καὶ φόβος οὔτι μέτριος. Δείσαντες οὖν καὶ αὐτοὶ ταὐτὰ πείσεσθαι εἰ μένοιεν, (εἴκαζον γὰρ ἔνδον ἔχειν με πλείους αὐτῶν) εἰς φυγὴν ὥρμησαν. Κἀγὼ τοιούτῳ στρατηγήματι χρησάμενος τὴν δευτέραν ἐπιβουλὴν διέφυγον.

XXXI. 149 Πάλιν δὲ τὸν ὄχλον τινὲς ἠρέθιζον, τοὺς ἀφικομένους πρός με βασιλικοὺς μεγιστᾶνας οὐκ ὀφείλειν ζῆν λέγοντες, μὴ μεταβῆναι θέλοντας εἰς τὰ παρ' αὐτοῖς ἔθη, πρὸς οὓς σωθησόμενοι πάρεισι· διέβαλλόν τε φαρμακέας εἶναι λέγοντες καὶ κωλυτὰς τοῦ Ῥωμαίων περιγενέσθαι. Ταχὺ δὲ τὸ πλῆθος ἐπείθετο, ταῖς τῶν λεγομένων πρὸς χάριν αὐτοῖς πιθανότησιν ἀπατώμενοι. 150 Πυθόμενος δὲ περὶ τούτων ἐγὼ πάλιν τὸν δῆμον ἀνεδίδασκον μὴ δεῖν διώκεσθαι τοὺς καταφυγόντας πρὸς αὐτούς, τὸν δὲ φλύαρον τῆς περὶ τῶν φαρμάκων αἰτίας διέσυρον, οὐκ ἂν τοσαύτας μυριάδας στρατιωτῶν Ῥωμαίους λέγων τρέφειν, εἰ διὰ φαρμακέων ἦν νικᾶν τοὺς πολεμίους. 151 Ταῦτα λέγοντος ἐμοῦ πρὸς ὀλίγον μὲν ἐπείθοντο, πάλιν δ' ἀναχωρήσαντες ὑπὸ τῶν πονηρῶν ἐξηρεθίζοντο κατὰ τῶν μεγιστάνων. Καί

XXX *146* 6 παύσεσθαι Niese : παύσασθαι codd. ‖ *147* 1 αὐτῶν : εἰς τὸ μυχαίτατον τῆς οἰκίας παρασύρας καὶ add. R, « probably a gloss from B. J. II 612 » Thackeray ‖ *148* 4 αὐτῶν : ὁπλίτας add. RAMW.

XXXI *149* 5 τοῦ Ῥωμαίων περιγενέσθαι Cocceji : τοὺς (τοῦ A) Ῥωμαίους παραγενέσθαι codd. ‖ *150* 5 φαρμακέων : φαρμάκων PR.

grands personnages et, un beau jour, ils partirent attaquer leur maison de Tarichées pour les tuer. 152 Quand je l'appris, je craignis que, si le crime venait à se commettre, la cité ne devînt un lieu où ne pas mettre les pieds, pour ceux qui voudraient s'y réfugier. 153 Je me rendis donc avec quelques autres personnes à la maison de ces grands personnages, je fermai les verrous, je ménageai une tranchée conduisant de là[1] jusqu'au lac, je fis venir un bateau, j'y montai avec eux et je le fis passer jusqu'à la limite du territoire d'Hippos[2]. Là, je leur versai le prix de leurs chevaux, que je n'avais pas pu embarquer, leur fuite s'étant effectuée dans de pareilles conditions, et je pris congé en leur prodiguant mes encouragements à supporter avec vaillance leur sort infortuné. 154 En moimême, j'étais cruellement déchiré d'avoir été réduit à exposer de nouveau ces réfugiés sur un territoire ennemi Mais je pensais qu'il valait mieux, si le malheur le voulait, qu'ils mourussent chez les Romains plutôt que sur mon territoire. Et voilà qu'ils furent sauvés : le roi Agrippa, en effet, leur pardonna leurs fautes. Ainsi se termina leur aventure.

XXXII. Révolte de Tibériade, qui se déclare pour Hérode.

155 Les habitants de Tibériade écrivirent[3] au roi pour l'inviter à envoyer des troupes garder leur territoire, car ils voulaient embrasser son parti. D'un côté, voilà ce qu'ils écrivaient au roi. 156 D'autre part, à mon arrivée chez eux, ils me priaient de leur bâtir les murs que j'avais promis ; ils avaient appris que Tarichées avait déjà ses murs. J'y consentis et, après avoir tout préparé pour la construction, je fis donner ordre aux architectes d'en assurer l'exécution. 157 Trois jours après mon départ pour Tarichées, qui est à trente stades de Tibériade, par hasard on aperçut des cavaliers romains qui passaient non loin de la ville et qui firent croire que l'armée du roi approchait. 158 Alors ce furent immédiatement des ac-

1. Sans doute la maison était-elle toute proche du lac.
2. Ville grecque de la Décapole, juste en dehors du territoire du roi Agrippa.

ποτε μεθ' ὅπλων ἐπὶ τὴν οἰκίαν αὐτῶν τὴν ἐν Ταριχέαις ἐπῆλθον, ὡς ἀναιρήσοντες 152 Ἔδεισα δ' ἐγὼ πυθόμενος μὴ τοῦ μύσους τέλος λαβόντος ἀνεπίβατος γένηται τοῖς καταφυγεῖν εἰς αὐτὴν θέλουσιν. 153 Παρεγενόμην οὖν εἰς τὴν τῶν μεγιστάνων οἰκίαν μετά τινων ἑτέρων, καὶ κλείσας διώρυγά τε ποιήσας ἀπ' αὐτῆς ἐπὶ τὴν λίμνην ἄγουσαν, μεταπεμψάμενός τε πλοῖον, καὶ σὺν αὐτοῖς ἐμβάς, ἐπὶ τὴν μεθόριον τῶν Ἱππηνῶν διεπέρασα, καὶ δοὺς αὐτοῖς τὴν τιμὴν τῶν ἵππων (οὐ γὰρ ἠδυνήθην αὐτοὺς ἐπαγαγέσθαι τοιαύτης γενομένης τῆς ἀποδράσεως) ἀπέλυσα, πολλὰ παρακαλέσας τὴν προσπεσοῦσαν ἀνάγκην γενναίως ἐνεγκεῖν. 154 Αὐτός τε μεγάλως ἠχθόμην, βιασθεὶς τοὺς προσφυγόντας ἐκθεῖναι πάλιν εἰς τὴν πολεμίαν· ἄμεινον δὲ νομίσας παρὰ Ῥωμαίοις ἀποθανεῖν αὐτούς, εἰ συμπέσοι, μᾶλλον ἢ κατὰ τὴν ἐμὴν χώραν. Οἱ δ' ἄρα διεσώθησαν· συνεχώρησεν γὰρ αὐτοῖς βασιλεὺς Ἀγρίππας τὰ ἡμαρτημένα. Καὶ τὰ μὲν περὶ ἐκείνους τοῦτ' ἔσχε τὸ τέλος.

XXXII. 155 Οἱ δὲ τὴν τῶν Τιβεριέων πόλιν κατοικοῦντες γράφουσιν πρὸς τὸν βασιλέα, παρακαλοῦντες πέμψαι δύναμιν τὴν φυλάξουσαν αὐτῶν τὴν χώραν· θέλειν γὰρ αὐτῷ προστίθεσθαι. Κἀκείνῳ μὲν ταῦτ' ἔγραφον. 156 Ἀφικόμενον δέ με πρὸς αὐτοὺς παρεκάλουν τὰ τείχη κατασκευάζειν αὐτοῖς ὡς ὑπεσχήμην. Ἠκηκόεισαν δὲ τὰς Ταριχέας ἤδη τετειχίσθαι. Κατανεύσας οὖν ἐγὼ καὶ πάντα τὰ πρὸς τὴν οἰκοδομίαν παρασκευασάμενος, τοὺς ἀρχιτέκτονας ἐκέλευον ἐνεργεῖν. 157 Μετὰ δὲ τρίτην ἡμέραν εἰς Ταριχέας ἀπερχομένου μου, τῆς Τιβεριάδος ἀπεχούσας στάδια τριάκοντα, συνέβη τινὰς Ῥωμαίων ἱππεῖς οὐ πόρρωθεν τῆς πόλεως ὁδοιποροῦντας ὀφθῆναι οἳ δόξαν παρέσχον τὴν παρὰ τοῦ βασιλέως δύναμιν ἥκειν. 158 Εὐθέως γοῦν εἰς

XXXI *151* 4 Ταριχέαις Niese (cf. *159* 5) : Ταριχέᾳ P Ταριχαία R Ταριχαίαι[σ] ex Ταριχέα corr. A Ταρίχει MW ‖ *153* 3 ἀπ' Hudson : ἐπ' codd.

clamations avec quantité de louanges à l'adresse du roi et des malédictions contre moi. Quelqu'un accourut m'informer de leur intention : ils avaient décidé de me quitter. 159 Cette nouvelle me troubla profondément. Je trouvai mes soldats de Tarichées chez eux, parce que je leur avais donné congé, le lendemain étant jour de sabbat ; or, je ne voulais pas que les Juifs de Tarichées fussent gênés par la présence de la troupe. 160 En tout cas, chaque fois que je m'y trouvais, je négligeais absolument de me pourvoir d'une garde du corps, tant j'avais eu de preuves du loyalisme des habitants[1]. 161 N'ayant cette fois avec moi que sept de mes soldats et mes amis, je ne savais à quoi me résoudre. Rappeler mon corps de troupes, vu que le jour de la semaine où nous étions touchait déjà à sa fin, ne me paraissait pas opportun : car, à supposer même que mes soldats fussent revenus, impossible de prendre les armes le lendemain, nos lois[2] l'interdisant, quelque urgente que puisse paraître la nécessité. 162 D'autre part, si j'autorisais les gens de Tarichées et leurs résidents étrangers à piller Tibériade, je voyais bien qu'ils ne seraient pas en nombre suffisant, et je voyais aussi que cela me causerait un retard considérable, car, selon moi, les troupes du roi me devanceraient et je serais refoulé hors de la ville. Je décidai donc d'employer contre eux une ruse. 163 Sur-le-champ, je place mes plus sûrs amis aux portes de Tarichées avec mission de retenir sévèrement quiconque voudrait sortir. Je fais appeler les chefs des familles. J'ordonne à chacun d'eux de mettre à l'eau un bateau, d'amener aussi un pilote et de me suivre ensuite vers Tibériade. 164 De mon côté, accompagné de mes amis et de sept de mes soldats dont j'ai parlé plus haut, je m'embarquai et fis voile vers Tibériade.

XXXIII. Josèphe apaise la révolte par une ruse.

165 Quand les gens de Tibériade constatèrent que les troupes du roi n'étaient pas venues à eux et quand ils

1. 132 sq. nous donnent un premier exemple de cette négligence des précautions habituelles. Mais, cette fois-là, les populations montrèrent bien peu de « loyalisme ».

2. C'est-à-dire la loi orale ; cf. I *Macc.*, 2, 34 sq.

μὲν τὸν βασιλέα μετὰ πολλῶν ἐπαίνων ἠφίεσαν φωνάς, κατ' ἐμοῦ δὲ βλασφήμους· καὶ ἐπιδραμών τις ἀπήγγειλέν μοι τὴν διάνοιαν αὐτῶν, ὡς ἀφίστασθαί μου διεγνώκασιν.
159 Ἐγὼ δ' ἀκούσας ἐταράχθην μὲν σφόδρα. Τοὺς γὰρ ὁπλίτας ἔτυχον ἐκ τῶν Ταριχεῶν ἐπὶ τὰς αὐτῶν οἰκήσεις ἀφεικὼς διὰ τὸ τὴν ἐπιοῦσαν ἡμέραν σάββατον ὑπάρχειν· οὐ γὰρ ἐβουλόμην ὑπὸ τοῦ στρατιωτικοῦ πλήθους ἐνοχλεῖσθαι τοὺς ἐν ταῖς Ταριχέαις· 160 (ὁσάκις γοῦν ἐν αὐταῖς διέτριβον οὐδὲ τῆς περὶ τὸ σῶμα φυλακῆς ἐποιούμην πρόνοιαν, πεῖραν παρὰ τῶν ἐνοικούντων τῆς πρός με πίστεως λαβὼν πολλάκις·) 161 μόνους δ' ἔχων περὶ ἐμαυτὸν ἑπτὰ τῶν ὁπλιτῶν καὶ τοὺς φίλους, ἠπόρουν ὃ πράξω. Μεταπέμπεσθαι γὰρ τὴν ἐμὴν δύναμιν διὰ τὸ λήγειν ἤδη τὴν ἐνεστῶσαν ἡμέραν οὐκ ἐδοκίμαζον· οὐδὲ γὰρ ἀφικομένης αὐτῆς εἰς τὴν ἐπιοῦσαν ὅπλα λαβεῖν ⟨ἦν⟩, κωλυόντων ἡμᾶς τῶν νόμων, κἂν μεγάλη τις ἐπείγειν ἀνάγκη δοκῇ.
162 Εἰ δὲ τοῖς Ταριχεώταις καὶ τοῖς παρ' αὐτοῖς ξένοις ἐπιτρέψαιμι τὴν πόλιν διαρπάζειν, ἑώρων οὐχ ἱκανοὺς ἐσομένους, τὴν δ' ἐμὴν ὑπέρθεσιν ἑώρων μακροτάτην· φθήσεσθαι γὰρ καὶ τὴν παρὰ βασιλέως δύναμιν ἀφικομένην, καὶ ἐκπεσεῖσθαι τῆς πόλεως ᾠόμην. 163 Ἐβουλευόμην οὖν στρατηγήματι χρῆσθαί τινι κατ' αὐτῶν. Παραχρῆμα δὴ τοὺς πιστοτάτους τῶν φίλων ταῖς πύλαις τῶν Ταριχεῶν ἐπιστήσας φυλάξοντας μετ' ἀσφαλείας τοὺς ἐξιέναι θέλοντας, καὶ τοὺς πρώτους τῶν οἴκων προσκαλεσάμενος, αὐτῶν ἕκαστον ἐκέλευσα καθελκύσαντα πλοῖον, ἐμβάντα συνεπαγόμενον τὸν κυβερνήτην ἕπεσθαί μοι πρὸς τὴν Τιβεριέων πόλιν. 164 Καὶ αὐτὸς δὲ μετὰ τῶν φίλων καὶ ὁπλιτῶν, οὓς ἔφην ἑπτὰ τὸν ἀριθμὸν εἶναι, ἐμβὰς ἔπλεον ἐπὶ τὴν Τιβεριάδα.

XXXIII. 165 Τιβεριεῖς δὲ τὴν παρὰ τοῦ βασιλέως δύναμιν ὡς ἔγνωσαν οὐχ ἥκουσαν αὐτοῖς, πλοίων δὲ τὴν λίμ-

XXXII *161* 5 ἦν Holwerda ‖ *163* 5 ἐξιέναι ed. pr. : ἐξεῖναι codd.

virent d'autre part le lac tout couvert de bateaux, ils prirent peur pour leur ville et, terrifiés à l'idée que ces bateaux étaient pleins de soldats, ils changèrent leurs plans. 166 Ils jettent leurs armes et, avec femmes et enfants, viennent au-devant de nous, en poussant mille acclamations à ma louange, car ils supposaient que je n'avais pas eu vent de leurs intentions, et ils me suppliaient d'épargner leur ville. 167 Quand je fus plus près, j'ordonnai aux pilotes de jeter l'ancre encore assez loin du rivage, pour éviter de laisser voir aux gens de Tibériade que les bateaux étaient vides de troupes. M'étant moi-même approché sur un des bateaux, je reprochai à ces gens leur folie et cette facilité avec laquelle, au mépris de toute justice, ils avaient manqué de loyalisme à mon égard, sans la moindre excuse. 168 Je voulais bien, toutefois, qu'ils fussent désormais absolument pardonnés, à condition qu'ils m'enverraient dix de leurs notables. Ils s'empressèrent d'obéir et de m'envoyer les dix hommes que je viens de dire ; je les fis embarquer pour Tarichées, où on les tiendrait sous bonne garde.

XXXIV. Châtiment de l'agitateur Cleitos.

169 Grâce à ce stratagème, je finis par m'emparer, par petits groupes, de tout le Conseil et je les transférai dans ladite ville, et avec eux la plupart des hommes importants [1] du peuple, guère moins nombreux. 170 Quand les gens du peuple virent jusqu'à quel excès de misère ils en étaient venus, ils me demandèrent de punir le responsable de la défection. C'était un nommé Cleitos, un jeune, audacieux et risque-tout. 171 Pour ma part, considérant comme un crime de tuer un compatriote, et pourtant obligé de sévir, je commandai à un de mes gardes du corps, Lévi, d'aller lui couper une main. 172 Comme celui qui avait reçu ce commandement eut peur de s'avancer seul au milieu d'une foule si nombreuse, pour ne pas laisser voir aux gens de Tibériade la couardise de ce soldat, je m'adressai à

1. Littéralement « des premiers » du peuple ; mais ici le terme ne semble pas avoir le caractère de désignation officielle qu'il présente aux §§ 217 et 310, où il s'agit d'un groupe constitué.

νην πᾶσαν ἐθεάσαντο πλήρη, δείσαντες περὶ τῇ πόλει καὶ καταπλαγέντες ὡς ἐπιβατῶν πλήρεις εἶναι νέας, μετατίθενται τὰς γνώμας. 166 Ῥίψαντες οὖν τὰ ὅπλα, μετὰ γυναικῶν καὶ παίδων ὑπηντίαζον, πολλὰς μετ' ἐπαίνων εἰς ἐμὲ φωνὰς ἀφιέντες (εἴκαζον γὰρ οὐ προπεπύσθαι με τὴν διάνοιαν αὐτῶν), καὶ παρεκάλουν φείσασθαι τῆς πόλεως. 167 Ἐγὼ δὲ πλησίον γενόμενος, ἀγκύρας μὲν ἔτι πόρρω τῆς γῆς ἐκέλευον βαλέσθαι τοὺς κυβερνήτας, ὑπὲρ τοῦ μὴ κατάδηλα τοῖς Τιβεριεῦσιν εἶναι τὰ πλοῖα κενὰ τῶν ἐπιβατῶν ὄντα. Πλησιάσας δ' αὐτὸς ἔν τινι πλοίῳ κατεμεμφόμην αὐτῶν τὴν ἄνοιαν, καὶ ὅτι δὴ οὕτως εὐχερεῖς εἶεν, πάσης δικαίας ἄνευ προφάσεως ἐξίστασθαι τῆς πρός με πίστεως. 168 Ὡμολόγουν δ' εἴς γε τὸ λοιπὸν αὐτοῖς συγγνώσεσθαι βεβαίως, εἰ πέμψειαν δέκα τοῦ πλήθους προεστῶτας. Ὑπακουσάντων δ' ἑτοίμως καὶ πεμψάντων ἄνδρας οὓς προεῖπον, ἐμβιβάσας ἀπέλυον εἰς Ταριχέας φυλαχθησομένους.

XXXIV. 169 Τῷ στρατηγήματι δὲ τούτῳ τὴν βουλὴν πᾶσαν κατ' ὀλίγους λαβὼν εἰς τὴν προειρημένην πόλιν καὶ μετ' αὐτῶν τοὺς πολλοὺς τοῦ δήμου πρώτους ἄνδρας οὐκ ἐλάττους ἐκείνων ὄντας διεπεμψάμην. 170 Τὸ δὲ πλῆθος, ὡς εἶδον εἰς οἷον κακῶν ἥκουσι μέγεθος, παρεκάλουν με τὸν αἴτιον τῆς στάσεως τιμωρήσασθαι. Κλεῖτος δ' ἦν ὄνομα τούτῳ, θρασύς τε καὶ προπετὴς νεανίας. 171 Ἐγὼ δ' ἀποκτεῖναι μὲν οὐχ ὅσιον ἡγούμενος ὁμόφυλον ἄνδρα, κολάσαι δ' ἀνάγκην ἔχων, τῶν περὶ ἐμέ τινι σωματοφυλάκων Ληουεῖ προσέταξα προελθόντι κόψαι τοῦ Κλείτου τὴν ἑτέραν τῶν χειρῶν. 172 Δείσαντος δὲ τοῦ κελευσθέντος εἰς τοσοῦτο πλῆθος προελθεῖν μόνου, τὴν δειλίαν τοῦ στρατιώτου μὴ βουληθεὶς κατάδηλον γενέσθαι τοῖς Τιβεριεῦσιν, αὐτὸν

XXXIII *165* 4 εἶναι νέας dubium : εἶεν αἱ νῆες MW || *167* 6 ἄνοιαν Thackeray (cf. e. g. *323*, *352*) : ἄγνοιαν codd. || *168* 1 δ' εἴς γε Niese : δεῖσθαί με MW δ' εἴς τε cett. || 2 post προεστῶτας lacunam suspicatur Niese conferens B. J. II 639-640.

Cleitos lui-même en disant : « Attendu que tu mérites de perdre les deux mains, pour avoir été ingrat à ce point envers moi, sois toi-même ton propre bourreau ; gare à toi : si tu n'obéis pas, tu subiras un châtiment plus grave. » Comme il me suppliait avec instance de lui laisser du moins une de ses mains, c'est à grand-peine que j'y consentis[1]. 173 Alors, satisfait de ne pas perdre ses deux mains, il saisit une épée et se coupe la main gauche. Cet exemple arrêta la sédition.

XXXV. Élargissement des prisonniers de Tibériade.

174 Les gens de Tibériade, à mon arrivée à Tarichées, comprenant le stratagème que j'avais employé contre eux, étaient dans l'admiration que j'eusse réduit leur maladroite révolte sans infliger de peine de mort. 175 J'envoyai chercher mes prisonniers du peuple de Tibériade, parmi lesquels Juste et son père, Pistos, et les fis dîner à ma table. Au cours du repas, j'expliquai que moi non plus je n'ignorais pas que la puissance militaire des Romains était la première du monde, mais que je n'en disais rien, à cause des brigands. 176 Quant à eux, je leur conseillais de faire de même, en attendant le moment propice, sans se révolter contre mon autorité de général : car ils ne sauraient facilement en trouver un autre aussi porté à l'indulgence. 177 Je rappelais aussi à Juste qu'avant mon arrivée de Jérusalem, les Galiléens avaient coupé les mains à son frère, avant la guerre, sous l'inculpation de fausses lettres, et que, après le départ de Philippe, les gens de Gamala, dans une insurrection contre les Babyloniens, avaient tué Charès, parent de Philippe, 178 et qu'ils avaient sauvagement torturé son frère Jésus, mari de la sœur de Juste[2]. Après avoir dit tout cela, au cours du repas, à Juste et à ses amis, au point du jour, je donnai l'ordre de relâcher tous les prisonniers.

1. Cet épisode, dans *B. J.*, II, 642-644, est plus cohérent : le soldat chargé de l'exécution refuse explicitement d'obéir et Josèphe menace de couper lui-même les mains de Cleitos.

2. Pour l'allusion, cf. 179, 186.

Κλεῖτον φωνήσας, « ἐπειδὴ καὶ ἄξιος, εἶπον, ὑπάρχεις ἀμφοτέρας τὰς χεῖρας ἀποβαλεῖν οὕτως ἀχάριστος εἰς ἐμὲ γενόμενος, γενοῦ σαυτοῦ δημόσιος, μὴ καὶ ἀπειθήσας χείρονα τιμωρίαν ὑπόσχῃς. » 173 Τοῦ δὲ τὴν ἑτέραν αὐτῷ συγχωρῆσαι πολλὰ δεομένου, μόλις κατένευσα. Κἀκεῖνος ἄσμενος ὑπὲρ τοῦ μὴ τὰς δύο χεῖρας ἀποβαλεῖν λαβὼν μάχαιραν κόπτει τὴν ἀριστερὰν ἑαυτοῦ. Καὶ τοῦτο τὴν στάσιν ἔπαυσεν.

XXXV. 174 Τιβεριεῖς δέ, ὡς εἰς τὰς Ταριχέας ἀφικόμην, γνόντες τὴν στρατηγίαν ᾗ κατ' αὐτῶν ἐχρησάμην, ἀπεθαύμαζον ὅτι χωρὶς φόνων ἔπαυσα τὴν ἀγνωμοσύνην αὐτῶν. 175 Ἐγὼ δὲ τοὺς ἐκ τῆς εἱρκτῆς μεταπεμψάμενος τοῦ πλήθους τῶν Τιβεριέων (ἦν δὲ σὺν αὐτοῖς Ἰοῦστος καὶ ὁ πατὴρ αὐτοῦ Πίστος) συνδείπνους ἐποιησάμην· καὶ παρὰ τὴν ἑστίασιν ἔλεγον ὅτι τὴν Ῥωμαίων δύναμιν οὐδ' αὐτὸς ἀγνοῶ πασῶν διαφέρουσαν, σιγῴην μέντοι περὶ αὐτῆς διὰ τοὺς λῃστάς. 176 Καὶ αὐτοῖς δὲ ταὐτὰ συνεβούλευον ποιεῖν, τὸν ἐπιτήδειον περιμένουσι καιρόν, καὶ μὴ δυσανασχετεῖν ἐμοὶ στρατηγῷ· μηδενὸς γὰρ αὐτοὺς ἑτέρου δυνήσεσθαι ῥᾳδίως ἐπιεικοῦς ὁμοίως τυχεῖν. 177 Τὸν Ἰοῦστον δὲ καὶ ὑπεμίμνησκον ὅτι πρόσθεν ἤ με παραγενέσθαι ἐκ τῶν Ἱεροσολύμων οἱ Γαλιλαῖοι τἀδελφοῦ τὰς χεῖρας ἀποκόψειαν αὐτοῦ, πρὸ τοῦ πολέμου πλαστῶν αὐτῷ γραμμάτων κακουργίαν ἐπικαλέσαντες, καὶ ὅτι μετὰ τὴν ἀναχώρησιν τὴν Φιλίππου Γαμαλῖται πρὸς Βαβυλωνίους στασιάζοντες ἀνέλοιεν Χάρητα, (συγγενὴς δ' ἦν οὗτος τοῦ Φιλίππου,) 178 καὶ ὡς Ἰησοῦν τὸν ἀδελφὸν αὐτοῦ ἄνδρα τῆς ἀδελφῆς Ἰούστου ὠμοφρόνως κολάσειαν. Ταῦτα παρὰ τὴν ἑστίασιν διαλεχθεὶς τοῖς περὶ τὸν Ἰοῦστον ἕωθεν ἐκέλευσα πάντας τῆς φυλακῆς ἀπολυθῆναι.

XXXIV *172* 6 δημόσιος : δήμιος RAMW.

XXXV *178* 2 ὠμοφρόνως Naber : σώφρονος R σώφρονος γρ. ἐν ἄλλοις in mg A σωφρόνως cett.

XXXVI. Philippe ben Jachim rejoint Agrippa.

179 Quelque temps avant cette révolte de Tibériade, Philippe, fils de Jachim, s'évada de la forteresse de Gamala dans les conditions que voici[1]. 180 Ayant appris que Varus avait été congédié par le roi Agrippa et que Modius Aequus, un de ses amis et familiers de longue date, était arrivé pour prendre la succession, Philippe écrit à ce dernier en lui racontant ses propres aventures et en lui demandant de transmettre aux souverains la lettre qu'il lui avait écrite[2]. 181 Modius, à la réception de cette lettre, eut une grande joie, car elle lui annonçait que Philippe était sain et sauf, et il la transmit aux souverains, alors à Beyrouth[3]. 182 Le roi Agrippa, dès qu'il sut que ce qu'on racontait sur Philippe était faux (car le bruit s'était répandu qu'il avait pris la tête des Juifs pour engager la guerre contre les Romains), envoya une escorte de cavalerie chercher Philippe. 183 A son arrivée, il l'accueillit chaleureusement et se mit en devoir de montrer aux officiers romains que c'était bien là ce Philippe sur qui avait couru le bruit qu'il s'était révolté contre Rome. Puis il lui donne l'ordre de se rendre au plus vite avec quelques cavaliers à la forteresse de Gamala, pour en faire sortir tous ses amis et rétablir les Babyloniens en Batanée[4]. 184 Il le chargea, en outre, de prendre toutes les mesures nécessaires pour empêcher toute sédition de la part de ses subordonnés. Philippe, une fois reçues ces instructions du roi, s'empressa d'exécuter ses ordres.

XXXVII. Gamala se détache d'Agrippa.

185 Peu de temps après[5], Joseph, le fils de la sage-femme, entraîne beaucoup de jeunes aventuriers à sa suite et, s'en prenant avec eux aux notables de Gamala, il les pressait de se détacher du roi et de prendre les armes pour retrouver ainsi l'indépendance. Ils y contraignirent cer-

1. Cette digression donne la suite des événements racontés 46-61.
2. Cf. 48.
3. Litt. dans la région de Beyrouth (*supra*, 48).
4. Sur l'origine de la colonie de Juifs babyloniens en Batanée, cf. 54.
5. Le texte grec ne comporte aucune indication chronologique, mais l'enchaînement des faits peut se déduire de 177.

XXXVI. 179 Πρὸ δὲ τούτων συνέβη τὸν Ἰακίμου Φίλιππον ἀπελθεῖν ἐκ Γάμαλα τοῦ φρουρίου, τοιαύτης αἰτίας γενομένης. 180 Φίλιππος πυθόμενος μεθεστάναι μὲν Οὔαρον ὑπὸ τοῦ βασιλέως Ἀγρίππα, διάδοχον δὲ ἀφῖχθαι Μόδιον Αἴκουον, ἄνδρα φίλον αὐτῷ καὶ συνήθη πάλαι, γράφει πρὸς τοῦτον τὰς καθ' ἑαυτὸν τύχας ἀπαγγέλλων καὶ παρακαλῶν τὰ παρ' αὐτοῦ πεμφθέντα γράμματα πρὸς τοὺς βασιλέας ἀποστεῖλαι. 181 Καὶ Μόδιος δεξάμενος τὰς ἐπιστολὰς ἐχάρη σφόδρα, σώζεσθαι τὸν Φίλιππον ἐξ αὐτῶν ἐπιγνούς, καὶ πρὸς τοὺς βασιλέας ἔπεμψε τὰ γράμματα, περὶ Βηρυτὸν ὄντας. 182 Ὁ δὲ βασιλεὺς Ἀγρίππας ὡς ἔγνω ψευδῆ τὴν περὶ Φιλίππου φήμην γενομένην, (λόγος γὰρ διῆλθεν ὡς στρατηγοίη τῶν Ἰουδαίων ἐπὶ τὸν πρὸς Ῥωμαίους πόλεμον,) ἔπεμψεν ἱππεῖς τοὺς παραπέμψοντας τὸν Φίλιππον. 183 Καὶ παραγενόμενον ἀσπάζεταί τε φιλοφρόνως, τοῖς τε Ῥωμαίων ἡγεμόσιν ἐπεδείκνυεν ὅτι δὴ Φίλιππος οὗτός ἐστιν περὶ οὗ διεξῄει λόγος ὡς Ῥωμαίων ἀποστάντος. Κελεύει δ' αὐτὸν ἱππεῖς τινας ἀναλαβόντα θᾶττον εἰς Γάμαλα τὸ φρούριον πορευθῆναι, τοὺς οἰκείους αὐτῷ πάντας ἐκεῖθεν ἐξάξοντα καὶ τοὺς Βαβυλωνίους εἰς τὴν Βαταναίαν πάλιν ἀποκαταστήσοντα. 184 Παρήγγειλε δὲ καὶ πᾶσαν ποιήσασθαι πρόνοιαν ὑπὲρ τοῦ μὴ γενέσθαι τινὰ νεωτερισμὸν παρὰ τῶν ὑπηκόων. Φίλιππος μὲν οὖν, ταῦτα τοῦ βασιλέως ἐπιστείλαντος, ἔσπευδε ποιήσων ἃ προσέταξεν.

XXXVII. 185 Ἰώσηπος δ' ὁ τῆς ἰατρίνης πολλοὺς νεανίσκους θρασεῖς προτρεψάμενος αὐτῷ συνάρασθαι καὶ ἐπαναστὰς τοῖς ἐν Γάμαλα πρώτοις, ἔπειθεν αὐτοὺς ἀφίστασθαι τοῦ βασιλέως καὶ ἀναλαβεῖν τὰ ὅπλα, ὡς διὰ τούτων τὴν ἐλευθερίαν ἀποληψομένους. Καί τινας μὲν ἐβιάσαντο, τοὺς

XXXVI *180* 2 Μόδιον : Μονόδιον R (cf. *61* et *114*) ‖ *181* 1 Μόδιος : Μονόδιος R (cf. *180* 2).

XXXVII *185* 1 δ' ὁ Naber : δὲ codd.

tains, mais ceux à qui n'agréaient pas leurs projets, ils les passaient par les armes. 186 Ils tuent Charès et, avec lui, Jésus, un de ses proches, et un frère de Juste de Tibériade, comme je l'ai dit plus haut[1]. Ils allèrent jusqu'à m'écrire de leur envoyer un détachement de soldats et des ouvriers pour relever les murs de leur ville. Je ne refusai ni l'une ni l'autre de leurs demandes. 187 Il y eut encore à se révolter contre le roi la région de Gaulanitide jusqu'au village de Solyma.

Josèphe construit des fortifications en Galilée.

J'ai construit des fortifications à Séleucie et à Sogané[2], villages déjà naturellement tout fortifiés, et pareillement dans tous les villages si rocailleux de la Haute-Galilée ; on les appelle Jamnia, Ameroth[3], Acharabé. 188 J'ai fortifié aussi dans la Basse-Galilée : les villes de Tarichées, Tibériade, Sepphoris ; les villages de la Grotte-aux-Arbèles, Beersoubée, Sélamé, Jotapata, Kapharath, Komus, Soganai, Papha[4] et le mont Thabor. Dans ces dernières agglomérations, j'ai envoyé aussi d'importantes provisions de blé et des armes pour leur sécurité dans la suite.

XXXVIII. Jean de Gischala tente de supplanter Josèphe.

189 La haine de Jean, fils de Lévi, contre moi ne faisait que s'aggraver, à mesure qu'il était plus contrarié de mon succès. Résolu à se débarrasser de moi à tout prix, il entreprend de fortifier Gischala, sa ville natale 190 et il envoie à Jérusalem son frère Simon et Jonathas, fils de Sisenna, avec une centaine d'hommes armés, à Simon, fils de Gamaliel, avec mission de l'inciter à persuader la Communauté de Jérusalem de me retirer le commandement de la Galilée et de rendre un décret lui confiant à lui le pouvoir. 191 Or, ce Simon était natif de Jérusalem, d'une très illustre famille et appartenait à la secte des Pharisiens, qui ont la réputation de connaître nos lois ancestrales avec plus de précision que quiconque[5]. 192 C'était un homme d'une grande intelligence et d'un

1. En 177 sq. ne sont nommés que Charès, parent de Philippe, et Jésus, frère de Charès et beau-frère de Juste.

δὲ μὴ συναρεσκομένους αὐτῶν ταῖς γνώμαις ἀνῄρουν.
186 Κτείνουσι δὲ καὶ Χάρητα, καὶ μετ' αὐτοῦ τινα τῶν συγγενῶν Ἰησοῦν, καὶ Ἰούστου δὲ τοῦ Τιβεριέως ἀδελφὸν ἀνεῖλον, καθὼς ἤδη προείπομεν. Γράφουσι δὲ καὶ πρός με παρακαλοῦντες πέμψαι καὶ δύναμιν αὐτοῖς ὁπλιτῶν καὶ τοὺς ἀναστήσοντας αὐτῶν τῇ πόλει τείχη. Κἀγὼ πρὸς οὐδέτερον ἀντεῖπον ὧν ἠξίωσαν.
187 Ἀφίσταται δὲ τοῦ βασιλέως καὶ ἡ Γαυλανῖτις χώρα μέχρι κώμης Σολύμης. Σελευκείᾳ δὲ καὶ Σωγάνῃ φύσει κώμαις ὀχυρωτάταις ᾠκοδόμησα τείχη· τάς τε κατὰ τὴν ἄνω Γαλιλαίαν κώμας, καὶ πάνυ πετρώδεις οὔσας, ἐτείχισα παραπλησίως·
188 ὀνόματα δ' αὐταῖς, Ἰάμνια, Ἀμηρώθ, Ἀχαράβη. Ὠχύρωσα δὲ καὶ τὰς ἐν τῇ κάτω Γαλιλαίᾳ, πόλεις μὲν Ταριχέας, Τιβεριάδα, Σέπφωριν, κώμας δὲ Ἀρβήλων σπήλαιον, Βηρσουβαί, Σελαμήν, Ἰωτάπατα, Καφαράθ, Κωμός, Σωγαναί, Παφὰ καὶ τὸ Ἰταβύριον ὄρος. Εἰς ταύτας καὶ σῖτον ἀπεθέμην πολὺν καὶ ὅπλα πρὸς ἀσφάλειαν τὴν μετὰ ταῦτα.

XXXVIII. 189 Ἰωάννῃ δὲ τῷ τοῦ Ληουεὶ τὸ κατ' ἐμοῦ μῖσος προσηύξετο βαρέως φέροντι τὴν ἐμὴν εὐπραγίαν. Προθέμενος οὖν πάντως ἐκποδών με ποιήσασθαι τῇ μὲν αὐτοῦ πατρίδι τοῖς Γισχάλοις κατασκευάζει τείχη,
190 τὸν ἀδελφὸν δὲ Σίμωνα καὶ τὸν τοῦ Σισέννα Ἰωνάθην ⟨μεθ'⟩ ὁπλιτῶν περὶ ἑκατὸν εἰς Ἱεροσόλυμα πέμπει πρὸς τὸν τοῦ Γαμαλιήλου Σίμωνα, παρακαλέσοντας αὐτὸν πεῖσαι τὸ κοινὸν τῶν Ἱεροσολυμιτῶν τὴν ἀρχὴν ἀφελομένους ἐμὲ τῶν Γαλιλαίων αὐτῷ ψηφίσασθαι τὴν ἐξουσίαν τούτων.
191 Ὁ δὲ Σίμων οὗτος ἦν πόλεως μὲν Ἱεροσολύμων, γένους δὲ σφόδρα λαμπροῦ, τῆς δὲ Φαρισαίων αἱρέσεως, οἳ περὶ τὰ πάτρια νόμιμα δοκοῦσιν τῶν ἄλλων ἀκριβείᾳ διαφέρειν.
192 Ἦν δ' οὗτος ἀνὴρ πλήρης συνέσεως καὶ λογισμοῦ δυ-

XXXVII *186* 2 ἀδελφὸν A sl. : ambiguum manet R ἀδελφὴν cett. ‖ *188* 4 Κωμὸς Σωγαναὶ Παφὰ corruptum. Cf. B. J. II 573.

XXXVIII *190* 2 μεθ' Niese ‖ 3 ὁπλιτῶν PA : ὁπλίτας RMW καὶ ὁπλίτας ed. pr.

grand jugement, capable de redresser par sa seule sagesse une situation compromise ; c'était, de plus, pour Jean un ami et un familier de vieille date, tandis qu'il était alors brouillé avec moi. 193 Ayant donc accepté leur suggestion, il incita les grands prêtres Anne et Jésus, fils de Gamalas, et quelques autres personnages du même parti que ces gens-là à me faucher en herbe[1], sans me laisser le temps d'arriver au comble de la gloire, et leur répétait qu'ils auraient tout intérêt à m'ôter le commandement de la Galilée. Il priait d'ailleurs Anne et les siens d'agir sans tarder, de peur que j'aie le temps d'être prévenu et qu'alors je vienne attaquer Jérusalem avec des forces importantes. 194 Telles étaient les suggestions de Simon, mais le grand prêtre Anne expliqua que l'affaire n'était pas si facile : plus d'un parmi les grands prêtres et les notables du peuple me rendaient témoignage que je m'acquittais fort bien de mes fonctions de général ; or, mettre en accusation un homme contre lequel on ne saurait articuler aucun grief justifié serait un procédé de gens malhonnêtes.

XXXIX. 195 Quand Simon eut entendu ces objections d'Anne, il demanda de garder le secret et de ne pas divulger leur conversation. Il veillerait personnellement, répétait-il, à me faire révoquer de Galilée au plus tôt. Ayant fait venir le frère de Jean, il lui prescrivit d'envoyer des présents à Anne et à ses amis ; c'était le moyen, assurait-il, de les faire rapidement changer d'avis. 196 Et, finalement, Simon obtint ce qu'il s'était proposé[2]. Anne et son parti, corrompus par l'argent, décident de me destituer de mon poste en Galilée, sans que personne autre dans la cité[3] fût au courant. Ils décidèrent d'envoyer une députation de personnages d'origines différentes, mais de même culture que moi. 197 Elle comprenait deux hommes du peuple : Jonathas et Ananias, Pharisiens de tendance ; le troisième, Josar, de fa-

1. La nature de l'image et le ton rageur de la gémination de consonnes dans ἐκκόπτειν trahissent l'origine populaire et paysanne de l'expression.

2. Cf. le récit plus bref de *B. J.*, II, 627-629. — 3. Jérusalem.

νάμενός τε πράγματα κακῶς κείμενα φρονήσει τῇ ἑαυτοῦ διορθώσασθαι, φίλος τε παλαιὸς τῷ Ἰωάννῃ καὶ συνήθης, πρὸς ἐμὲ δὲ τότε διαφόρως εἶχεν. 193 Δεξάμενος οὖν τὴν παράκλησιν ἔπειθεν τοὺς ἀρχιερεῖς Ἄνανον καὶ Ἰησοῦν τὸν τοῦ Γαμαλᾶ τινάς τε τῶν τῆς αὐτῆς στάσεως ἐκείνοις ἐκκόπτειν με φυόμενον καὶ μὴ περιιδεῖν ἐπὶ μήκιστον αὐξηθέντα δόξης, συνοίσειν αὐτοῖς λέγων εἰ τῆς Γαλιλαίας ἀφαιρεθείην. Μὴ μέλλειν δὲ παρεκάλει τοὺς περὶ τὸν Ἄνανον, μὴ καὶ φθάσας γνῶναι μετὰ πολλῆς ἐπέλθω τῇ πόλει δυνάμεως. 194 Ὁ μὲν Σίμων ταῦτα συνεβούλευεν· ὁ δὲ ἀρχιερεὺς Ἄνανος οὐ ῥᾴδιον εἶναι τὸ ἔργον ἀπέφαινεν· πολλοὺς γὰρ τῶν ἀρχιερέων καὶ τοῦ πλήθους προεστῶτας μαρτυρεῖν ὅτι καλῶς ἐγὼ στρατηγῶ· ποιεῖσθαι δὲ κατηγορίαν ἀνδρός, καθ' οὗ μηδὲν λέγειν δύνανται δίκαιον, φαύλων ἔργον εἶναι.

XXXIX. 195 Σίμων δ' ὡς ἤκουσεν ταῦτα παρὰ τοῦ Ἀνάνου, σιωπᾶν μὲν ἐκείνους ἠξίωσεν μηδ' εἰς πολλοὺς ἐκφέρειν τοὺς λόγους αὐτῶν· προνοήσεσθαι γὰρ αὐτὸς ἔφασκεν ἵνα θᾶττον μετασταθείην ἐκ τῆς Γαλιλαίας. Προσκαλεσάμενος δὲ τὸν ἀδελφὸν τοῦ Ἰωάννου προσέταξεν πέμπειν δωρεὰς τοῖς περὶ τὸν Ἄνανον· τάχα γὰρ οὕτως ἔφη πείσειν αὐτοὺς μεταθέσθαι τὰς γνώμας. 196 Καὶ τέλος ἔπραξεν ὁ Σίμων ὃ προύθετο. Ὁ γὰρ Ἄνανος καὶ οἱ σὺν αὐτῷ τοῖς χρήμασιν διαφθαρέντες συντίθενται τῆς Γαλιλαίας ἐκβαλεῖν με, μηδενὸς ἄλλου τῶν κατὰ τὴν πόλιν τοῦτο γινώσκοντος. Καὶ δὴ ἔδοξεν αὐτοῖς πέμπειν ἄνδρας κατὰ γένος μὲν διαφέροντας, τῇ παιδείᾳ δ' ὁμοίους. 197 Ἦσαν δ' αὐτῶν οἱ μὲν δημοτικοὶ δύο, Ἰωνάθης καὶ Ἀνανίας, Φαρισαῖοι τὴν αἵρεσιν, ὁ δὲ τρίτος Ἰώζαρος

XXXVIII *192* 3 παλαιὸς : « om. MW haud male » Niese ‖ *193* 3 τῆς αὐτῆς στάσεως ἐκείνοις Bekker : τῆς τῶν (uel τῶν τῆς) αὐτῶν στάσεως ἐκείνους (uel ἐκεῖνον) codd.

XXXIX *195* 3 προνοήσεσθαι Niese : προνοήσασθαι codd. ‖ *197* 2 Ἰώζαρος (uel Ἰωάζαρος (cf. *324* et Indicem) : Γόζορος uel Γόζάρος codd.

mille sacerdotale, Pharisien lui aussi, et Simon, le plus jeune, descendant de grands prêtres. 198 Ils leur donnèrent l'ordre, une fois arrivés parmi les populations galiléennes, de les questionner sur les causes de leur attachement pour moi. Si les gens disaient que cela tenait à ce que j'étais natif de Jérusalem, ils auraient à leur répondre : « nous aussi nous en sommes tous les quatre » ; s'ils invoquaient ma connaissance des lois, ils déclareraient : « nous non plus nous n'ignorons pas les coutumes de nos pères » ; enfin, s'ils disaient que leur attachement pour moi venait de ce que je suis prêtre, ils devraient leur répondre : « deux d'entre nous aussi sont des prêtres. »

XL. 199 Après leur avoir fait cette leçon, ils offrirent à Jonathas et à ses collègues quarante mille pièces d'argent[1], somme prise sur le trésor public, 200 et comme ils avaient entendu dire qu'un certain Galiléen du nom de Jésus, avec sa compagnie de six cents soldats, se trouvait alors à Jérusalem, ils le font venir, lui versent trois mois de solde et lui ordonnent de suivre les amis de Jonathas, leur subordonné ; puis ils requièrent trois cents citoyens, à qui ils versent de l'argent pour la nourriture de tout ce monde et leur ordonnent de suivre les délégués. 201 Ces gens consentants et dûment préparés pour l'expédition, Jonathas et les siens se mettent en route avec eux, non sans s'adjoindre encore le frère de Jean et cent soldats. 202 Ceux qui les envoyaient leur avaient donné pour instruction que, si je déposais spontanément les armes, ils auraient à m'envoyer sain et sauf à Jérusalem, mais, si j'essayais de résister, ils devraient me mettre à mort sans la moindre crainte, puisque ce serait sur leur ordre à eux. 203 Ils avaient aussi écrit à Jean de préparer la guerre contre moi et ils enjoignaient aux habitants de Sepphoris, de Garaba et de Tibériade d'envoyer des renforts à Jean.

XLI. Josèphe projette de quitter la Galilée.

204 J'ai su tout cela par une lettre de mon père, à qui l'avait raconté tout au long Jésus, fils de Gamala, un de ceux qui avaient pris part à la séance même, pour moi un ami intime. Je fus accablé de peine en voyant mes concitoyens si mal disposés à mon égard, quand je

ἱερατικοῦ γένους, Φαρισαῖος καὶ αὐτός, Σίμων δ' ἐξ ἀρχιερέων νεώτατος ἐκείνων. 198 Τούτους ἐκέλευον ἀφικομένους εἰς τὸ πλῆθος τῶν Γαλιλαίων πυθέσθαι παρ' αὐτῶν τὴν αἰτίαν δι' ἣν ἐμὲ φιλοῦσιν. Εἰ δὲ φαῖεν ὅτι πόλεως εἴην τῆς Ἱεροσολύμων, καὶ αὐτοὺς ἐξ ἐκείνων λέγειν ὑπάρχειν τοὺς τέσσαρας· εἰ δὲ διὰ τὴν ἐμπειρίαν τῶν νόμων, μηδ' αὐτοὺς ἀγνοεῖν ἔθη τὰ πάτρια φάσκειν· εἰ δ' αὖ διὰ τὴν ἱερωσύνην λέγοιεν ἀγαπᾶν με, καὶ αὐτῶν ἀποκρίνεσθαι δύο ἱερεῖς ὑπάρχειν.

XL. 199 Ταῦθ' ὑποθέμενοι τοῖς περὶ τὸν Ἰωνάθην τέσσαρας μυριάδας ἀργυρίου διδόασιν αὐτοῖς ἐκ τῶν δημοσίων χρημάτων. 200 Ἐπεὶ δέ τινα Γαλιλαῖον ἤκουσαν, Ἰησοῦν ὄνομα, περὶ αὐτὸν τάξιν ἑξακοσίων ὁπλιτῶν ἔχειν, ἐπιδημοῦντα τοῖς Ἱεροσολύμοις τότε μεταπεμψάμενοι τοῦτον καὶ τριῶν μηνῶν μισθὸν δόντες ἐκέλευον ἕπεσθαι τοῖς περὶ τὸν Ἰωνάθην πειθαρχοῦντα αὐτοῖς, καὶ τῶν πολιτῶν δὲ τριακοσίοις ἀνδράσιν δόντες ἀργύριον εἰς τροφὴν τῶν ὅλων προσέταξαν ἀκολουθεῖν τοῖς πρέσβεσιν. 201 Πεισθέντων οὖν αὐτῶν καὶ πρὸς τὴν ἔξοδον εὐτρεπισθέντων ἐξῄεσαν οἱ περὶ τὸν Ἰωνάθην σὺν τούτοις, ἐπαγόμενοι καὶ τὸν ἀδελφὸν τοὺ Ἰωάννου καὶ ὁπλίτας ἑκατόν, 202 λαβόντες ἐντολὰς παρὰ τῶν πεμψάντων, εἰ μὲν ἑκὼν καταθείμην τὰ ὅπλα, ζῶντα πέμπειν εἰς τὴν τῶν Ἱεροσολυμιτῶν πόλιν, εἰ δ' ἀντιτασσοίμην, ἀποκτεῖναι μηδὲν δεδιότας· αὐτῶν γὰρ εἶναι τὸ πρόσταγμα. 203 Ἐγεγράφεισαν δὲ καὶ τῷ Ἰωάννῃ πρὸς τὸν κατ' ἐμοῦ πόλεμον ἑτοιμάζεσθαι, τοῖς τε Σέπφωριν καὶ Γάραβα κατοικοῦσιν καὶ Τιβεριεῦσιν προσέταττον συμμαχίαν τῷ Ἰωάννῃ πέμπειν.

XLI. 204 Ταῦτά μοι τοῦ πατρὸς γράψαντος, (ἐξεῖπε δὲ πρὸς αὐτὸν Ἰησοῦς ὁ τοῦ Γαμαλᾶ, τῶν ἐν αὐτῇ τῇ βουλῇ γενομένων εἷς, φίλος ὢν καὶ συνήθης ἐμοί,) σφόδρα περιήλγησα, τούς τε πολίτας οὕτως περὶ ἐμὲ γενομένους ἀχαρίστους ἐπιγνοὺς διὰ φθόνον ἀναιρεθῆναί με προστάξαι, καὶ

compris que c'était la jalousie qui leur avait dicté l'ordre de me tuer ; et puis mon père, dans sa lettre, insistait pour que je me rendisse près de lui, car, disait-il, il voulait voir son fils avant de mourir. 205 Je dis tout cela à mes amis et j'ajoutai que dans trois jours je quitterais leur pays pour me rendre dans ma ville natale. La désolation s'empara de tous ceux qui m'entendirent ; ils me suppliaient avec des larmes de ne pas les abandonner, car les priver de mon commandement serait leur perte. 206 Comme je ne cédais pas à leurs instances et que je songeais à ma propre sécurité, les Galiléens, craignant de devenir, après mon départ, une proie facile pour les brigands, envoient à travers toute la Galilée des messagers chargés de faire connaître ma résolution de partir. 207 A cette nouvelle, de toutes les directions arrivent des foules, avec femmes et enfants, démarche dictée, je crois, non pas tant par attachement pour ma personne que par la crainte où ils étaient pour eux-mêmes ; car ils étaient convaincus que, si je restais, il ne leur arriverait aucun mal. Ils se rendirent donc en masse dans la vaste plaine où je résidais et qu'on nomme Asochis.

XLII. Le songe encourageant de Josèphe.

208 Au cours de cette nuit-là, j'eus un songe... oh ! merveilleux ! Comme je venais de me coucher, contrarié et bouleversé par la lettre que j'avais reçue, il me sembla que quelqu'un, près de moi, me disait : 209 « Cesse donc, toi de te torturer l'âme. Bannis toute appréhension, car ce qui t'afflige te rendra grand et fera de toi l'homme le plus heureux dans toutes tes entreprises [2]. Tu réussiras non seulement dans le cas présent, mais dans bien d'autres encore. Ne te mets donc pas en peine, et souviens-toi qu'il te faudra même faire la guerre contre les Romains ! » 210 Après la vision de pareil songe, je me levai, impatient de descendre dans la plaine. A ma vue, toute la foule des Galiléens — et il s'y trouvait des femmes et des enfants — se prosternent le visage contre terre ; en larmes, ils me suppliaient de ne pas les abandonner

1. Sahelel Buttauf, entre Jotapata au nord et Nazareth au sud.
2. Ou peut-être « le plus heureux des hommes » (Thackeray).

τῷ τὸν πατέρα διὰ τῶν γραμμάτων πολλά με παρακαλεῖν ἀφικέσθαι πρὸς αὐτόν· ποθεῖν γὰρ ἔφη θεάσασθαι τὸν υἱὸν πρὸ τοῦ τελευτῆσαι. 205 Ταῦτα δὴ πρὸς τοὺς φίλους εἶπον καὶ ὅτι μετὰ τρίτην ἡμέραν καταλιπὼν τὴν χώραν αὐτῶν εἰς τὴν πατρίδα πορευσοίμην. Λύπη δ' ἅπαντας τοὺς ἀκούσαντας κατέσχε, παρεκάλουν τε κλαίοντες μὴ ἐγκαταλιπεῖν αὐτοὺς ἀπολουμένους, εἰ τῆς ἐμῆς στρατηγίας ἀποστερηθεῖεν. 206 Οὐ κατανεύοντος δέ μου ταῖς ἱκετείαις αὐτῶν, ἀλλὰ περὶ τῆς ἐμαυτοῦ φροντίζοντος σωτηρίας, δείσαντες οἱ Γαλιλαῖοι μὴ ἀπελθόντος εὐκαταφρόνητοι τοῖς λῃσταῖς γένοιντο, πέμπουσιν εἰς τὴν Γαλιλαίαν ἅπασαν τοὺς σημανοῦντας τὴν ἐμὴν γνώμην περὶ τῆς ἀπαλλαγῆς. 207 Πολλοὶ δὲ καὶ πανταχόθεν συνήχθησαν, ὡς ἤκουσαν, μετὰ γυναικῶν καὶ τέκνων, οὐ πόθῳ, δοκῶ μοι, τῷ πρὸς ἐμὲ μᾶλλον ἢ τῷ περὶ αὐτῶν δέει τοῦτο πράττοντες· ἐμοῦ γὰρ παραμένοντος πείσεσθαι κακὸν οὐδὲν ὑπελάμβανον. Ἧκον οὖν πάντες εἰς τὸ μέγα πεδίον, ἐν ᾧ διέτριβον· Ἀσωχὶς ἐστιν ὄνομα αὐτῷ.

XLII. 208 Διὰ δὲ τῆς νυκτὸς ἐκείνης θαυμάσιον οἷον ὄνειρον ἐθεασάμην. Ἐπεὶ γὰρ εἰς κοίτην ἐτραπόμην διὰ τὰ γραφέντα λυπούμενος καὶ τεταραγμένος, ἔδοξά τινα λέγειν ἐπιστάντα μοι, 209 « παῦσαι τὴν ψυχήν, ὦ οὗτος, ἀλγῶν, παντός δ' ἀπαλλάσσου φόβου. Τὰ γὰρ λυποῦντά σε μέγιστον ποιήσει καὶ ἐν πᾶσιν εὐτυχέστατον. Κατορθώσεις δ' οὐ μόνον ταῦτα, ἀλλὰ καὶ πολλὰ ἕτερα. Μὴ κάμνε δή· μέμνησο δ' ὅτι καὶ Ῥωμαίοις δεῖ σε πολεμῆσαι. » 210 Τοῦτον δὴ τὸν ὄνειρον θεασάμενος διανίσταμαι καταβῆναι προθυμούμενος εἰς τὸ πεδίον. Πρὸς δὲ τὴν ἐμὴν ὄψιν πᾶν τὸ πλῆθος τῶν Γαλιλαίων (ἦσαν δ' ἐν αὐτοῖς γυναῖκές τε καὶ παῖδες) ἐπὶ στόμα ῥίψαντες ἑαυτοὺς καὶ δακρύοντες ἱκέτευον μὴ σφᾶς ἐγκαταλιπεῖν τοῖς πολεμίοις, μηδ' ἀπελ-

XLI *205* 4 ἀκούσαντας Dindorf : κἀκούσαντας Niese κἀκούσοντας P ἀκούσαντα RA ἀκούοντας MW ‖ *207* 2 δοκῶ : δοκεῖ R.

aux ennemis et de ne pas partir en laissant le pays exposé aux outrages de leurs ennemis. 211 Comme je résistais à leurs prières, ils tentèrent de me contraindre, à force de serments, à rester parmi eux, et multiplièrent les propos outrageants contre le peuple de Jérusalem, qu'ils accusaient de ne pas laisser leur pays jouir de la paix.

XLIII. Josèphe accepte de rester en Galilée.

212 En entendant ce qu'ils disaient là et voyant combien la foule était consternée, ma résistance se brisa et je cédai à la pitié, dans la pensée qu'il valait la peine, pour une si grande foule, de courir même des dangers certains. Je consens donc finalement à rester, je donne l'ordre que cinq mille d'entre eux me rejoignent en armes et munis de vivres, et je renvoie les autres chez eux. 213 Quand les cinq mille furent là, avec eux et avec trois mille fantassins de mon armée et quatre-vingts cavaliers, je me mis en route pour Chabul[1], village limitrophe du territoire de Ptolémaïs, et j'y gardai toutes mes forces rassemblées, en affectant de préparer la campagne contre Placidus. 214 Ce dernier, envoyé par Cestius Gallus, était arrivé avec deux cohortes d'infanterie et un escadron de cavalerie pour incendier les villages de Galilée voisins de Ptolémaïs. Comme il installait une tranchée devant la ville de Ptolémaïs, de mon côté, je dressai un camp, à une distance d'environ soixante stades du village[2]. 215 Plusieurs fois nous avons fait avancer nos troupes pour engager le combat, mais nous nous sommes bornés à des escarmouches, car Placidus, dans la mesure même où il me sentait résolu au combat, quant à lui, perdait contenance et se dérobait. Mais il ne s'éloignait pas pour autant de Ptolémaïs.

XLIV. Arrivée en Galilée d'une commission de Jérusalem.

216 Environ à ce moment-là, Jonathas arriva avec les compagnons d'ambassade dont j'ai dit plus haut qu'ils

1. Chabul (Kābūl), à mi-chemin entre la plaine d'Asochis (207) et Ptolémaïs (Acre).

2. De Chabul.

θεῖν ἐάσαντα τὴν χώραν αὐτῶν ἐνύβρισμα τοῖς ἐχθροῖς ἐσομένην. 211 Ὡς δὲ ταῖς δεήσεσιν οὐκ ἔπειθον, κατηνάγκαζον ὅρκοις μένειν παρ' ἑαυτοῖς. Ἐλοιδοροῦντό τε τῷ δήμῳ πολλὰ τῶν Ἱεροσολυμιτῶν, ὡς εἰρηνεύεσθαι τὴν χώραν αὐτῶν οὐκ ἐῶντι.

XLIII. 212 Ταῦτα δὴ καὶ ἐπακούων αὐτῶν καὶ βλέπων τοῦ πλήθους τὴν κατήφειαν ἐκλάσθην πρὸς ἔλεον, ἄξιον εἶναι νομίζων ὑπὲρ τοσούτου πλήθους καὶ προδήλους κινδύνους ὑπομένειν. Κατανεύω δὴ μένειν, καὶ πεντακισχιλίους ἐξ αὐτῶν ὁπλίτας ἥκειν κελεύσας ἔχοντας ἑαυτοῖς τροφάς, ἐπὶ τὰς οἰκήσεις διαφῆκα τοὺς ἄλλους. 213 Ἐπεὶ δὲ οἱ πεντακισχίλιοι παρεγένοντο, τούτους ἀναλαβὼν καὶ τρισχιλίους τοὺς σὺν ἐμαυτῷ στρατιώτας, ἱππεῖς δ' ὀγδοήκοντα, τὴν πορείαν εἰς Χαβωλὼ κώμην, Πτολεμαΐδος μεθόριον οὖσαν, ἐποιησάμην. Κἀκεῖ τὰς δυνάμεις συνεῖχον, ἑτοιμάζεσθαι σκηπτόμενος ἐπὶ τὸν πρὸς Πλάκιδον πόλεμον. 214 Ἀφίκετο δ' οὗτος μετὰ δύο σπειρῶν πεζοῦ στρατεύματος καὶ ἱππέων ἴλης μιᾶς, ὑπὸ Κεστίου Γάλλου πεμφθείς, ἵν' ἐμπρήσῃ τὰς κώμας τῶν Γαλιλαίων, αἳ πλησίον ἦσαν Πτολεμαΐδος. Βαλλομένου δ' ἐκείνου χάρακα πρὸ τῆς Πτολεμαέων πόλεως, τίθεμαι κἀγὼ στρατόπεδον, τῆς κώμης ὅσον ἑξήκοντα σταδίους ἀποσχών. 215 Πολλάκις μὲν οὖν τὰς δυνάμεις προηγάγομεν ὡς εἰς μάχην, πλέον δ' οὐδὲν ἀκροβολισμῶν ἐπράξαμεν. Ὁ γὰρ Πλάκιδος ὅσῳπερ ἐγίνωσκεν σπεύδοντά με πρὸς μάχην, αὐτὸς καταπληττόμενος ὑπεστέλλετο· τῆς μέντοι Πτολεμαΐδος οὐκ ἐχωρίζετο.

XLIV. 216 Κατὰ τοῦτον δὲ τὸν καιρὸν ἀφικόμενος Ἰωνάθης μετὰ τῶν συμπρέσβεων, ὧν ἔφαμεν ἐκ τῶν Ἱεροσολύμων ὑπὸ τῶν περὶ Σίμωνα καὶ Ἄνανον τὸν ἀρχιερέα πεπέμφθαι, λαβεῖν ⟨με⟩ δι' ἐνέδρας ἐπεβούλευεν· φανερῶς

XLIV *216* 4 με add. ed. pr.

avaient été envoyés de Jérusalem par le parti de Simon et du grand prêtre Anne, et il complotait de s'emparer de moi dans un guet-apens, car il n'osait pas s'y prendre ouvertement. 217 Il m'envoie une lettre ainsi conçue :

« Jonathas et ses collègues députés par Jérusalem, à Josèphe salut. Les notables de Jérusalem, ayant appris que Jean de Gischala a formé à plusieurs reprises des complots contre ta personne, nous ont envoyés pour le réprimander et l'engager à t'obéir dorénavant. 218 Voulant conférer avec toi en vue d'une action concertée, nous t'invitons à venir nous trouver au plus tôt, sans grande escorte ; par ailleurs, en effet, le village ne pourrait pas recevoir beaucoup de soldats. »

219 Ils m'écrivaient cela en prévoyant de deux choses l'une : ou bien j'arriverais sans armes, et alors ils me tiendraient à leur merci, ou bien j'arriverais à la tête de beaucoup de monde, et alors ils me tiendraient pour un ennemi. 220 Un cavalier était venu m'apporter cette lettre ; un jeune effronté, du reste, qui avait servi à un moment dans l'armée du roi. C'était déjà la seconde heure de la nuit et j'étais en train de dîner avec mes amis et les notables de Galilée. 221 Mon valet m'ayant annoncé que venait d'arriver un cavalier juif, je lui avais dit de le faire entrer. Cet individu donc, sans me faire le moindre salut, me tend la lettre en disant : « Voilà la lettre que t'adressent les délégués de Jérusalem. Dépêche-toi d'écrire ta réponse, car je dois retourner vers eux d'urgence. » 222 Mes hôtes furent choqués du sans-gêne de ce militaire ; moi, je l'invitai à s'asseoir et à dîner avec nous. Sur son refus, je gardai la lettre en main comme je l'avais reçue et je continuai à parler d'autres affaires avec mes amis. 223 Bientôt après, je me levai de table et autorisai mes convives à aller se reposer ; j'invitai seulement quatre amis intimes à rester avec moi et j'envoyai l'esclave préparer du vin. Alors, pendant que personne ne me voyait, je décachetai la lettre et, une fois renseigné d'un coup d'œil sur les intentions de ceux qui l'avaient écrite, je la recachetai. 224 Comme si je ne l'avais pas lue mais la tenant tou-

γὰρ ἐπιχειρεῖν οὐκ ἐτόλμα. 217 Γράφει δὲ πρός με τοιαύτην ἐπιστολήν.

« Ἰωνάθης καὶ οἱ σὺν αὐτῷ πεμφθέντες ὑπὸ τῶν Ἱεροσολυμιτῶν Ἰωσήπῳ χαίρειν. Ἡμεῖς ὑπὸ τῶν ἐν Ἱεροσολύμοις πρώτων, ἀκουσάντων τὸν ἀπὸ Γισχάλων Ἰωάννην ἐπιβεβουλευκέναι σοι πολλάκις, ἐπέμφθημεν ἐπιπλήξοντες αὐτῷ καὶ παραινέσοντες εἰς τὸ λοιπὸν ὑπακούειν σοι. 218 Βουλεύσασθαι δὲ σὺν σοὶ θέλοντες περὶ τῶν κοινῇ πρακτέων, παρακαλοῦμεν ἥκειν θᾶττον πρὸς ἡμᾶς μὴ μετὰ πολλῶν· οὐδὲ γὰρ ἡ κώμη δύναιτ' ἂν στρατιωτῶν πλῆθος ἐπιδέξασθαι. »

219 Ταῦτα δ' ἔγραφον προσδοκῶντες δυοῖν θάτερον, ἢ ὅτι χωρὶς ὅπλων ἀφικόμενον πρὸς αὐτοὺς ἕξουσιν ὑποχείριον, ἢ πολλοὺς ἐπαγόμενον κρινοῦσι πολέμιον. 220 Ἧκεν δέ μοι τὴν ἐπιστολὴν ἱππεὺς κομίζων, θρασὺς ἄλλως νεανίας τῶν παρὰ βασιλεῖ ποτε στρατευσαμένων. Ἦν δ' ὥρα νυκτὸς ἤδη δευτέρα, καθ' ἣν ἐτύγχανον μετὰ τῶν φίλων καὶ τῶν τῆς Γαλιλαίας πρώτων ἑστιώμενος. 221 Οὗτος δή, προσαγγείλαντος οἰκέτου μοι ἥκειν τινὰ ἱππέα Ἰουδαῖον, εἰσκληθεὶς ἐμοῦ κελεύσαντος, ἠσπάσατο μὲν οὐδ' ὅλως, τὴν ἐπιστολὴν δὲ προτείνας, « ταύτην, εἶπεν, οἱ ἐξ Ἱεροσολύμων ἥκοντες πεπόμφασί σοι. Γράφε δὴ τάχιστα καὶ σύ· καὶ γὰρ ἐπείγομαι πρὸς αὐτοὺς ὑποστρέφειν. » 222 Οἱ μὲν οὖν κατακείμενοι τὴν τοῦ στρατιώτου τόλμαν ἐθαύμασαν, ἐγὼ δὲ καθέζεσθαι παρεκάλουν καὶ συνδειπνεῖν ἡμῖν. Ἀρνησαμένου δὲ τὴν μὲν ἐπιστολὴν μετὰ χεῖρας εἶχον ὡς ἐδεξάμην, πρὸς δὲ τοὺς φίλους περὶ πραγμάτων ἑτέρων τὴν ὁμιλίαν ἐποιούμην. 223 Μετ' οὐ πολλὴν δ' ὥραν ἐξαναστὰς καὶ τοὺς μὲν ἄλλους ἀπολύσας ἐπὶ κοίτην, τέσσαρας δέ μοι μόνον τῶν ἀναγκαίων φίλων προσμεῖναι κελεύσας καὶ τῷ παιδὶ προστάξας οἶνον ἑτοιμάσαι, τὴν ἐπιστολὴν ἀναπτύξας μηδενὸς ἐμβλέποντος κἀξ αὐτῆς ταχὺ συνεὶς τὴν τῶν γεγραφότων ἐπίνοιαν, πάλιν αὐτὴν ἐσημηνάμην. 224 Καὶ ὡς μὴ προανεγνωκὼς ἀλλὰ μετὰ χεῖ-

jours en main, j'ordonnai de verser au soldat vingt drachmes pour ses frais de voyage. A la façon dont il les prit et m'en remercia, je compris qu'il était d'une cupidité sordide et que c'est par là qu'il était le plus facile à prendre : « Hé ! lui dis-je, si tu veux boire un peu avec nous tu toucheras une drachme[1] par coupe. » 225 Il s'y prêta volontiers et, pour toucher plus d'argent, se mit à boire largement. Une fois ivre, il ne put plus cacher ses secrets et, sans même qu'on l'interrogeât, il donna le détail du guet-apens comploté et de la manière dont j'avais fait là-bas l'objet d'une sentence de mort. Quand j'eus entendu ces révélations, j'écrivis la réponse que voici :

226 « Josèphe à Jonathas et à ses amis, salut. J'ai plaisir à apprendre que vous êtes arrivés en bonne santé en Galilée, d'autant plus que je pourrais ainsi vous transmettre le soin des affaires du pays et me rendre dans ma ville natale, ce que je voulais faire depuis longtemps. 227 Je devrais, dans ces conditions, aller à vous non seulement jusqu'à Haloth[2], mais plus loin encore, même sans votre ordre. Je vous prie toutefois de vouloir bien m'excuser si je ne peux le faire : j'ai à surveiller de près, à Chabul, Placidus, qui médite de monter à l'assaut de la Galilée. Venez donc vous-mêmes jusqu'à moi, dès que vous aurez lu cette lettre. Bonne santé. »

XLV. 228 Quand j'eus écrit cette lettre, je la donnai à ce soldat pour la porter et j'envoyai avec lui trente des principaux notables galiléens, que je chargeais de présenter mes salutations à ces messieurs, sans rien leur dire de plus. En outre j'attachai à chacun d'eux un soldat de toute confiance chargé de le garder partout, afin d'éviter toute conversation familière entre mes délégués et les amis de Jonathas. Et ils se mirent en route. 229 Après l'échec de cette première tentative, les amis de Jonathas m'envoyèrent une seconde lettre, ainsi conçue :

« Jonathas et ses collègues à Josèphe, salut. Nous t'invitons à venir nous voir sous les trois jours et sans escorte

1. L'unité monétaire en argent.

2. Village de la Grande-Plaine, sur la frontière méridionale de la Galilée, appelé ailleurs Xaloth (*B. J.*, III, 38) et identifié à l'ancienne Kislot-Tabor (Josué, 19, 12).

ρας αὐτὴν ἔχων, προσέταξα τῷ στρατιώτῃ δραχμὰς εἴκοσιν ἐφόδιον δοθῆναι. Τοῦ δὲ λαβόντος καὶ χάριν ἔχειν φήσαντος, συνεὶς τὴν αἰσχροκέρδειαν αὐτοῦ καὶ ὡς ταύτῃ μάλιστά ἐστιν ἁλώσιμος, « ἀλλ' εἰ συμπιεῖν ἡμῖν, ἔφην, θελήσειας, λήψει κατὰ κύαθον δραχμὴν μίαν. » 225 Ὁ δ' ἄσμενος ὑπήκουσεν, καὶ πολὺν τὸν οἶνον προσφερόμενος ὑπὲρ τοῦ πλεῖον λαβεῖν τὸ ἀργύριον, καὶ μεθυσθεὶς οὐκέτι τὰ ἀπόρρητα στέγειν ἐδύνατο, ἀλλ' ἔφραζεν οὐκ ἐρωτώμενος τήν τε συνεσκευασμένην ἐπιβουλὴν καὶ ὡς κατεψηφισμένος εἴην θάνατον παρ' αὐτοῖς. Ταῦτ' ἀκούσας ἀντιγράφω τὸν τρόπον τοῦτον.

226 « Ἰώσηπος Ἰωνάθῃ καὶ τοῖς σὺν αὐτῷ χαίρειν. Ἐρρωμένους ὑμᾶς εἰς τὴν Γαλιλαίαν ἥκειν πυθόμενος ἥδομαι, μάλιστα δ' ὅτι δυνήσομαι παραδοὺς ὑμῖν τὴν τῶν ἐνθάδε πραγμάτων ἐπιμέλειαν εἰς τὴν πατρίδα πορευθῆναι· τοῦτο γὰρ καὶ πάλαι ποιεῖν ἤθελον. 227 Ἔδει μὲν οὖν μὴ μόνον εἰς Ξαλὼθ παραγενέσθαι με πρὸς ὑμᾶς, ἀλλὰ πόρρω, καὶ μηδὲ κελευσάντων, συγγνώμης δὲ τυχεῖν ἀξιῶ μὴ δυνάμενος τοῦτο ποιῆσαι. Παραφυλάσσων ἐν Χαβωλὼ Πλάκιδον εἰς τὴν Γαλιλαίαν ἀναβῆναι δι' ἐννοίας ἔχοντα. Ἥκετε οὖν ὑμεῖς πρός με τὴν ἐπιστολὴν ἀναγνόντες. Ἔρρωσθε. »

XLV. 228 Ταῦτα γράψας δοὺς τῷ στρατιώτῃ φέρειν, συνεξέπεμψα τριάκοντα τῶν Γαλιλαίων δοκιμωτάτους, ὑποθέμενος αὐτοῖς ἀσπάσασθαι μὲν ἐκείνους, ἕτερον δὲ μηδὲν λέγειν. Ἔταξα δὲ καὶ καθ' ἕκαστον αὐτῶν πιστῶν ὁπλιτῶν ἕνα παραφυλάξοντα, μή τις τοῖς πεμφθεῖσιν ὑπ' ἐμοῦ πρὸς τοὺς περὶ τὸν Ἰωνάθην ὁμιλία γένηται. 229 Καὶ οἱ μὲν ἐπορεύθησαν. Οἱ δὲ περὶ τὸν Ἰωνάθην τῆς πρώτης πείρας ἁμαρτόντες ἑτέραν ἐπιστολήν μοι τοιαύτην ἔπεμψαν.

« Ἰωνάθης καὶ οἱ σὺν αὐτῷ Ἰωσήπῳ χαίρειν. Παραγγέλλομέν σοι χωρὶς ὁπλιτῶν εἰς τρίτην παραγενέσθαι πρὸς

XLIV *224* 2 εἴκοσιν (ν sup. lin.) AM : εἴκοσι cett. || *227* 4 παραφυλάσσων Niese : παραφυλάσω P παραφυλάσσω γὰρ cett.

militaire, au village de Garaboth[1], pour entendre le détail des accusations que tu as formulées contre Jean. »

MANIFESTATIONS POPULAIRES EN FAVEUR DE JOSÈPHE.

230 Quand ils eurent rédigé cette lettre et salué les Galiléens que je leur avais députés, ils se rendirent à Japha[2], le plus important des villages de Galilée, solidement fortifié et très peuplé. Le peuple se porta à leur rencontre avec femmes et enfants et, au milieu des huées, leur criait de s'en aller et de ne pas leur ravir par jalousie l'excellent général que j'étais. 231 Exaspérés par ces cris, Jonathas et ses collègues, sans oser manifester leur rage, ne daignèrent pas leur répondre et poursuivirent leur tournée dans les autres villages. Ils étaient partout accueillis par les mêmes huées de la foule, qui criait que personne ne les ferait renoncer à avoir pour général Josèphe. 232 Après cet échec, Jonathas et les siens quittèrent ces populations et se rendirent à Sepphoris, la ville la plus importante de la Galilée. Les gens de l'endroit, qui, en politique, regardaient du côté des Romains, venaient à leur rencontre, mais sans parler de moi ni en bien ni en mal. 233 Quand, de Sepphoris, ils descendirent à Asochis, les gens du pays, à peu près comme ceux de Japha, les reçurent avec des huées. Alors, ne pouvant plus contenir leur colère, ils commandent aux soldats qui les accompagnaient de frapper à coups de trique[3] ceux qui les conspuent. Quand ils arrivèrent à Garaba, Jean vint à leur rencontre avec trois mille soldats. 234 De mon côté, sachant déjà par leur lettre qu'ils avaient résolu de m'attaquer, je quittai Chabul avec trois mille soldats, en laissant au campement le plus fidèle de mes amis, et, comme je voulais les approcher, je gagnai Jotapata, à environ quarante stades, et leur écrivis ceci :

1. Appelé ailleurs Garaba, à quelque 10 kilomètres au nord-est de la résidence de Josèphe à Chabul.

2. Sans doute Japhia (Yāfā), à quelques kilomètres au sud-ouest de Nazareth.

3. Ces triques dissipent toute illusion sur l'armement des prétendus « hoplites » de Jean de Gischala et aussi de ceux de Josèphe, voire, en général, de toutes les unités juives dans ce soulèvement.

ἡμᾶς εἰς Γαραβὼθ κώμην, ἵνα διακούσωμεν τῶν πρὸς Ἰωάννην ἐγκλημάτων σοι γεγονότων. »

230 Ταῦτα γράψαντες καὶ ἀσπασάμενοι τοὺς Γαλιλαίους οὓς πεπόμφειν, ἀφίκοντο εἰς Ἰάφαν κώμην μεγίστην οὖσαν τῶν ἐν τῇ Γαλιλαίᾳ, τείχεσιν ὀχυρωτάτην καὶ πολλῶν οἰκητόρων μεστήν. Ὑπηντίαζεν δὲ τὸ πλῆθος αὐτοὺς μετὰ γυναικῶν καὶ τέκνων, καὶ κατεβόων κελεύοντες ἀπιέναι καὶ μὴ φθονεῖν αὐτοῖς ἀγαθοῦ τοῦ στρατηγοῦ. 231 Παρηρεθίζοντο δὲ ταῖς φωναῖς οἱ περὶ τὸν Ἰωνάθην, καὶ φανεροῦν μὲν τὴν ὀργὴν οὐκ ἐτόλμων, οὐκ ἀξιώσαντες δ' αὐτοὺς ἀποκρίσεως εἰς τὰς ἄλλας κώμας ἐπορεύοντο. Ὅμοιαι δ' ὑπήντων αὐτοῖς παρὰ πάντων αἱ καταβοήσεις μεταπείσειν αὐτοὺς βοώντων οὐδένα περὶ τοῦ μὴ στρατηγὸν ἔχειν Ἰώσηπον. 232 Ἄπρακτοι δὲ παρὰ τούτων ἀπελθόντες οἱ περὶ τὸν Ἰωνάθην, εἰς Σέπφωριν, μεγίστην τῶν ἐν τῇ Γαλιλαίᾳ πόλιν, ἀφικνοῦνται. Οἱ δ' ἐντεῦθεν ἄνθρωποι πρὸς Ῥωμαίους ταῖς γνώμαις ἀποβλέποντες ἐκείνοις μὲν ὑπήντων, ἐμὲ δὲ οὔτ' ἐπῄνουν οὔτ' ἐβλασφήμουν. 233 Παρὰ δὲ Σεπφωριτῶν εἰς Ἀσωχὶν καταβάντες, οἱ ἐντεῦθεν παραπλησίως τοῖς Ἰαφηνοῖς κατεβόων αὐτῶν. Οἱ δὲ τὴν ὀργὴν οὐκέτι κατασχόντες κελεύουσιν τοῖς μετ' αὐτῶν ὁπλίταις τύπτειν ξύλοις τοὺς καταβοῶντας. Κατὰ Γάραβα δὲ γενομένους ὑπαντιάζει μετὰ τρισχιλίων ὁπλιτῶν ὁ Ἰωάννης. 234 Ἐγὼ δ' ἐκ τῆς ἐπιστολῆς ἤδη συνεικὼς ὅτι διεγνώκασι πρός με πολεμεῖν, ἀναστὰς ἀπὸ Χαβωλὼν μετὰ τρισχιλίων ὁπλιτῶν, καταλιπὼν ἐν τῷ στρατοπέδῳ τὸν πιστότατον τῶν φίλων, εἰς Ἰωτάπατα παρεγενόμην, πλησίον αὐτῶν εἶναι βουλόμενος ὅσον ἀπὸ τεσσαράκοντα σταδίων, καὶ γράφω πρὸς αὐτοὺς τάδε.

XLV *230* 2 πεπόμφειν Niese : πεπόμφασι codd. πέπομφα ed. pr. || 4 ὑπηντίαζεν : ὑπηντίασε R ὑπαντίασαν M ὑπαντιάσαν W « fort. recte » Niese || καὶ (ante κατεβόων) om. MW « fort. recte » Niese (si legas ὑπαντιάσαν) || *233* 2 καταβάντες : καταβάντων « should perhaps be read » Thackeray. Anacoluthon mihi videtur ex industria factum || *234* 5 ὅσον om. PRA.

235 « Si vous tenez absolument à ce que j'aille jusqu'à vous, il y a deux cent quatre villes et bourgades en Galilée ; je me rendrai à celle que vous voudrez, excepté Garaba et Gischala, car cette dernière est la ville natale de Jean, et l'autre est pour lui une ville amie et alliée. »

XLVI. Josèphe déjoue les complots de la commission de Jérusalem.

236 Au reçu de cette lettre, Jonathas et ses amis cessèrent de répondre. Ils réunirent un conciliabule d'amis, où ils admirent Jean, et délibérèrent sur la manière de s'emparer de ma personne. 237 Jean était d'avis d'écrire à toutes les villes et à tous les villages de Galilée: il s'y trouvait toujours au moins une ou deux personnalités en désaccord avec moi ; on les appellerait en renfort contre l'ennemi. Il ordonnait d'envoyer à Jérusalem également un exemplaire de cette résolution, afin que là aussi, une fois qu'on saurait que, au jugement des Galiléens, j'étais un ennemi public, on le déclarât par un décret. Sur quoi, à ce qu'il disait, même mes partisans galiléens prendraient peur et m'abandonneraient. 238 Ces avis de Jean plurent tout à fait aux autres membres du conseil. 239 Or, environ la troisième heure de la nuit, j'en eus connaissance, Sacchaeus, un des leurs, ayant passé de mon côté et m'ayant annoncé ce qu'ils tramaient : cette fois, il n'y avait plus un moment à perdre. 240 Je choisis Jacques[1], un de mes fidèles soldats, et lui ordonne de garder avec deux cents soldats les routes qui conduisent de Garaba en Galilée[2], d'arrêter tous les passants et de me les envoyer, spécialement ceux qu'on surprendrait porteurs de lettres. 241 J'envoyai également Jérémie[3], lui aussi de mes amis, avec six cents soldats à la frontière de Galilée, pour garder les routes qui conduisent de là à Jérusalem, et lui donnai la consigne, à lui aussi, d'arrêter les gens qui cheminaient en portant des lettres : les personnes seraient

1. Qualifié de « garde du corps » de Josèphe § 96.
2. C'est-à-dire vers la partie occidentale de la Galilée.
3. § 399, Jérémie sera qualifié de général et mis à la tête de 2.000 « hoplites » dans la rencontre avec les troupes du roi Agrippa II.

235 « Εἰ πάντως με πρὸς ὑμᾶς ἐλθεῖν βούλεσθε, διακόσιαι καὶ τέσσαρες κατὰ τὴν Γαλιλαίαν εἰσὶν πόλεις καὶ κῶμαι. Τούτων εἰς ἣν θελήσετε παραγενήσομαι χωρὶς Γαράβων καὶ Γισχάλων. Ἡ μὲν γὰρ πατρίς ἐστιν Ἰωάννου, ἡ δὲ σύμμαχος αὐτῷ καὶ φίλη. »

XLVI. 236 Ταῦτα τὰ γράμματα λαβόντες οἱ περὶ τὸν Ἰωνάθην οὐκέτι μὲν ἀντιγράφουσιν, συνέδριον δὲ τῶν φίλων καθισάντες καὶ τὸν Ἰωάννην παραλαβόντες ἐβουλεύοντο τίνα τρόπον ἐπιχειρήσωσί μοι. 237 Καὶ Ἰωάννῃ μὲν ἐδόκει γράφειν πρὸς πάσας τὰς ἐν τῇ Γαλιλαίᾳ πόλεις καὶ κώμας· εἶναι γὰρ ἐν ἑκάστῃ πάντως ἕνα γοῦν καὶ δεύτερον διάφορον ἐμοί, καὶ καλεῖν τούτους ὡς ἐπὶ πολέμιον. Ἐκέλευέ τε πέμπειν τὸ δόγμα τοῦτο καὶ εἰς τὴν τῶν Ἱεροσολυμιτῶν πόλιν, ἵνα κἀκεῖνοι γνόντες ὑπὸ τῶν Γαλιλαίων κεκρίσθαι με πολέμιον, καὶ αὐτοὶ ψηφίσωνται. Γενομένου γὰρ τούτου καὶ τοὺς εὐνοϊκῶς ἔχοντάς μοι Γαλιλαίους ἐγκαταλείψειν ἔφη φοβηθέντας. 238 Ταῦτα συμβουλεύσαντος Ἰωάννου σφόδρα καὶ τοῖς ἄλλοις ἤρεσεν τὰ λεχθέντα. 239 Περὶ δὲ ὥραν τῆς νυκτὸς τρίτην εἰς γνῶσιν ἧκέ μοι ταῦτα, Σακχαίου τῶν σὺν αὐτοῖς τινὸς αὐτομολήσαντος πρός με καὶ τὴν ἐπιχείρησιν αὐτῶν ἀπαγγείλαντος. Οὐκέτι δὴ δεῖν ὑπερτίθεσθαι τὸν καιρόν. 240 Ἄξιον δὲ κρίνας Ἰάκωβον ὁπλίτην τῶν περὶ ἐμὲ πιστὸν κελεύω διακοσίους ὁπλίτας λαβόντα φρουρεῖν τὰς ἀπὸ Γαράβων εἰς τὴν Γαλιλαίαν ἐξόδους, καὶ τοὺς παριόντας συλλαμβάνοντα πρὸς ἐμὲ πέμπειν, μάλιστα δὲ τοὺς μετὰ γραμμάτων ἁλισκομένους. 241 Ἱερεμίαν δὲ καὶ αὐτὸν ἐκ τῶν φίλων μου μεθ' ἑξακοσίων ὁπλιτῶν εἰς τὴν μεθόριον τῆς Γαλιλαίας ἔπεμψα τὰς ἀπὸ ταύτης εἰς τὴν Ἱεροσολυμιτῶν πόλιν ὁδοὺς παραφυλάξοντα, πρόσταγμα δοὺς κἀκείνῳ τοὺς μετ' ἐπιστολῶν

XLVI *237* 4 ἐκέλευέ τε πέμπειν Niese : ἐκελεύετο πέμπειν P πέμπειν δ' (δὲ MW) ἐκέλευε cett. ‖ *239* 2 Σακχαίου : Σαχχαίου Niese ‖ *240* 2 πιστὸν : πιστῶν PRA¹MW.

mises aux fers et gardées sur place ; les lettres me seraient transmises.

XLVII. Josèphe rencontre la commission de Jérusalem a Garaboth.

242 Lorsque j'eus donné ces instructions à ceux que j'envoyais, je fis proclamer parmi les Galiléens l'ordre de prendre les armes le jour suivant et d'avoir à me rejoindre au village de Garaboth avec trois jours de vivres. Alors, je divisai mes troupes en quatre compagnies, je me composai avec les plus fidèles une garde du corps, je plaçai à leur tête des officiers et je leur ordonnai de veiller à ce qu'aucun soldat inconnu d'eux ne vînt s'introduire dans leurs rangs. 243 Le lendemain, arrivant à Garaboth vers la cinquième heure, je trouve toute la plaine devant le village remplie des soldats de Galilée qui étaient déjà arrivés en renfort, comme je le leur avais demandé. Une foule d'autres, venus des divers villages, étaient accourus aussi en grand nombre. 244 A peine m'étais-je arrêté pour leur adresser la parole, que, dès mes premiers mots, ils n'eurent tous qu'une voix pour me proclamer bienfaiteur et sauveur de leur province. A mon tour, je leur exprimai ma reconnaissance et leur conseillai de n'attaquer personne et, au lieu de se souiller les mains de rapine, de bivouaquer dans la plaine en se contentant de leurs provisions de route : je voulais, leur répétais-je, apaiser les troubles sans effusion de sang.

245 Ce jour-là même, il arriva que les courriers de Jonathas, avec leurs lettres, tombèrent aux mains des postes que j'avais établis pour la surveillance des routes. Les hommes furent gardés sur place selon mes instructions. Quant aux lettres, lorsque j'eus lu toutes les calomnies et tous les mensonges dont elles étaient pleines, sans en rien dire à personne, je dressai un plan d'attaque contre cette bande.

XLVIII. 246 A la nouvelle de mon arrivée, Jonathas et ses amis avec toute leur suite, et aussi Jean, se retirèrent dans la maison de Jésus[1], un grand château fort qui va-

1. Identifié par Schalit au fils de Sapphias. Cf. Index.

ὁδεύοντας συλλαμβάνειν, καὶ τοὺς μὲν ἄνδρας ἐν δεσμοῖς ἐπὶ τόπου φυλάττειν, τὰ δὲ γράμματα πρὸς ἐμὲ διαπέμπειν.

XLVII. 242 Ταῦτα τοῖς πεμπομένοις ἐντειλάμενος Γαλιλαίοις διήγγειλα κελεύων εἰς τὴν ἐπιοῦσαν ἀναλαβόντας τὰ ὅπλα καὶ τριῶν ἡμερῶν τροφὴν εἰς Γαραβὼθ κώμην παραγενέσθαι πρός με. Τῶν δὲ περὶ ἐμὲ ὁπλιτῶν μοίρας τέτταρας νείμας τοὺς πιστοτάτους αὐτῶν περὶ τὴν τοῦ σώματος φυλακὴν ἔταξα, ταξιάρχους αὐτοῖς ἐπιστήσας καὶ φροντίζειν κελεύσας ὑπὲρ τοῦ μηδένα στρατιώτην ἄγνωστον αὐτοῖς συναναμίγνυσθαι. 243 Τῇ δ' ἐπιούσῃ περὶ πέμπτην ὥραν ἐν Γαραβὼθ γενόμενος εὑρίσκω πᾶν τὸ πεδίον τὸ πρὸ τῆς κώμης ὁπλιτῶν πλῆρες τῶν ἐκ τῆς Γαλιλαίας ἐπὶ τὴν συμμαχίαν παρόντων, ὡς αὐτοῖς παρηγγέλκειν· πολὺς δὲ καὶ ἄλλος ἐκ τῶν κωμῶν ὄχλος συνέτρεχεν. 244 Ἐπεὶ δὲ καταστὰς εἰς αὐτοὺς λέγειν ἠρξάμην, ἐβόων ἅπαντες εὐεργέτην καὶ σωτῆρα τῆς χώρας αὐτῶν καλοῦντες. Κἀγὼ χάριν αὐτοῖς ἔχειν ὁμολογήσας συνεβούλευον πρὸς μηδένα μήτε πολεμεῖν μήτε ἁρπαγῇ μολύνειν τὰς χεῖρας, ἀλλὰ σκηνοῦν κατὰ τὸ πεδίον ἀρκουμένους τοῖς ἑαυτῶν ἐφοδίοις· θέλειν γὰρ ἔφασκον τὰς ταραχὰς χωρὶς φόνων καταστέλλειν.

245 Συνέβη δ' αὐθημερὸν εἰς τὰς ὑπ' ἐμοῦ κατασταθείσας τῶν ὁδῶν φυλακὰς τοὺς παρὰ τοῦ Ἰωνάθου πεμφθέντας μετὰ τῶν ἐπιστολῶν ἐμπεσεῖν. Καὶ οἱ μὲν ἄνδρες ἐφυλάχθησαν ἐπὶ τῶν τόπων, ὡς παρήγγειλα, τοῖς δὲ γράμμασιν ἐντυχὼν πλήρεσι βλασφημιῶν καὶ ψευσμάτων, οὐδενὶ ταῦτα φράσας, ὁρμᾶν ἐπ' αὐτοὺς διενοούμην.

XLVIII. 246 Ἀκούσαντες δὲ οἱ περὶ τὸν Ἰωνάθην περὶ τῆς ἐμῆς ἀφίξεως τοὺς ἰδίους πάντας ἀναλαβόντες καὶ τὸν Ἰωάννην ὑπεχώρησαν εἰς τὴν Ἰησοῦ οἰκίαν· βᾶρις δ' ἦν

XLVII *244* 4 μολύνειν R : λαμβάνειν cett. ‖ 5 χεῖρας R : χώρας cett. ‖ 7 καταστέλλειν P : καταστεῖλαι cett.

lait une acropole[1]. Ils y cachèrent des soldats en embuscade, fermèrent toutes les portes, sauf une seule qu'ils laissèrent grande ouverte, et ils escomptaient que je ferais un crochet pour venir les saluer. 247 Ils donnent donc aux soldats la consigne de me laisser entrer seul dès que je serais là et de refouler tous les autres. Ils pensaient que, dans ces conditions, ils m'auraient plus facilement à leur merci. 248 Leur espoir fut déçu. Car, ayant flairé le guet-apens, dès que j'arrivai à l'étape, je campai juste en face d'eux et prétendis aller dormir. 249 Les hommes de Jonathas, se figurant que réellement je me reposais et que j'étais complètement endormi, se hâtèrent de descendre dans la plaine pour y retourner l'opinion en racontant que j'étais un piètre général. 250 Ils obtinrent l'effet contraire : dès qu'on les aperçut, ce furent, de la part des Galiléens, des acclamations à la mesure de l'attachement qu'ils me portaient à moi, leur général, tandis qu'ils reprochaient aux amis de Jonathas de venir, sans la moindre provocation, mettre le désordre dans ce pays. Ils les sommaient d'avoir à se retirer, car on n'arriverait jamais à les retourner et à leur faire accepter un autre général que moi. 251 Informé de l'affaire, je n'hésitai pas à me montrer. Je descendis immédiatement vers eux, pour entendre ce que disaient les gens de Jonathas. Je n'eus qu'à paraître pour provoquer immédiatement les applaudissements de la foule, avec une ovation et des acclamations qui protestaient de leur reconnaissance pour mon commandement.

XLIX. Discours de Josèphe aux envoyés de Jérusalem.

252 En entendant ces cris, les gens de Jonathas se sentirent en danger, pour peu que les Galiléens se fussent jetés sur eux par attachement pour moi. Ils songeraient bien à prendre la fuite, mais ne pouvant s'en aller, car je leur demandai d'attendre, ils durent, tête basse,

1. Comme pour « hoplite » (§ 233 et note), le terme d' « acropole » n'a plus rien de commun avec le sens classique. Le mot βᾶρις, traduit par « château fort », est aussi une exagération.

αὕτη μεγάλη καὶ οὐδὲν ἀκροπόλεως ἀποδέουσα. Κρύψαντες οὖν λόχον ὁπλιτῶν ἐν αὐτῇ καὶ τὰς ἄλλας ἀποκλείσαντες θύρας, μίαν δὲ ἀνοίξαντες, προσεδόκων ἥκειν ἐκ τῆς ὁδοῦ με πρὸς αὐτοὺς ἀσπασόμενον. 247 Καὶ δὴ διδόασιν ἐντολὰς τοῖς ὁπλίταις, ἐπειδὰν παραγένωμαι μόνον εἰσελθεῖν ἐᾶσαι τοὺς ἄλλους ἀπείρξαντας· οὕτως γὰρ ᾤοντό με γενήσεσθαι ῥᾳδίως αὐτοῖς ὑποχείριον. Ἐψεύσθησαν δὲ τῆς ἐλπίδος. 248 Ἐγὼ γὰρ τὴν ἐπιβουλὴν προαισθόμενος, ὡς ἐκ τῆς ὁδοῦ παρεγενόμην, καταλύσας ἄντικρυς αὐτῶν καθεύδειν ἐσκηπτόμην. 249 Καὶ οἱ περὶ τὸν Ἰωνάθην, ὑπολαμβάνοντες ὄντως ἀναπαύεσθαί με καθυπνωμένον ὥρμησαν καταβάντες εἰς τὸ πεδίον μεταπείθειν αὐτοὺς ὡς ἐμοῦ κακῶς στρατηγοῦντος. 250 Τἀναντία δὲ αὐτοῖς συνέπεσεν. Ὀφθέντων γὰρ εὐθὺς ἐγένετο βοὴ παρὰ τῶν Γαλιλαίων, πρὸς ἐμὲ τὸν στρατηγὸν εὐνοίας ἀξία· κατάμεμψίν τε ἐποιοῦντο τῶν περὶ τὸν Ἰωνάθην ὅτι πάρεισιν οὐδὲν μὲν αὐτοὶ κακὸν προπεπονθότες ἀνατρέψοντες δὲ τὰ ἐκείνων πράγματα· καὶ παρεκελεύοντο ἀπιέναι· μὴ γὰρ ἄν ποτε μεταπεισθῆναι προστάτην ἕτερον ἀντ' ἐμοῦ λαβεῖν. 251 Τούτων ἀπαγγελθέντων μοι προελθεῖν εἰς μέσους οὐκ ὤκνησα. Κατέβαινον οὖν εὐθέως ὡς αὐτούς, τί λέγουσιν οἱ περὶ τὸν Ἰωνάθην ἀκουσόμενος. Προελθόντος δέ μου κρότος παρὰ παντὸς τοῦ πλήθους εὐθὺς ἦν, καὶ μετ' εὐφημιῶν ἐπιβοήσεις χάριν ἔχειν ὁμολογούντων τῇ ἐμῇ στρατηγίᾳ.

XLIX. 252 Ταῦτα δ' οἱ περὶ τὸν Ἰωνάθην ἀκούοντες ἐφοβήθησαν μὴ καὶ κινδυνεύσωσιν ἀποθανεῖν, ἐπ' αὐτοὺς ὁρμησάντων τῶν Γαλιλαίων κατὰ τὴν πρὸς ἐμὲ χάριν. Δρασμὸν οὖν ἐπενόουν. Μὴ δυνηθέντες δὲ ἀπελθεῖν, (προσμεῖναι γὰρ αὐτοὺς ἠξίωσα,) κατηφεῖς ὑπέμειναν

XLVIII *249* 3 πεδίον PRA : πλῆθος cett. ‖ *250* 2 παρὰ τῶν « Probably τῆς should be inserted » Thackeray ‖ *251* 2 ὡς αὐτούς R : αὐτὸς cett.
XLIX *252* 5 ὑπέμειναν R : om. cett.

rester là et écouter mon discours[1]. 253 Je commandai donc à la foule de retenir ses acclamations, je confiai aux plus sûrs de mes soldats la surveillance des routes, pour empêcher Jean de nous attaquer par surprise, et j'invitai les Galiléens à prendre leurs armes, de façon à éviter tout désordre à l'irruption des ennemis, s'il venait soudain à s'en produire à l'improviste. 254 Alors, je commençai par rappeler aux gens de Jonathas la lettre où ils demandaient à la Communauté[2] de Jérusalem l'envoi d'une commission pour résoudre mes différends avec Jean et comment ils m'avaient invité à me rendre près d'eux. 255 Tout en rappelant ces faits, je produisis la lettre, pour que personne ne pût rien nier, le texte réfutant leurs objections. 256 « Voyons un peu, dis-je, Jonathas et vous ses collègues, si j'étais inculpé pour un délit capital contre Jean et que je pusse produire deux ou trois témoins parfaitement honorables, de toute évidence, vous seriez bien obligés, une fois vérifiée leur valeur morale, de m'acquitter de tous les griefs à ma charge. 257 Eh bien, pour que vous sachiez que ma gestion des affaires en Galilée a été excellente, je trouve que trois témoins c'est bien peu pour un homme honorable, et je vous propose tous ceux-ci. 258 Interrogez ces gens sur ma conduite ; demandez-leur si je me suis acquitté de mes fonctions dans le pays avec toute la dignité et toutes les qualités requises. Et vous autres, Galiléens, je vous adjure de ne rien cacher de la vérité et de dire devant ces messieurs, comme devant un tribunal, si quelque chose a jamais laissé à désirer. »

L. 259 Je n'avais pas encore fini de parler que des voix s'élevèrent en chœur qui me proclamaient bienfaiteur et sauveur ; elles témoignaient pour ma conduite passée et m'invitaient à continuer à l'avenir. Ils juraient tous que leurs femmes n'avaient pas été outragées et que je n'avais jamais causé la moindre peine à personne. 260 Après cela, comme les gardes que j'avais postés avaient inter-

1. Suivant la leçon adoptée par Thackeray.

2. Corps constitué, plus large que le Sanhédrin (cf. §§ 62 et 65). C'est de lui que Josèphe tient son autorité sur la Galilée.

ἐνστησάμενοι τῷ λόγῳ. 253 Προστάξας οὖν τῷ μὲν πλήθει τὰς εὐφημίας ἐπισχεῖν, καὶ τῶν ὁπλιτῶν τοὺς πιστοτάτους ταῖς ὁδοῖς ἐπιστήσας ὑπὲρ τοῦ φρουρεῖν μὴ ἀπροσδοκήτως ἡμῖν ὁ Ἰωάννης ἐπιπέσῃ, παραινέσας δὲ καὶ τοῖς Γαλιλαίοις ἀναλαβεῖν τὰ ὅπλα, μὴ πρὸς τὴν ἔφοδον τῶν πολεμίων, ἐὰν γένηταί τις αἰφνίδιος, ταραχθῶσιν, 254 πρῶτον τῆς ἐπιστολῆς τοὺς περὶ τὸν Ἰωνάθην ὑπεμίμνησκον, ὃν τρόπον γράψειαν ὑπὸ τοῦ κοινοῦ τῶν Ἱεροσολυμιτῶν πεπέμφθαι, διαλύσοντές μου τὰς πρὸς τὸν Ἰωάννην φιλονεικίας, ὡς παρακαλέσειαν τέ με πρὸς αὐτοὺς ἀφικέσθαι. 255 Καὶ ταῦτα διεξιὼν τὴν ἐπιστολὴν εἰς μέσους προύτεινον, ἵνα μηδὲν ἀρνήσασθαι δυνηθῶσιν ἐλεγχόντων αὐτοὺς τῶν γραμμάτων. 256 « Καὶ μήν, ἔφην, Ἰωνάθη ὑμεῖς τε οἱ συμπρέσβεις, εἰ πρὸς Ἰωάννην κρινόμενος, ὑπὲρ τοῦ παραστῆσαι τὸν ἐμαυτοῦ βίον, δύο τινὰς ἢ τρεῖς μάρτυρας καλοὺς κἀγαθοὺς ἤγαγον, δῆλον ὡς ἀνάγκην ἂν εἴχετε, προεξετάσαντες καὶ τοὺς τούτων βίους ἀπαλλάξαι με τῶν ἐγκλημάτων. 257 Ἵν' οὖν γνῶτε καλῶς πεπρᾶχθαί μοι τὰ κατὰ τὴν Γαλιλαίαν, τρεῖς μὲν μάρτυρας ὀλίγους εἶναι νομίζω τῷ καλῶς βεβιωκότι, τούτους δὲ πάντας ὑμῖν δίδωμι. 258 Παρὰ τούτων οὖν πύθεσθε τίνα τρόπον ἐβίωσα, εἰ μετὰ πάσης σεμνότητος καὶ πάσης ἀρετῆς ἐνθάδε πεπολίτευμαι. Καὶ δὴ ὁρκίζω ὑμᾶς, ὦ Γαλιλαῖοι, μηδὲν ἐπικρύψασθαι τῆς ἀληθείας, λέγειν δ' ἐπὶ τούτων ὡς δικαστῶν, εἴ τι μὴ καλῶς πέπρακται. »

L. 259 Ταῦτ' ἔτι λέγοντός κοιναὶ παρὰ πάντων ἐγίνοντο φωναὶ καλούντων εὐεργέτην με καὶ σωτῆρα. Καὶ περὶ μὲν τῶν πεπραγμένων ἐμαρτύρουν, περὶ δὲ τῶν πραχθησομένων παρεκάλουν. Πάντες δ' ὤμνυον ἀνυβρίστους μὲν ἔχειν τὰς γυναῖκας, λελυπῆσθαι δὲ μηδέποτε μηδὲν ὑπ' ἐμοῦ. 260 Μετὰ τοῦτο δύο τῶν ἐπιστολῶν ἃς οἱ κατασταθέντες ὑπ' ἐμοῦ

XLIX *252* 6 ἐνστησάμενοι R : ἐκστησάμενοι uel ἐνστησάμενος cett. || *253* 2 τοὺς PRA : δὲ τοὺς MW fort. recte.

cepté et m'avaient transmis des lettres envoyées par les hommes de Jonathas, je donnai lecture aux Galiléens de deux d'entre elles, pleines d'une foule de calomnies et qui m'accusaient faussement de me conduire en tyran à leurs dépens plutôt qu'en général. 261 Elles contenaient bien d'autres accusations encore, sans oublier les mensonges les plus éhontés. Je dis à la foule que j'avais ces lettres parce que les porteurs me les avaient données spontanément. Je tenais, en effet, à ce que mes adversaires ne fussent pas au courant des postes de garde, sinon ils se méfieraient et renonceraient à envoyer des lettres.

LI. Fureur de la foule contre la commission de Jérusalem.

262 En entendant toutes ces calomnies, la foule, exaspérée, était prête à se jeter sur Jonathas et ses compagnons pour les massacrer. Ils l'auraient fait. Mais je commençai par calmer la colère des Galiléens ; puis je dis aux gens de Jonathas que je leur pardonnais leurs agissements passés s'ils étaient décidés à changer d'attitude et si, une fois de retour dans leur patrie, ils disaient à ceux qui les avaient envoyés la vérité sur ma conduite des affaires. 263 Sur ces mots, je les congédiai, tout en sachant bien qu'ils ne tiendraient aucune de leurs promesses. Malgré tout, la foule brûlait de rage contre eux et continuait à me demander de lui permettre de châtier les effrontés qui avaient commis de pareilles noirceurs. 264 Bien plutôt, je fis l'impossible pour leur persuader d'épargner ces hommes, sachant bien que toute sédition nuit au bien général ; mais la foule, gardant toute sa colère contre eux, s'élança en masse vers la maison où Jonathas et les siens avaient leurs quartiers. 265 Alors, voyant que leur emportement était incoercible, je montai à cheval et donnai l'ordre à tous les groupes de me suivre à Sogané, village à vingt stades de Garaba. Et, grâce à cette manœuvre, je m'assurai l'avantage de ne pas passer pour quelqu'un qui prenait l'initiative d'une guerre civile.

LII. Josèphe envoie une délégation a Jérusalem.

266 Arrivé près de Sogané, je fis s'arrêter la foule et

φρουροὶ πεμφθείσας ὑπὸ τῶν περὶ τὸν Ἰωνάθην ἑλόντες ἀπεστάλκεισαν πρὸς ἐμὲ παρανεγίνωσκον τοῖς Γαλιλαίοις, πολλῶν βλασφημιῶν πλήρεις καὶ καταψευδομένας ὅτι τυραννίδι μᾶλλον ἢ στρατηγίᾳ χρῶμαι κατ' αὐτῶν· 261 ἕτερά τε πολλὰ πρὸς τούτοις ἐνεγέγραπτο μηδὲν παραλιπόντων ἀναισχύντου ψευδολογίας. Ἔφην δ' ἐγὼ πρὸς τὸ πλῆθος τὰ γράμματα λαβεῖν δόντων ἑκουσίως τῶν κομιζόντων· οὐ γὰρ ἐβουλόμην [αὐτοὺς] τὰ περὶ τὰς φρουρὰς τοὺς ἐναντίους εἰδέναι, μὴ δείσαντες τοῦ γράφειν ἀποστῶσιν.

LI. 262 Ταῦτ' ἀκοῦσαν τὸ πλῆθος σφόδρα παροξυνθὲν ἐπὶ τὸν Ἰωνάθην ὥρμα καὶ τοὺς σὺν αὐτῷ συμπαρόντας, ὡς διαφθεροῦντες. Κἂν ἐπεπράχεισαν τὸ ἔργον, εἰ μὴ τοὺς μὲν Γαλιλαίους ἔπαυσα τῆς ὀργῆς, τοῖς περὶ τὸν Ἰωνάθην δ' ἔφην συγγινώσκειν τῶν ἤδη πεπραγμένων, εἰ μέλλοιεν μετανοήσειν καὶ πορευθέντες εἰς τὴν πατρίδα λέγοιεν τοῖς πέμψασι τἀληθῆ περὶ τῶν ἐμοὶ πεπολιτευμένων. 263 Ταῦτ' εἰπὼν ἀπέλυον αὐτοὺς καίτοι γινώσκων ὅτι μηδὲν ὧν ὑπέσχηντο ποιήσουσιν. Τὸ πλῆθος δ' εἰς ὀργὴν ἐξεκαίετο κατ' αὐτῶν κἀμὲ παρεκάλουν ἐπιτρέπειν αὐτοῖς τιμωρήσασθαι τοὺς τοιαῦτα τολμήσαντας. 264 Παντοῖος μὲν οὖν ἐγινόμην πείθων αὐτοὺς φείσασθαι τῶν ἀνδρῶν· πᾶσαν γὰρ ᾔδειν στάσιν ὀλέθριον οὖσαν τοῦ κοινῇ συμφέροντος. Τὸ δὲ πλῆθος ἔσχεν τὴν κατ' αὐτῶν ὀργὴν ἀμετάβλητον, καὶ πάντες ὥρμησαν ἐπὶ τὴν οἰκίαν ἐν ᾗ κατήγοντο οἱ περὶ τὸν Ἰωνάθην. 265 Ἐγὼ δὲ συνορῶν τὴν ὁρμὴν οὖσαν αὐτῶν ἀνεπίσχετον ἀναπηδήσας ἐφ' ἵππον ἐκέλευσα τοῖς πλήθεσιν πρὸς Σωγάνην κώμην ἕπεσθαι, Γαράβων ἀπέχουσαν εἴκοσι στάδια. Καὶ τοιούτῳ στρατηγήματι χρησάμενος παρέσχον ἐμαυτῷ τὸ μὴ δοκεῖν ἐμφυλίου πολέμου κατάρχειν.

LII. 266 Ἐπεὶ δὲ περὶ τὰς Σωγανέας ἐγενόμην, ἐπιστή-

L *261* 5 αὐτοὺς del. Bekker.
LI *264* 1 οὖν : secl. Niese.
LII *266* 1 τὰς PAMW : τὴν R τοὺς Hudson,

l'exhortai à ne pas se laisser trop vite emporter par sa fureur, surtout dans un cas de sanctions qui entraîneraient l'irrémédiable[1]. Ensuite, je commande à cent notables des plus âgés d'entre eux de se tenir prêts à se rendre à Jérusalem pour porter plainte devant le peuple contre ceux qui sèment la division dans le pays.
267 « S'ils se laissent fléchir par vos paroles, ajoutais-je, invitez la Communauté à envoyer l'ordre, à moi, de rester en Galilée, et aux gens de Jonathas de s'en retirer. »
268 Quand je leur eus donné ces instructions, leurs préparatifs rapidement achevés, trois jours après le rassemblement, je leur fis prendre le départ, avec une escorte de cinq cents soldats. 269 En outre, j'écrivis à mes amis de Samarie de veiller à assurer leur sécurité pendant le trajet à travers leur territoire, car la Samarie était déjà sous la domination romaine, et il fallait absolument passer par là quand on voulait aller vite : on peut ainsi, en effet, de Galilée arriver à Jérusalem dans les trois jours. 270 J'accompagnai moi-même les délégués jusqu'à la frontière de la Galilée, non sans avoir établi des postes sur les routes pour qu'on ne pût pas facilement apprendre leur départ. Cela fait, je demeurai en résidence à Japha[2].

LIII. Jonathas et ses collègues incitent Tibériade a la révolte.

271 Les hommes de Jonathas, après leur coup manqué contre moi, laissèrent Jean retourner à Gischala. Quant à eux, ils étaient en marche pour Tibériade, qu'ils s'attendaient à voir tomber entre leurs mains, d'autant plus que Jésus, qui en était alors l'archonte[3], leur avait écrit qu'il se faisait fort de décider le peuple à les accueillir et à se mettre de leur parti. 272 Nos gens s'étaient donc mis en route avec ces belles espérances, mais Silas, entre les mains de qui j'avais laissé le soin de Tibériade, comme je l'ai dit

1. Cf. 267.
2. Cf. 230 et la note.
3. On ne voit pas, dans le contexte immédiat, qu'il s'agisse d'autre chose que du sens banal d'une magistrature *civile*. Niese préférait même la leçon de P, où le mot ἄρχων ne figure pas. Mais plus loin, 294, le même personnage a bien l'air d'agir en archonte de la synagogue.

σας τὸ πλῆθος καὶ παραινέσει χρησάμενος περὶ τοῦ μὴ πρὸς
τὰς ὀργὰς καὶ ταῦτ' ἐπ' ἀνηκέστοις τιμωρίαις ὀξέως φέρεσ-
θαι, κελεύω τοὺς καθ' ἡλικίαν ἤδη προβεβηκότας καὶ πρώ-
τους παρ' αὐτοῖς ἑκατὸν ἄνδρας ὡς πορευσομένους εἰς τὴν
Ἱεροσολυμιτῶν πόλιν εὐτρεπίζεσθαι, μέμψιν ποιησομένους
ἐπὶ τοῦ δήμου τῶν τὴν χώραν διαστασιαζόντων· 267 «καὶ
ἐὰν ἐπικλασθῶσιν, ἔφην, πρὸς τοὺς λόγους ὑμῶν, παρακα-
λέσατε τὸ κοινὸν γράψαι πρὸς ἐμὲ μένειν κελεύοντας ἐπὶ
τῇ Γαλιλαίᾳ, τοὺς δὲ περὶ τὸν Ἰωνάθην ἀναχωρεῖν ἐκεῖθεν.»
268 Ταύτας αὐτοῖς τὰς ὑποθήκας δούς, ἐναρμοσαμένων τε
ταχέως ἐκείνων, ἡμέρᾳ τρίτῃ μετὰ τὴν ἐκκλησίαν τὴν ἀπο-
στολὴν ἐποιησάμην, συμπέμψας ὁπλίτας πεντακοσίους.
269 Ἔγραψα δὲ καὶ τοῖς ἐν Σαμαρείᾳ φίλοις προνοήσασθαι
τοῦ ἀσφαλῆ γενέσθαι τὴν πορείαν αὐτοῖς· ἤδη γὰρ ὑπὸ
Ῥωμαίοις ἦν ἡ Σαμάρεια καὶ πάντως ἔδει τοὺς ταχὺ βου-
λομένους ἀπελθεῖν δι' ἐκείνης πορεύεσθαι· τρισὶ γὰρ ἡμέ-
ραις ἀπὸ Γαλιλαίας ἔνεστιν οὕτως εἰς Ἱεροσόλυμα κατα-
λῦσαι. 270 Συμπαρέπεμψα δὲ τοὺς πρέσβεις κἀγὼ μέχρι
τῶν τῆς Γαλιλαίας ὅρων, φύλακας ἐπιστήσας ταῖς ὁδοῖς
ὑπὲρ τοῦ μὴ ῥᾳδίως τινὰ μαθεῖν ἀπαλλαττομένους. Καὶ
ταῦτα πράξας ἐν Ἰάφοις τὴν διατριβὴν ἐποιούμην.

LIII. 271 Οἱ δὲ περὶ τὸν Ἰωνάθην, διαμαρτόντες τῆς κατ'
ἐμοῦ πράξεως Ἰωάννην ἀπέλυσαν εἰς τὰ Γίσχαλα, αὐτοὶ δὲ
εἰς τὴν Τιβεριέων πόλιν πεπόρευντο λήψεσθαι προσδο-
κῶντες αὐτὴν ὑποχείριον, ἐπειδὴ καὶ Ἰησοῦς, ὁ κατὰ τὸν
καιρὸν τοῦτον ἐκείνων ἄρχων, ἐγεγράφει πρὸς αὐτοὺς πεί-
σειν ἐπαγγελλόμενος τὸ πλῆθος ἐλθόντας ὑποδέχεσθαι καὶ
αὐτοῖς ἑλέσθαι προστεθῆναι. 272 Ἐκεῖνοι μὲν οὖν ἐπὶ
τοιαύταις ἐλπίσιν ἀπῆλθον. Ἀπαγγέλλει δέ μοι ταῦτα
Σίλας διὰ γραμμάτων, ὃν ἔφην τῆς Τιβεριάδος ἐπιμελητὴν

LII *266* 5 πορευσομένους Bekker : πορευομένους codd. ‖ *267* 4 τῇ Γαλιλαίᾳ PRA : τῆς Γαλιλαίας cett.

LIII *271* 5 τοῦτον... ἄρχων Dindorf : τοῦτον ἄρχων RA ἐκεῖνον ἄρχων MW.

plus haut, m'apprend la chose par une lettre, en me priant de venir en hâte. Je répondis au plus vite à cette invitation et me rendis vers lui, mais je faillis bien y laisser la vie, pour les raisons que voici.

273 Les gens de Jonathas, arrivés à Tibériade, avaient décidé nombre de mécontents à me lâcher. A la nouvelle de mon arrivée, pris de peur pour leurs vies, ils vinrent à moi, me saluèrent et me félicitèrent d'avoir si bien rétabli la situation en Galilée ; ils se réjouissaient avec moi de l'honneur où on me tenait, 274 car c'était un honneur pour eux-mêmes, disaient-ils, que la gloire que j'avais acquise : n'avaient-ils pas été mes maîtres et n'étaient-ils pas mes concitoyens? Aussi avaient-ils, à ce qu'ils disaient, plus de titres à mon amitié qu'à celle de Jean. Ils avaient beau être pressés de rentrer chez eux, ils attendraient quand même d'avoir livré Jean entre mes mains. 275 Et ils appuyèrent ces paroles des serments les plus redoutables qui soient parmi nous, ce qui m'interdisait le moindre doute. Enfin, ils me demandent d'établir mon campement ailleurs, pour la raison que le lendemain était un sabbat et qu'il ne fallait pas, assuraient-ils, déranger la ville de Tibériade à cause d'eux.

LIV. Réunion politique a la synagogue de Tibériade.

276 Et moi, ne soupçonnant rien, je partis pour Tarichées. Toutefois, je laissai dans la cité quelques hommes qui s'ingénieraient pour savoir ce que l'on disait sur mon compte. Tout le long de la route qui va de Tarichées à Tibériade, j'en postai d'autres pour me transmettre par relais tout ce qu'ils viendraient à apprendre de ceux que j'avais laissés en ville. 277 Le lendemain, donc, tout Tibériade se réunit à la synagogue[1], vaste construction pouvant contenir beaucoup de monde. Jonathas entra. Il n'osa pas parler explicitement de faire défection, mais il déclara que leur ville avait besoin d'un général plus capable. 278 Jésus, l'archonte, déclara ouvertement et sans vergogne : « Concitoyens, il vaut mieux que nous obéissions à quatre hommes qu'à un seul, et il s'agit d'hommes d'illustre naissance et d'une intelligence

καταλελοιπέναι, καὶ σπεύδειν ἠξίου. Κἀγὼ ταχέως ὑπακούσας αὐτῷ καὶ παραγενόμενος εἰς κίνδυνον ἀπωλείας κατέστην ἐξ αἰτίας τοιαύτης.

273 Οἱ περὶ τὸν Ἰωνάθην γενόμενοι παρὰ τοῖς Τιβεριεῦσιν καὶ πολλοὺς πείσαντες ἀποστῆναί μου διαφόρους ὄντας, ὡς ἤκουσαν τὴν ἐμὴν παρουσίαν, δείσαντες περὶ ἑαυτῶν ἧκον πρὸς ἐμέ. Καὶ ἀσπασάμενοι μακαρίζειν ἔλεγον οὕτως περὶ τὴν Γαλιλαίαν ἀναστραφέντα, συνήδεσθαί τε διὰ τιμῆς ἀγομένῳ· 274 κόσμον γὰρ ἑαυτῶν εἶναι τὴν ἐμὴν δόξαν ἔφασαν, ὡς ἂν διδασκάλων τέ μου γενομένων καὶ πολιτῶν ὄντων. Δικαιοτέραν τε τῆς Ἰωάννου τὴν ἐμὴν πρὸς αὐτοὺς φιλίαν ὑπάρχειν ἔλεγον, καὶ σπεύδειν μὲν εἰς τὴν οἰκείαν ἀπελθεῖν, περιμένειν δ' ἕως ὑποχείριον τὸν Ἰωάννην ἐμοὶ ποιήσωσιν. 275 Καὶ ταῦτα λέγοντες ἐπώμοσαν τοὺς φρικωδεστάτους ὅρκους παρ' ἡμῖν, δι' οὓς ἀπιστεῖν οὐ θεμιτὸν ἡγούμην. Καὶ δὴ παρακαλοῦσίν με τὴν κατάλυσιν ἀλλαχοῦ ποιήσασθαι διὰ τὸ τὴν ἐπιοῦσαν ἡμέραν εἶναι σάββατον· ὀχλεῖσθαι δὲ μὴ δεῖν ὑπ' αὐτῶν τὴν πόλιν τῶν Τιβεριέων ἔφασκον.

LIV. 276 Κἀγὼ μηδὲν ὑπονοήσας ἐς τὰς Ταριχαίας ἀπῆλθον, καταλιπὼν ὅμως ἐν τῇ πόλει τοὺς πολυπραγμονήσοντας τί περὶ ἡμῶν λέγοιτο. Διὰ πάσης δὲ τῆς ὁδοῦ τῆς ἀπὸ Ταριχαιῶν εἰς Τιβεριάδα φερούσης, ἐπέστησα πολλούς, ἵνα μοι δι' ἀλλήλων σημαίνωσιν ἅπερ ἂν παρὰ τῶν ἐν τῇ πόλει καταλειφθέντων πύθωνται. 277 Κατὰ τὴν ἐπιοῦσαν οὖν ἡμέραν συνάγονται πάντες εἰς τὴν προσευχήν, μέγιστον οἴκημα καὶ πολὺν ὄχλον ἐπιδέξασθαι δυνάμενον. Εἰσελθὼν δὲ ὁ Ἰωνάθης φανερῶς μὲν περὶ τῆς ἀποστάσεως οὐκ ἐτόλμα λέγειν, ἔφη δὲ στρατηγοῦ κρείττονος χρείαν τὴν πόλιν αὐτῶν ἔχειν. 278 Ἰησοῦς δ' ὁ ἄρχων οὐδὲν ὑποστειλάμενος ἀναφανδὸν εἶπεν, ἄμεινόν ἐστιν, ὦ πολῖται, τέσσαρσιν ἡμᾶς ἀνδράσιν ὑπακούειν ἢ ἑνί, καὶ κατὰ γένος

LIII *274* 5 δ' ἕως Dindorf : δὲ ὡς codd.

remarquable » — il désignait ainsi Jonathas et ses gens. 279 Juste, survenant, approuva les propos de Jésus et l'aida à gagner certains hommes du peuple. La foule, toutefois, ne trouvait pas ces discours de son goût et elle aurait certainement provoqué une émeute, si la sixième heure ne fût survenue pour disperser l'assemblée, car c'est l'usage chez nous, les jours de sabbat, de prendre à cette heure-là le dîner. Et ainsi Jonathas et ses amis, réduits à remettre la séance au lendemain, se retirèrent sans avoir rien obtenu.

JOSÈPHE ARRIVE A L'IMPROVISTE A TIBÉRIADE.

280 Averti sans retard de toute cette scène, je décidai de me rendre à Tibériade au petit matin. Le lendemain, donc, arrivant de Tarichées vers la première heure[1], je trouvai le peuple déjà réuni à la synagogue, mais les gens qui se rassemblaient ne savaient pas ce que signifiait cette réunion. 281 Les gens de Jonathas quand ils me virent là inopinément, en furent tout troublés. Puis ils imaginèrent de répandre le bruit que des cavaliers romains avaient été aperçus à la frontière, au lieu dit « Homonoia », à trente stades de la ville[2]. 282 Quand on apporta cette nouvelle, inventée par eux, Jonathas et les siens me prièrent de ne pas laisser les ennemis saccager leur pays. S'ils parlaient ainsi, c'est que, à la faveur de ce prétendu renfort à assurer de toute urgence, ils se proposaient de m'éloigner et, une fois tout seuls, de m'aliéner la cité.

LV. 283 Quant à moi, bien que sachant leurs intentions, je cédai à leurs instances, crainte de laisser croire à la population de Tibériade que je ne me souciais pas de leur sécurité. Je me mis donc en route. Mais, une fois arrivé sur les lieux, comme je ne trouvais pas la moindre trace d'ennemis, 284 je reviens à marches forcées et je trouve réunis au grand complet l'assemblée et la foule du peuple, ainsi que les gens de Jonathas en train de faire contre moi une violente campagne, en m'accusant de mener joyeuse vie, sans rien faire pour leur alléger le poids de la guerre. 285 A l'appui de ces dires, ils produisaient

1. 6 ou 7 heures du matin. — 2. « La Concorde », probablement

λαμπροῖς καὶ κατὰ σύνεσιν οὐκ ἀδόξοις. » Ὑπεδείκνυε δὲ τοὺς περὶ Ἰωνάθην. 279 Ταῦτ' εἰπόντα τὸν Ἰησοῦν ἐπῄνει παρελθὼν Ἰοῦστος καί τινας ἐκ τοῦ δήμου συνέπειθεν. Οὐκ ἠρέσκετο δὲ τοῖς λεχθεῖσιν τὸ πλῆθος καὶ πάντως ἂν εἰς στάσιν ἐχώρησαν, εἰ μὴ τὴν σύνοδον διέλυσεν ἐπελθοῦσα ἕκτη ὥρα, καθ' ἣν τοῖς σάββασιν ἀριστοποιεῖσθαι νόμιμόν ἐστιν ἡμῖν. Καὶ οἱ περὶ τὸν Ἰωνάθην, εἰς τὴν ἐπιοῦσαν ὑπερθέμενοι τὴν βουλήν, ἀπῄεσαν ἄπρακτοι.

280 Εὐθὺς δέ μοι τούτων ἀπαγγελθέντων πρωῒ διέγνων εἰς τὴν Τιβεριέων πόλιν ἀφικέσθαι· καὶ τῇ ἐπιούσῃ περὶ πρώτην ὥραν ἧκον ἀπὸ τῶν Ταριχαιῶν, καταλαμβάνω δὲ συναγόμενον ἤδη τὸ πλῆθος εἰς τὴν προσευχήν· ἐφ' ὅ τι δ' ἦν αὐτοῖς ἡ σύνοδος οὐκ ἐγίνωσκον οἱ συλλεγόμενοι. 281 Οἱ δὲ περὶ τὸν Ἰωνάθην ἀπροσδοκήτως θεασάμενοί με παρόντα διεταράχθησαν· εἶτ' ἐπινοοῦσιν διαδοῦναι λόγον ὅτι Ῥωμαίων ἱππεῖς ἐν τῇ μεθορίῳ πόρρω τρίακοντα σταδίων ἀπὸ τῆς πόλεως, κατὰ τόπον λεγόμενον Ὁμόνοιαν, εἰσὶν ἑωραμένοι. 282 Καὶ προσαγγελθέντων τούτων ἐξ ὑποβολῆς παρεκάλουν οἱ περὶ τὸν Ἰωνάθην μὴ περιιδεῖν ὑπὸ τῶν πολεμίων λεηλατουμένην αὐτῶν τὴν γῆν. Ταῦτα δ' ἔλεγον δι' ἐννοίας ἔχοντες ἐμὲ προφάσει τῆς κατεπειγούσης βοηθείας μεταστήσαντες αὐτοὶ τὴν πόλιν ἐχθράν μοι κατασκευάσαι.

LV. 283 Ἐγὼ δὲ καίπερ εἰδὼς αὐτῶν τὸ ἐνθύμημα ὅμως ὑπήκουσα, μὴ δόξαν παράσχω τοῖς Τιβεριεῦσιν οὐ προνοούμενος αὐτῶν τῆς ἀσφαλείας. Ἐξῆλθον οὖν, καὶ γενόμενος κατὰ τὸν τόπον, ὡς οὐδ' ἴχνος πολεμίων εὗρον, 284 ὑποστρέφω συντόνως ὁδεύσας, καὶ καταλαμβάνω τήν τε βουλὴν πᾶσαν συνεληλυθυῖαν καὶ τὸν δημοτικὸν ὄχλον, ποιουμένους τε πολλὴν κατηγορίαν μου τοὺς περὶ τὸν Ἰωνάθην, ὡς τοῦ μὲν τὸν πόλεμον ἐπελαφρύνειν αὐτοῖς ἀμελοῦντος, ἐν τρυφαῖς δὲ διάγοντος. 285 Ταῦτα δὲ λέγοντες προύφερον ἐπιστολὰς τέσσαρας ὡς ἀπὸ τῶν ἐν τῇ

LIV *280* 2 πρώτην MV : τὴν cett. τρίτην Niese

quatre lettres qu'ils prétendaient avoir reçues des populations d'au-delà des confins de la Galilée et qui demandaient qu'on vînt à leurs secours, car des troupes romaines d'infanterie et de cavalerie s'apprêtaient à venir dans trois jours dévaster leur pays, et ces lettres insistaient pour qu'on ne fermât pas les yeux sur l'incident et surtout pour qu'on se hâtât. 286 En entendant ces raisons, les gens de Tibériade, se figurant qu'on leur disait la vérité, se mirent à hurler qu'au lieu de rester là assis, il fallait que je parte au secours de leurs compatriotes. 287 Alors moi — car j'avais compris le plan de Jonathas et de sa bande — je me déclarai prêt à me conformer à leurs désirs et je promis de me porter sans délai au combat. Je proposais cependant, puisque les lettres indiquaient que les Romains avaient attaqué en quatre points, de partager l'armée en cinq divisions et de mettre à la tête de chacune Jonathas et ses collègues ; 288 il sied que des hommes courageux ne se contentent pas de donner des avis, mais, en cas de nécessité urgente, prennent la tête d'une unité de secours, et, personnellement, il m'était impossible, dis-je, de commander plus d'une seule section. 289 Ma proposition plut beaucoup au peuple, qui voulut obliger ces messieurs à partir au combat. Chez ces derniers, ce fut une confusion peu ordinaire, car ils n'avaient pu exécuter leur plan, parce que, en opposant stratagème à stratagème, j'avais déjoué leurs manœuvres.

LVI. COMPLOT POUR SE SAISIR DE JOSÈPHE[1].

290 L'un d'eux, nommé Ananias, un méchant homme et une canaille, se mit à proposer au peuple d'annoncer pour le lendemain un jeûne général en l'honneur de Dieu et il invitait tout le monde à revenir en ce même endroit et à la même heure, sans armes, pour montrer à Dieu que, s'ils n'obtenaient pas son secours à lui, ils estimaient toute arme inutile. 291 Il disait cela non par piété, mais pour mettre la main sur nous, quand mes amis et moi serions sans armes. Et j'étais bien obligé d'accepter pour ne pas donner lieu de croire que je méprisais une suggestion dictée par la piété. 292 Donc, dès

Umm Junieh, sur le Jourdain, à environ 3 kilomètres au sud de Tarichées et à 11 kilomètres de Tibériade.

μεθορίᾳ τῆς Γαλιλαίας γεγραμμένας πρὸς αὐτούς, ἐπὶ βοήθειαν ἥκειν παρακαλούντων, (Ῥωμαίων γὰρ δύναμιν μέλλειν ἱππέων τε καὶ πεζῶν εἰς τρίτην ἡμέραν τὴν χώραν αὐτῶν λεηλατεῖν,) ἐπισπεύδειν τε καὶ μὴ περιοφθῆναι δεομένων. 286 Ταῦτ' ἀκούσαντες οἱ Τιβεριεῖς, λέγειν ἀληθῆ δόξαντες αὐτούς, καταβοήσεις ἐποιοῦντο, μὴ καθέζεσθαί με δεῖν λέγοντες, ἀλλ' ἀπελθεῖν ἐπικουρήσοντα τοῖς ὁμοεθνέσιν αὐτῶν. 287 Πρὸς ταῦτ' ἐγὼ (συνῆκα γὰρ τὴν ἐπίνοιαν τῶν περὶ τὸν Ἰωνάθην) ὑπακούσεσθαι μὲν ἔφην ἑτοίμως καὶ χωρὶς ἀναβολῆς ὁρμήσειν πρὸς τὸν πόλεμον ἐπηγγειλάμην· συνεβούλευον δ' ὅμως, ἐπεὶ τὰ γράμματα κατὰ τέσσαρας τόπους Ῥωμαίους σημαίνει προσβαλεῖν, εἰς πέντε μοίρας διελόντας τὴν δύναμιν ἑκάστῃ τούτων ἐπιστῆσαι τοὺς περὶ τὸν Ἰωνάθην καὶ τοὺς ἑταίρους αὐτοῦ· 288 πρέπειν γὰρ ἀνδράσιν ἀγαθοῖς μὴ μόνον συμβουλεύειν, ἀλλὰ καὶ χρείας ἐπειγούσης ἡγουμένους βοηθεῖν· ἐγὼ γὰρ πλὴν μιᾶς μοίρας οὐκ ἔφην ἀφηγεῖσθαι δυνατὸς εἶναι. 289 Σφόδρα τῷ πλήθει συνήρεσεν ἡ ἐμὴ συμβουλία. Κἀκείνους οὖν ἠνάγκαζον ἐπὶ τὸν πόλεμον ἐξιέναι. Τοῖς δ' οὔτι μετρίως συνεχύθησαν αἱ γνῶμαι, μὴ κατεργασαμένοις ἃ διενοήθησαν, ἐμοῦ τοῖς ἐπιχειρήμασιν αὐτῶν ἀντιστρατηγήσαντος.

LVI. 290 Εἷς δέ τις ἐξ αὐτῶν Ἀνανίας τοὔνομα, πονηρὸς ἀνὴρ καὶ κακοῦργος, εἰσηγεῖτο τοῖς πλήθεσι πανδημεὶ νηστείαν εἰς τὴν ἐπιοῦσαν τῷ θεῷ προθέσθαι· καὶ κατὰ τὴν αὐτὴν ὥραν ἐκέλευεν εἰς τὸν αὐτὸν τόπον ἀνόπλους παρεῖναι, τῷ θεῷ φανερὸν ποίησοντας ὅτι μὴ τῆς παρ' ἐκείνου τυγχάνοντες βοηθείας πᾶν ὅπλον ἄχρηστον εἶναι νομίζουσιν. 291 Ταῦτα δ' ἔλεγεν οὐ δι' εὐσέβειαν, ἀλλ' ὑπὲρ τοῦ λαβεῖν ἄνοπλόν με καὶ τοὺς ἐμούς. Κἀγὼ δι' ἀνάγκην ὑπήκουον, μὴ δόξω καταφρονεῖν τῆς περὶ τὴν εὐσέβειαν ὑποθήκης. 292 Ὡς οὖν ἀνεχωρήσαμεν ἐπὶ τὰ

LV *288* 2 καὶ om. P.

que nous nous fûmes retirés chacun chez soi, les gens de Jonathas écrivirent à Jean de venir les rejoindre dès l'aube avec tout ce qu'il pourrait de soldats, car il me tiendrait tout de suite entre ses mains et pourrait exécuter tout ce qu'il souhaitait. Cette lettre reçue, celui-ci se préparait à obtempérer. 293 De mon côté, le lendemain j'ordonne à deux de mes gardes du corps les plus réputés pour leur bravoure et leur inébranlable fidélité de m'accompagner armés de poignards dissimulés sous leurs habits, pour pouvoir nous défendre en cas d'attaque des ennemis. Personnellement, je mis une cuirasse et ceignis une épée sous ma ceinture, en la dissimulant le plus possible, et je me rendis à la synagogue.

LVII. 294 L'archonte[1] Jésus avait ordonné de ne laisser entrer personne de mon escorte, et il était resté lui-même près de la porte. Il ne laissa entrer que moi et mes amis[2]. 295 Nous allions célébrer notre culte et nous nous apprêtions à réciter les prières lorsque Jésus se leva et me demanda chez qui se trouvaient en dépôt le mobilier et les lingots d'argent arrachés à l'incendie du palais royal[3]. Il parlait de ce sujet pour gagner du temps jusqu'à l'arrivée de Jean. 296 Je répondis que c'était Capella[4] et les dix principaux notables de Tibériade[5] qui en avaient la garde. « Tu n'as qu'à leur poser toi-même la question, dis-je ; je ne mens pas. » Ceux-ci dirent que tout était chez eux. « Mais, dit-il, les vingt pièces d'or que tu as reçues quand tu as vendu de l'argent en lingot, que sont-elles devenues ? » 297 Je répondis que cet argent-là aussi je l'avais versé pour frais de voyage à leur commission envoyée à Jérusalem. A cela, les gens de Jonathas objectèrent que j'avais eu tort de payer la commission aux frais du trésor public. 298 Le peuple se fâcha à cette objection, car il reconnut la malhonnêteté de ces gens. Alors, sentant qu'une émeute allait éclater et voulant

1. Cf. 271.
2. Cf. 293 et 303. Jésus laisse entrer les deux gardes du corps avec Josèphe.
3. Cf. 66-69.
4. Cf. 32.
5. *Ibid.* sur les partis qui divisaient Tibériade.

ἑαυτῶν, οἱ μὲν περὶ τὸν Ἰωνάθην γράφουσι τῷ Ἰωάννῃ πρὸς αὐτοὺς ἕωθεν ἀφικέσθαι κελεύοντες μεθ' ὅσων ἂν στρατιωτῶν δυνηθῇ· λήψεσθαι γὰρ εὐθύς με ὑποχείριον καὶ ποιήσειν ἅπερ ἔχει δι' εὐχῆς. Δεξάμενος δὲ τὴν ἐπιστολὴν ἐκεῖνος, ὑπακούειν ἔμελλεν. 293 Ἐγὼ δὲ τῆς ἐπιούσης ἡμέρας δύο τῶν περὶ ἐμὲ σωματοφυλάκων, τοὺς κατ' ἀνδρείαν δοκιμωτάτους καὶ κατὰ πίστιν βεβαίους, κελεύω ξιφίδια κρύψαντας ὑπὸ τὰς ἐσθῆτας ἐμοὶ συμπροελθεῖν, ἵν' εἰ γένοιτο παρὰ τῶν ἐχθρῶν ἐπίθεσις ἀμυνώμεθα. Θώρακα δ' ἔλαβον αὐτός, καὶ μάχαιραν ὑπεζωσάμην ὡς οἷόν τ' ἦν ἀφανέστατα, καὶ ἦλθον εἰς τὴν προσευχήν.

LVII. 294 Τοὺς μὲν οὖν σὺν ἐμοὶ πάντας ἐκκλεῖσαι προσέταξεν Ἰησοῦς ὁ ἄρχων. Αὐτὸς γὰρ ταῖς θύραις ἐφειστήκει· μόνον δ' ἐμὲ μετὰ τῶν φίλων εἰσελθεῖν εἴασεν. 295 Ἤδη δ' ἡμῶν τὰ νόμιμα ποιούντων καὶ πρὸς εὐχὰς τραπομένων, ἀναστὰς ὁ Ἰησοῦς περὶ τῶν ληφθέντων ἐκ τοῦ ἐμπρησμοῦ τῆς βασιλικῆς αὐλῆς σκευῶν ⟨καὶ⟩ τοῦ ἀσήμου ἀργυρίου ἐπυνθάνετό μου παρὰ τίνι τυγχάνει κείμενα. Ταῦτα δ' ἔλεγεν διατρίβειν τὸν χρόνον βουλόμενος, ἕως ἂν ὁ Ἰωάννης παραγένηται. 296 Κἀγὼ πάντα Κάπελλαν ἔχειν ἔφην καὶ τοὺς δέκα πρώτους Τιβεριέων « ἀνάκρινε δ' αὐτός, εἶπον, οὐ ψεύδομαι ». Τῶν δὲ παρ' ἑαυτοῖς εἶναι λεγόντων, « οἱ δ' ἔικοσιν, εἶπεν, χρυσοῖ οὓς ἔλαβες πωλήσας τινὰ σταθμὸν ἀσήμου τί γεγόνασιν; » 297 Καὶ τούτους ἔφην δεδωκέναι πρέσβεσιν αὐτῶν ἐφόδιον πεμφθεῖσιν εἰς Ἱεροσόλυμα. Πρὸς ταῦτα οἱ μὲν περὶ τὸν Ἰωνάθην οὐ καλῶς ἔφασαν πεποιηκέναι με δόντα τοῖς πρέσβεσιν τὸν μισθὸν ἐκ τοῦ κοινοῦ. 298 Παροξυνθέντος δὲ τοῦ πλήθους ἐπὶ τούτοις, (ἐνόησαν γὰρ τῶν ἀνθρώπων τὴν πονηρίαν,) συνεὶς ἐγὼ στάσιν μέλλουσαν ἐξάπτεσθαι, καὶ προσεξερεθίσαι

LVI *292* 4 εὐθύς με R : εὖ ἐμὲ cett. ἐμὲ Niese ‖ 5 ἅπερ R : ὅπερ cett.

LVII *295* 4 καὶ Hudson.

exciter encore plus le peuple contre eux : « Eh bien, dis-je, si j'ai eu tort de payer votre commission aux frais du trésor, cessez de vous fâcher, je verserai de mes deniers les vingt pièces d'or. »

LVIII. 299 Devant cette réplique, les gens de Jonathas restèrent tranquilles, mais l'irritation du peuple contre eux ne fit qu'augmenter leur procédé montrant à l'évidence l'injustice de leur malveillance à mon égard. 300 Quand il se rendit compte de cette volte-face, Jésus, tout en demandant au Conseil de rester, voulut ordonner au peuple de se retirer, sous prétexte qu'on ne saurait étudier des affaires de cette importance au milieu du tumulte. 301 Or, pendant que le peuple criait qu'on ne me laisserait pas tout seul avec eux, arrive quelqu'un qui apprend discrètement aux gens de Jésus que Jean approche avec ses soldats. Alors les gens de Jonathas ne surent plus se dominer — et peut-être aussi la providence[1] de Dieu veillait-elle sur ma vie, car, sans cette circonstance, Jean m'eût certainement tué. Alors : 302 « Hommes de Tibériade, s'écria-t-il, laissez là cette question des vingt pièces d'or. Ce n'est pas pour cela que Josèphe mérite la mort, mais bien parce qu'il a visé à la tyrannie et que, en trompant par ses belles paroles les foules de Galilée, il s'est emparé du pouvoir. » A peine achevait-il ces mots que ses amis mettaient les mains sur moi et cherchaient à me tuer. 303 Quand mes compagnons virent ce qui se passait, ils tirèrent leurs épées [2] et menacèrent de frapper si on me faisait violence ; le peuple ramassant des pierres et se précipitant pour lapider Jonathas, ils m'arrachent à la violence de mes ennemis.

LIX. 304 Je ne m'étais encore éloigné que d'une courte distance quand je fus sur le point de rencontrer Jean, qui s'avançait avec ses troupes. Redoutant sa rencontre, je changeai de direction et je pus me sauver par un passage

1. L'idée de Providence divine représente chez Josèphe, comme chez Ps.-Aristée (§ 201), une tradition juive inspirée de la littérature sapientielle (*Sap.*, 14, 3 ; 17, 2).

2. 293, Josèphe leur avait parlé seulement de poignards.

μᾶλλον βουλόμενος τὸν δῆμον ἐπὶ τοὺς ἀνθρώπους, « ἀλλ' εἴ γε μὴ ὀρθῶς, εἶπον, ἔπραξα δοὺς τὸν μισθὸν ἐκ τοῦ κοινοῦ τοῖς πρέσβεσιν ὑμῶν, παύεσθε χαλεπαίνοντες · ἐγὼ γὰρ τοὺς εἴκοσι χρυσοῦς αὐτὸς ἀποτίσω ».

LVIII. 299 Ταῦτ' εἰπόντος, οἱ μὲν περὶ τὸν Ἰωνάθην ἡσύχασαν, ὁ δὲ δῆμος ἔτι μᾶλλον κατ' αὐτῶν παρωξύνθη, φανερὰν ἔργῳ δεικνυμένων τὴν ἄδικον πρὸς ἐμὲ δυσμένειαν.

300 Συνιδὼν δὲ τὴν μεταβολὴν αὐτῶν Ἰησοῦς, τὸν μὲν δῆμον ἐκέλευεν ἀναχωρεῖν, προσμεῖναι δὲ τὴν βουλὴν ἠξίωσεν · οὐ γὰρ δύνασθαι θορυβουμένους περὶ πραγμάτων τοιούτων τὴν ἐξέτασιν ποιεῖσθαι. 301 Τοῦ δὲ δήμου βοῶντος μὴ καταλείψειν παρ' αὐτοῖς ἐμὲ μόνον, ἧκέν τις ἀγγέλλων κρύφα τοῖς περὶ τὸν Ἰησοῦν Ἰωάννην μετὰ τῶν ὁπλιτῶν πλησιάζειν. Καὶ οἱ περὶ τὸν Ἰωνάθην οὐκέτι κατασχόντες αὐτούς, (τάχα καὶ τοῦ θεοῦ προνοοῦντος τῆς ἐμῆς σωτηρίας · μὴ γὰρ ἂν γενομένου τούτου πάντως ὑπὸ τοῦ Ἰωάννου διεφθάρην,) 302 « παύσασθε, ἔφη, ὦ Τιβεριεῖς, τὴν ζήτησιν εἴκοσι χρυσῶν ἕνεκεν. Διὰ τούτους μὲν γὰρ οὐκ ἄξιός ἐστιν Ἰώσηπος ἀποθανεῖν, ὅτι δὲ τυραννεῖν ἐπεθύμησεν, καὶ τὰ τῶν Γαλιλαίων πλήθη λόγοις ἀπατήσας τὴν ἀρχὴν αὑτῷ κατεκτήσατο. » Ταῦτα λέγοντος, εὐθύς μοι τὰς χεῖρας ἐπέβαλον ἀναιρεῖν τ' ἐπειρῶντο. 303 Ὡς δ' εἶδον οἱ σὺν ἐμοὶ τὸ γινόμενον, σπασάμενοι τὰς μαχαίρας καὶ παίειν ἀπειλήσαντες εἰ βιάζοιντο, τοῦ τε δήμου λίθους ἀραμένου καὶ βάλλειν ἐπὶ τὸν Ἰωνάθην ὁρμήσαντος, ἐξαρπάζουσί με τῆς τῶν πολεμίων βίας.

LIX. 304 Ἐπεὶ δὲ προελθὼν ὀλίγον ὑπαντιάζειν ἔμελλον τὸν Ἰωάννην ἰόντα μετὰ τῶν ὁπλιτῶν, δείσας ἐκεῖνον μὲν ἐξέκλινα · διὰ στενωποῦ δέ τινος ἐπὶ τὴν λίμνην σωθεὶς καὶ

LVIII *299* 3 ἔργῳ δεικνυμένων PR : ἐπιδεικνυμένων cett. ‖ *302* 6 ἐπέβαλον P : ἐπέβαλλον RAM ὑπέβαλλον W ‖ ἀναίρειν : ἄρχειν PR ‖ *303* 3 παίειν : πλέον P παίσειν Cobet.

LIX *304* 2 τὸν Ἰωάννην ἰόντα (« The accus. is normal in Josephus » Thackeray) : τῷ Ἰωάννῃ προσιόντι R.

étroit jusqu'au lac ; saisissant une barque, j'y montai et traversai vers Tarichées, échappant ainsi au danger d'une façon inespérée. 305 Je convoque immédiatement les notables de Galilée et leur raconte en détail comment, en violation de tous leurs serments, les partisans de Jonathas et les gens de Tibériade avaient failli de bien peu me tuer. 306 Mis en fureur par ce récit, le peuple de Galilée me presse d'entrer en guerre contre ces gens sans plus tarder et de leur permettre à eux de marcher contre Jean et de l'exterminer lui ainsi que Jonathas et ses hommes. 307 Toutefois je parvins à les retenir, malgré toute leur colère, en leur ordonnant d'attendre jusqu'à ce que nous puissions connaître le message que rapporterait la commission qu'ils avaient envoyée à Jérusalem, « car, leur déclarais-je, il nous faut leur accord pour exécuter votre projet ». Ces paroles les convainquirent. 308 A ce moment-là, Jean, de son côté, son guet-apens ayant échoué, reprit le chemin de Gischala.

LX. Josèphe est confirmé dans ses fonctions.

309 Peu de jours après, la commission que nous avions envoyée était de retour et nous annonçait que le peuple s'était violemment irrité contre l'entourage d'Anne et de Simon[1], fils de Gamaliel, parce que, sans l'avis de la Communauté, ils avaient envoyé une commission en Galilée et s'étaient employés à me faire destituer. 310 Nos délégués ajoutaient que le peuple s'était précipité sur leurs maisons pour les incendier. En outre, ils apportaient des lettres où les notables de Jérusalem, à la demande pressante du peuple, d'une part, confirmaient mon mandat sur la Galilée et, d'autre part, donnaient ordre à Jonathas et à ses gens d'avoir à se retirer chez eux au plus tôt. 311 Quand j'eus pris connaissance de ces lettres, je me rendis au village d'Arbèles[2], où je réunis en assemblée les Galiléens et ordonnai aux délégués de leur dire tout au long la colère et la réprobation provoquées par les agissements des gens de Jonathas, 312 la manière dont

1. Sur l'intervention de Simon contre Josèphe, cf. 190-193 et *B. J.*, IV, 159.
2. Irbid, au nord-ouest de Tibériade. Cf. 188.

πλοίου λαβόμενος, ἐμβὰς εἰς τὰς Ταριχαίας διεπεραιώθην, ἀπροσδοκήτως τὸν κίνδυνον διαφυγών. 305 Μεταπέμπομαί τ' εὐθὺς τοὺς πρωτεύοντας τῶν Γαλιλαίων· καὶ φράζω τὸν τρόπον ᾧ παρασπονδηθεὶς ὑπὸ τῶν περὶ τὸν Ἰωνάθην καὶ τοὺς Τιβεριεῖς παρ' ὀλίγον παρ' αὐτῶν διαφθαρείην 306 Ὀργισθὲν δ' ἐπὶ τούτοις τῶν Γαλιλαίων τὸ πλῆθος παρεκελεύετό μοι μηκέτι μέλλειν τὸν πρὸς αὐτοὺς πόλεμον ἐκφέρειν, ἀλλ' ἐπιτρέπειν αὐτοῖς ἐλθοῦσιν ἐπὶ τὸν Ἰωάννην ἄρδην αὐτὸν ἀφανίσαι καὶ τοὺς περὶ τὸν Ἰωνάθην. 307 Ἐπεῖχον δ' ὅμως αὐτοὺς ἐγὼ καίπερ οὕτως ὀργιζομένους περιμένειν αὐτοὺς κελεύων ἕως μάθωμεν τί οἱ πεμφθέντες ὑπ' αὐτῶν εἰς τὴν Ἱεροσολυμιτῶν πόλιν ἀπαγγελοῦσιν· μετὰ τῆς ἐκείνων γὰρ γνώμης τὰ δοκοῦντα πράξειν αὐτοὺς ἔφην. 308 Καὶ ταῦτ' εἰπὼν ἔπεισα. Τότε δὴ καὶ Ἰωάννης, οὐ λαβούσης αὐτοῦ τέλος τῆς ἐνέδρας, ἀνεζεύγνυεν εἰς τὰ Γίσχαλα.

LX. 309 Μετ' οὐ πολλὰς δ' ἡμέρας ἀφικνοῦνται πάλιν οὓς ἐπέμψαμεν καὶ ἀπήγγελλον σφόδρα τὸν δῆμον ἐπὶ τοὺς περὶ τὸν Ἄνανον καὶ τὸν Σίμωνα τὸν τοῦ Γαμαλιήλου παρωξύνθαι, ὅτι χωρὶς γνώμης τοῦ κοινοῦ πέμψαντες εἰς τὴν Γαλιλαίαν ἐκπεσεῖν με παρεσκεύασαν. 310 Ἔφασαν δ' οἱ πρέσβεις ὅτι καὶ τὰς οἰκίας αὐτῶν ὁ δῆμος ὥρμησεν ἐμπιπράναι· ἔφερον δὲ καὶ γράμματα, δι' ὧν οἱ τῶν Ἱεροσολυμιτῶν πρῶτοι, πολλὰ τοῦ δήμου δεηθέντος αὐτῶν, ἐμοὶ μὲν τὴν τῆς Γαλιλαίας ἀρχὴν ἐβεβαίουν, τοῖς περὶ τὸν Ἰωνάθην δὲ προσέτασσον εἰς τὴν οἰκείαν ὑποστρέφειν θᾶσσον. 311 Ἐντυχὼν οὖν ταῖς ἐπιστολαῖς εἰς Ἄρβηλα κώμην ἀφικόμην, ἔνθα σύνοδον τῶν Γαλιλαίων ποιησάμενος ἐκέλευσα τοὺς πρέσβεις διηγεῖσθαι τὴν ἐπὶ τοῖς πεπραγμένοις ὑπὸ τῶν περὶ τὸν Ἰωνάθην ὀργὴν καὶ μισοπονηρίαν, 312 καὶ ὡς κυρώσειαν ἐμοὶ τῆς χώρας αὐτῶν τὴν

LIX *307* 5 αὐτοὺς « fort. spurium » Niese.
LX *309* 5 με ταύτης R.

mon autorité sur leur province avait été confirmée, et de leur donner connaissance du texte qui enjoignait aux gens de Jonathas d'avoir à se retirer. Je m'empressai ensuite de faire porter la lettre à ces derniers, avec ordre au porteur de s'ingénier pour arriver à savoir ce qu'ils allaient faire.

LXI. Réaction de la commission de Jérusalem.

313 Complètement bouleversés à la réception de cette lettre, ces messieurs font appeler Jean, le conseil de Tibériade et les notables de Garaba, et convoquent une assemblée qu'ils invitent à examiner ce qu'ils doivent faire. 314 Les gens de Tibériade préféraient les voir conserver le pouvoir : il ne fallait pas, selon eux, abandonner leur ville, puisqu'elle leur avait été dûment confiée, d'autant plus que je n'allais pas les laisser tranquilles — m'imputer pareille menace était, de fait, pur mensonge. 315 Alors Jean non seulement abonde dans leur sens, mais il conseille que deux d'entre eux aillent m'accuser devant le peuple de mal administrer les affaires de Galilée. Il leur serait facile, ajoutait-il, de gagner leur cause, en raison de leur dignité personnelle et de la versatilité coutumière des foules. 316 La proposition de Jean ayant été jugée la meilleure, on décida que deux d'entre eux, Jonathas et Ananias, se rendraient à Jérusalem et laisseraient les deux autres à Tibériade. Ils emmenèrent, pour leur sécurité, une escorte de cent hommes armés.

LXII. Josèphe intercepte leurs émissaires.

317 Quant aux gens de Tibériade, ils prirent la précaution de fortifier leurs murs et ils donnèrent l'ordre aux habitants de s'armer. Puis ils demandèrent l'envoi par Jean de forces importantes, pour le cas où ils auraient besoin de renforts contre moi. Or, Jean était à Gischala. 318 Les gens de Jonathas, venant de Tibériade, arrivés au village de Dabaritta, aux confins de la Galilée, dans la Grande-Plaine[1], vers le milieu de la nuit, tombent aux mains de mes sentinelles, qui leur font déposer les armes et les

1. Cf. 126.

προστασίαν, τά τε πρὸς τοὺς περὶ τὸν Ἰωνάθην γεγραμμένα περὶ ἀπαλλαγῆς, πρὸς οὓς δὴ καὶ τὴν ἐπιστολὴν εὐθέως διεπεμψάμην, πολυπραγμονῆσαι τὸν κομίσαντα κελεύσας τί ποιεῖν μέλλουσιν.

LXI. 313 Δεξάμενοι δ' ἐκεῖνοι τὴν ἐπιστολὴν καὶ ταραχθέντες οὔτι μετρίως, μεταπέμπονται τὸν Ἰωάννην καὶ τοὺς ἐκ τῆς βουλῆς τῶν Τιβεριέων τούς τε πρωτεύοντας Γαράβων, βουλήν τε προτιθέασι σκοπεῖσθαι κελεύοντες τί πρακτέον ἐστὶν αὐτοῖς. 314 Τιβεριεῦσι μὲν οὖν ἀντέχεσθαι μᾶλλον ἐδόκει τῶν πραγμάτων· οὐ δεῖν γὰρ ἔφασαν ἐγκαταλείπεσθαι τὴν πόλιν αὐτῶν ἅπαξ ἐκείνοις προστεθειμένην, ἄλλως τε μηδ' ἐμοῦ μέλλοντος αὐτῶν ἀφέξεσθαι· τοῦτο γὰρ ὡς ἠπειληκότος ἐμοῦ κατεψεύδοντο. 315 Ὁ δὲ Ἰωάννης οὐ μόνον τούτοις συνηρέσκετο, πορευθῆναι δὲ συνεβούλευεν αὐτῶν τοὺς δύο κατηγορήσοντάς μου πρὸς τὸ πλῆθος ὅτι μὴ καλῶς τὰ κατὰ τὴν Γαλιλαίαν διοικῶ, καὶ πείσειν ῥᾳδίως αὐτοὺς ἔφη διά τε τὸ ἀξίωμα καὶ παντὸς πλήθους εὐτρεπῶς ἔχοντος. 316 Δόξαντος οὖν τοῦ Ἰωάννου κρατίστην εἰσενηνοχέναι γνώμην, ἔδοξε δύο μὲν ἀπιέναι πρὸς τοὺς Ἱεροσολυμίτας, Ἰωνάθην καὶ Ἀνανίαν, τοὺς ἑτέρους δὲ δύο μένοντας ἐν τῇ Τιβεριάδι καταλιπεῖν. Συνεπηγάγοντο δὲ φυλακῆς ἕνεκα τῆς ἑαυτῶν ὁπλίτας ἑκατόν.

LXII. 317 Τιβεριεῖς δὲ τὰ μὲν τείχη προυνόησαν ἀσφαλισθῆναι, τοὺς ἐνοίκους δὲ κελεύουσιν ἀναλαβεῖν τὰ ὅπλα, καὶ παρὰ Ἰωάννου δὲ μετεπέμψαντο στρατιώτας οὐκ ὀλίγους συμμαχήσοντας, εἰ δέησειεν, αὐτοῖς τὰ πρὸς ἐμέ. Ἦν δὲ ὁ Ἰωάννης ἐν Γισχάλοις. 318 Οἱ τοίνυν περὶ τὸν Ἰωνάθην ἀναζεύξαντες ἀπὸ τῆς Τιβεριάδος, ὡς ἧκον εἰς Δαβάριττα κώμην ἐν ταῖς ἐσχατιαῖς τῆς Γαλιλαίας κει-

LXI *313* 2 οὔτι Niese. « So Josephus usually writes » Thackeray : οὐχὶ codd. ‖ *315* 2 συνηρέσκητο καὶ P ‖ 6 εὐπρεπῶς P : εὐτρέπτως R εὐπρεπῶς AMW ‖ *316* 3 ἀπιέναι ed. pr. : ἀπεῖναι codd.

gardent, enchaînés, sur place, selon mes instructions. 319 J'en fus informé par une lettre de Lévi, à qui j'avais confié ce poste. Je laissai passer deux jours en faisant mine de ne rien savoir, puis j'envoyai aux gens de Tibériade un message leur conseillant de déposer les armes et de renvoyer les hommes chez eux. 320 Eux, s'imaginant que les gens de Jonathas étaient déjà arrivés à Jérusalem, me firent des réponses insultantes. Loin d'en être déconcerté, j'étudiai les moyens de les duper. 321 Comme prendre l'initiative d'une guerre contre des concitoyens[1] me semblait criminel, mais que, d'autre part, je voulais les séparer des gens de Tibériade, je choisis dix mille des plus vaillants soldats, que je divisai en trois corps de troupes, et leur ordonnai de rester cachés en embuscade à Adamah[2] ; 322 j'en menai un millier dans un autre village, pareillement en montagne, à quatre stades de Tibériade, avec ordre de descendre dès que le signal leur en serait donné. Quant à moi, je m'avançai hors du village et je pris position bien en vue. 323 Ce que voyant, les gens de Tibériade ne cessaient d'accourir à la porte de la ville et de me lancer mille brocards : en tout cas, un tel accès de folie s'empara d'eux que, debout autour d'un magnifique lit funèbre de leur façon qu'ils avaient disposé[3], ils me pleuraient, avec des plaisanteries et des rires. C'est moi qui m'amusais au spectacle de leur sottise !

LXIII. Josèphe attaque et soumet Tibériade.

324 Mais, voulant prendre au piège Simon et avec lui Jozar[4], je leur envoyai quelqu'un pour les inviter à s'avancer un peu en avant de la ville, sous la protection d'une troupe importante de leurs amis ; car je désirais descendre, leur disais-je, pour traiter avec eux du partage du

1. Les deux délégués de Jérusalem laissés à Tibériade (316).
2. On attend un nom de lieu, et Adamah (Damieh), à quelque 10 kilomètres au sud-ouest de Tibériade, dans les montagnes, semble répondre au sens (Thackeray).
3. On remarquera, dans cette parodie funèbre, l'emploi technique de προτίθημι « j'expose (un corps sur un lit de parade) », que je n'ai pu rendre en français.
4. Cf. 197.

μένην ἐν τῷ μεγάλῳ πεδίῳ, περὶ μέσην νύκτα τοῖς ἐμοῖς φύλαξιν ἐμπίπτουσιν· οἳ καὶ κελεύσαντες αὐτοὺς τὰ ὅπλα καταθέσθαι, ἐφύλασσον ἐν δεσμοῖς ἐπὶ τόπου, καθὼς αὐτοῖς ἐντετάλμην. 319 Γράφει δὲ πρὸς ἐμὲ ταῦτα δηλῶν Ληυῖς, ᾧ τὴν φυλακὴν πεπιστεύκειν. Παραλιπὼν οὖν ἡμέρας δύο καὶ μηδὲν ἐγνωκέναι προσποιησάμενος, πέμψας πρὸς τοὺς Τιβεριεῖς συνεβούλευον αὐτοῖς τὰ ὅπλα καταθεμένους ἀπολύειν τοὺς ἀνθρώπους εἰς τὴν ἑαυτῶν. 320 Οἱ δέ (δόξαν γὰρ εἶχον ⟨τοὺς⟩ περὶ τὸν Ἰωνάθην εἰς τὰ Ἱεροσόλυμα ἤδη διαπεπορεῦσθαι) βλασφήμους ἐποιήσαντο τὰς ἀποκρίσεις. Μὴ καταπλαγεὶς δ' ἐγὼ καταστρατηγεῖν αὐτοὺς ἐπενόουν. 321 Πρὸς μὲν οὖν τοὺς πολίτας ἐξάπτειν πόλεμον οὐκ ἐνόμιζον εὐσεβὲς εἶναι, βουλόμενος δ' αὐτοὺς ἀποσπάσαι τῶν Τιβεριέων, μυρίους ὁπλίτας τοὺς ἀρίστους ἐπιλέξας, εἰς τρεῖς μοίρας διεῖλον, καὶ τούτους μὲν ἀφανῶς ἐν Ἀδώμαις προσέταξα λοχῶντας περιμένειν· 322 χιλίους δ' εἰς ἑτέραν κώμην, ὀρεινὴν μὲν ὁμοίως, ἀπέχουσαν δὲ τῆς Τιβεριάδος τέσσαρας σταδίους, εἰσήγαγον κελεύσας ἐκείνους ἐπειδὰν λάβωσιν σημεῖον εὐθὺς καταβαίνειν. Αὐτὸς δὲ τῆς κώμης προελθὼν ἐν προύπτῳ καθεζόμην. 323 Οἱ δὲ Τιβεριεῖς ὁρῶντες ἐξέτρεχον συνεχῶς καὶ πολλὰ κατεκερτόμουν. Τοσαύτη γοῦν ἀφροσύνη κατέσχεν αὐτοὺς ὥστε ποιήσαντες εὐπρεπῆ κλίνην προύθεσαν, καὶ περὶ αὐτὴν ἱστάμενοι ὠδύροντό με μετὰ παιδιᾶς καὶ γέλωτος. Διετιθέμην δ' ἐγὼ τὴν ψυχὴν ἡδέως τὴν ἄνοιαν αὐτῶν ἐπιβλέπων.

LXIII. 324 Βουλόμενος δὲ δι' ἐνέδρας λαβεῖν τὸν Σίμωνα καὶ σὺν αὐτῷ Ἰώζαρον, πέμψας πρὸς αὐτοὺς παρεκάλουν ὀλίγον τῆς πόλεως πόρρω μετὰ φίλων πολλῶν τῶν παραφυλαξόντων αὐτοὺς ἐλθεῖν· βούλεσθαι γὰρ ἔφην καταβὰς σπείσασθαι πρὸς αὐτοὺς καὶ διανείμασθαι τὴν προστα-

LXII *320* 2 τοὺς ed. pr. ‖ *321* 5 Ἀδώμαις Thackeray : δώμαις PMW κώμαις RA ‖ *323* 4 με om. PRA.

pouvoir en Galilée. 325 Simon, naturellement, trompé par sa jeunesse et sa cupidité, n'hésita pas à venir, tandis que Jozar, soupçonnant quelque piège, ne bougea pas. Simon, donc, étant monté avec une escorte d'amis qui le défendraient au besoin, j'allai à sa rencontre, le saluai amicalement et lui exprimai ma reconnaissance d'être ainsi monté. 326 Mais peu après, comme je me promenais en sa compagnie, feignant d'avoir quelque chose à lui dire seul à seul, une fois que je l'eus attiré loin de ses amis, je le saisis à bras le corps et le livrai à mes amis pour qu'ils l'emmènent au village ; après quoi je donnai à mes soldats l'ordre de descendre et je me lançai à l'assaut de Tibériade avec eux. 327 Ce fut des deux côtés une bataille acharnée, et pour un peu les gens de Tibériade l'emportaient, car nos soldats avaient déjà pris la fuite ; mais, dès que je vis ce qui se passait, je fis appel au courage de mes propres troupes et, avec elles, parvins à refouler jusque dans la ville les gens de Tibériade, qui déjà triomphaient. Je lançai une autre troupe par le lac, avec ordre d'incendier la première maison qui tomberait entre leurs mains. 328 Quand l'incendie se produisit, les gens de Tibériade, pensant que leur ville était prise d'assaut, apeurés, jettent leurs armes. Ils venaient ensuite avec femmes et enfants nous supplier d'épargner leur cité. 329 Attendri par leurs prières, je retins la fureur des soldats. Quant à moi, comme il était déjà nuit, abandonnant le siège avec mes soldats, j'allai refaire mes forces[1]. 330 Ayant invité Simon à dîner, je m'appliquai à le consoler de ce qui lui était arrivé et lui promis de le faire reconduire en toute sécurité à Jérusalem, lui et ses compagnons, avec ce qu'il faut pour le voyage.

LXIV. Josèphe renvoie la commission a Jérusalem.

331 Le lendemain, avec dix mille soldats, j'entrai à Tibériade. Là, je fis venir au stade leurs notables du peuple et leur commandai de me signaler les auteurs du soulè-

1. Chez le Ps.-Aristée (303), la même expression s'appliquait à la « relâche » quotidienne après une longue matinée de travail en session.

σίαν τῆς Γαλιλαίας. 325 Σίμων μὲν οὖν, διά τε νεότητα
καὶ πρὸς ἐλπίδα κέρδους ἀπατηθείς, οὐκ ὤκνησεν ἐλθεῖν·
ὁ δὲ Ἰώζαρος ἐνέδραν ὑποπτεύσας ἔμεινεν. Ἀναβάντα
δὴ τὸν Σίμωνα μετὰ φίλων τῶν παραφυλασσόντων αὐτὸν
ὑπαντιάσας ἠσπαζόμην τε φιλοφρόνως καὶ χάριν ἔχειν
ὡμολόγουν ἀναβάντι. 326 Μετ' οὐ πολὺ δὲ συμπεριπατῶν
ὡς κατὰ μόνας τι βουλόμενος εἰπεῖν, ἐπεὶ πορρωτέρω τῶν
φίλων ἀπήγαγον, μέσον ἀράμενος ἀγαγεῖν εἰς τὴν κώμην
τοῖς μετ' ἐμοῦ φίλοις ἔδωκα· τοὺς ὁπλίτας δὲ καταβῆναι
κελεύσας, προσέβαλλον μετ' αὐτῶν τῇ Τιβεριάδι. 327 Μά-
χης δὲ γενομένης ἀμφοτέρωθεν καρτερᾶς καὶ ὅσον οὔπω
τῶν Τιβεριέων νικώντων, (πεφεύγεισαν γὰρ οἱ παρ' ἡμῖν
ὁπλῖται,) τὸ γινόμενον ἰδὼν καὶ τοὺς μετ' ἐμαυτοῦ παρα-
καλέσας νικῶντας ἤδη τοὺς Τιβεριεῖς, εἰς τὴν πόλιν συνε-
δίωξα· ἑτέραν δὲ δύναμιν εἰσπέμψας διὰ τῆς λίμνης προσ-
έταξα τὴν πρώτην λαβοῦσιν οἰκίαν ἐμπρῆσαι. 328 Τού-
του γενομένου νομίσαντες οἱ Τιβεριεῖς εἰλῆφθαι κατὰ κρά-
τος αὐτῶν τὴν πόλιν, ὑπὸ φόβου ῥίπτουσιν τὰ ὅπλα, μετὰ
γυναικῶν δὲ καὶ τέκνων ἱκέτευον φείσασθαι τῆς πόλεως
αὐτῶν. 329 Ἐγὼ δὲ πρὸς τὰς δεήσεις ἐπικλασθεὶς τοὺς μὲν
στρατιώτας τῆς ὁρμῆς ἐπέσχον, αὐτὸς δέ (καὶ γὰρ ἑσπέρα
κατέλαβεν) μετὰ τῶν ὁπλιτῶν ἀπὸ τῆς πολιορκίας ὑπο-
στρέψας περὶ τὴν τοῦ σώματος θεραπείαν ἐγινόμην.
330 Καλέσας δὲ ἐπὶ τὴν ἑστίασιν τὸν Σίμωνα παρεμυθού-
μην περὶ τῶν γεγονότων ὑπισχνούμην τε δοὺς ἐφόδια
αὐτῷ καὶ τοῖς σὺν αὐτῷ παραπέμψειν εἰς Ἱεροσόλυμα μετὰ
πάσης ἀσφαλείας.

LXIV. 331 Κατὰ δὲ τὴν ἐπιοῦσαν ἡμέραν μυρίους ἐπα-
γόμενος ὁπλίτας ἧκον εἰς Τιβεριάδα, καὶ μεταπεμψάμενος
εἰς τὸ στάδιον τοὺς πρώτους αὐτῶν τοῦ πλήθους ἐκέλευσα

LXIII *325* 1 τε νεότητα Thackeray : στενότητα P τε ἄνοιαν A νεότητα cett. ‖ *327* 6 εἰσπέμψας : εἰσπέμψαι PRA ‖ *330* 3 καὶ τοῖς σὺν αὐτῷ om. PRA.

vement. 332 Quand ils me les eurent désignés, je fis enchaîner les coupables et les envoyai à la ville de Jotapata, tandis que je libérais des fers Jonathas, Ananias et leurs compagnons et les renvoyai à Jérusalem, ainsi que Simon et Jozar, avec cinquante soldats pour les protéger et ce qu'il faut pour le voyage. 333 Les gens de Tibériade vinrent de nouveau implorer leur pardon pour ce qu'ils avaient fait, en promettant qu'à l'avenir ils répareraient leurs torts par leur fidélité à ma personne, et ils me prièrent de sauver ce qui restait du pillage pour le donner à ceux qui avaient perdu leurs biens. 334 Alors, j'ordonnai que ceux qui détenaient quelque chose eussent à apporter tout ce qu'ils avaient. Mais, comme on ne se pressait pas d'obéir, remarquant un de mes soldats vêtu d'un habit plus soigné que d'habitude, je lui demandai où il se l'était procuré. 335 Il me dit que cet habit venait du pillage de la ville. Alors, je le fis fouetter et je menaçai tous les autres de châtiments plus graves encore s'ils ne livraient pas tout ce qu'ils avaient pris. Des monceaux de choses ainsi rapportées, je rendis à chacun des habitants de Tibériade ce qu'il reconnaissait pour sien.

LXV. Digression sur Juste de Tibériade, historien rival de la guerre.

336 Arrivé à ce point de mon récit, je tiens à donner quelques brèves indications au sujet de Juste, qui a écrit, lui aussi, le récit de ces événements, et au sujet de tous les autres qui prétendent écrire une histoire, mais se soucient peu de la vérité et, par haine ou pour plaire, n'hésitent pas à mentir. 337 Ce qu'ils font ressemble à ce que font les faussaires qui fabriquent de faux contrats, avec cette différence qu'ils se moquent de la vérité, sans avoir à craindre les mêmes châtiments qu'eux. 338 Juste, donc, ayant entrepris d'écrire l'histoire de cette guerre, pour se donner l'air d'un auteur consciencieux, m'a calomnié et n'a rien dit d'exact même sur sa ville natale. C'est pourquoi, obligé de me justifier après le tort que me font ses faux témoignages, je vais dire ce que jusqu'ici j'ai passé sous silence. 339 Qu'on ne s'étonne pas que j'aie attendu si

φράζειν οἵτινες εἶεν αἴτιοι τῆς ἀποστάσεως. 332 Ἐνδειξαμένων δὲ τοὺς ἄνδρας, ἐκείνους μὲν δεδεμένους εἰς τὴν Ἰωταπάτην πόλιν ἐξέπεμψα, τοὺς δὲ περὶ τὸν Ἰωνάθην καὶ Ἀνανίαν λύσας τῶν δεσμῶν καὶ δοὺς ἐφόδια μετὰ Σίμωνος καὶ Ἰωζάρου καὶ ὁπλιτῶν πεντακοσίων, οἳ παραφυλάξουσιν αὐτούς, ἐξέπεμψα εἰς τὰ Ἱεροσόλυμα. 333 Τιβεριεῖς δὲ πάλιν προσελθόντες συγγινώσκειν αὐτοῖς παρεκάλουν περὶ τῶν πεπραγμένων, ἐπανορθώσεσθαι τὰς ἁμαρτίας τῇ μετὰ ταῦτα πρὸς ἐμὲ πίστει λέγοντες. Τὰ δ' ἐκ τῆς διαρπαγῆς περισσεύσαντα σῶσαί με τοῖς ἀπολέσασιν ἐδέοντο. 334 Κἀγὼ τοῖς ἔχουσι προσέταττον εἰς μέσον πάντα φέρειν· ἀπειθούντων δὲ μέχρι πολλοῦ, θεασάμενός τινα τῶν περὶ ἐμὲ στρατιωτῶν λαμπροτέραν τοῦ συνήθους περικείμενον στολὴν ἐπυθόμην πόθεν ἔχοι· 335 εἰπόντος δὲ ἐκ τῆς κατὰ πόλιν ἁρπαγῆς, ἐκεῖνον μὲν πληγαῖς ἐκόλασα, τοῖς δὲ ἄλλοις ἅπασιν ἠπείλησα μείζω τιμωρίαν ἐπιθήσειν μὴ κομίσασιν εἰς τοὐμφανὲς ὅσα ἡρπάκεισαν. Πολλῶν δὲ συνενεχθέντων, ἑκάστῳ τῶν Τιβεριέων τὸ ἐπιγνωσθὲν ἀπέδωκα.

LXV. 336 Γεγονὼς δ' ἐνταῦθα τῆς διηγήσεως βούλομαι πρὸς Ἰοῦστον, καὶ αὐτὸν τὴν περὶ τούτων πραγματείαν γεγραφότα, πρός τε τοὺς ἄλλους τοὺς ἱστορίαν μὲν γράφειν ὑπισχνουμένους, περὶ δὲ τὴν ἀλήθειαν ὀλιγώρους, καὶ δι' ἔχθραν ἢ χάριν τὸ ψεῦδος οὐκ ἐντρεπομένους, μικρὰ διελθεῖν. 337 Πράττουσι μὲν γὰρ ὅμοιόν τι τοῖς περὶ συμβολαίων πλαστὰ γράμματα συντιθεῖσι, τῷ δὲ μηδεμίαν ὁμοίως τιμωρίαν ἐκείνοις δεδιέναι καταφρονοῦσι τῆς ἀληθείας. 338 Ἰοῦστος γοῦν συγγράφειν τὰς περὶ τοῦτον ἐπιχειρήσας πράξεις τὸν πόλεμον, ὑπὲρ τοῦ δοκεῖν φιλόπονος εἶναι ἐμοῦ μὲν κατέψευσται, ἠλήθευσε δὲ οὐδὲ περὶ τῆς

LXIV *335* 5 συνενεχθέντων P : συναχθέντων cett. || 6 ἀπέδωκα R : ἀποδέδωκα cett.

LXV *336* 5-6 μικρὰ διελθεῖν om. PRMW || *338* 1 τοῦτον W : τούτων cett. || 3 οὐδὲ : οὐ M om. PR.

longtemps pour faire ces révélations. Quand on écrit l'histoire, il faut dire la vérité, mais on a bien le droit de ne pas se montrer acerbe en dénonçant les fourberies de certains, non par égard pour eux, mais par souci de garder soi-même la modération.

a) *C'est Juste, et non pas Josèphe, qui a soulevé Tibériade contre Rome.*

340 Comment donc, Juste (s'il m'est permis de m'adresser à lui comme en sa présence) comment donc, ô le plus génial des écrivains (puisque tu te targues de cette qualité) les Galiléens et moi sommes-nous responsables de la révolte de ta ville natale contre Rome et contre le roi?
341 Car, avant même que j'aie été nommé par la Communauté de Jérusalem au commandement de la Galilée, toi et les gens de Tibériade, non seulement vous avez pris les armes, mais vous étiez déjà en guerre avec la Décapole de Syrie. En tout cas, ce qu'il y a de sûr c'est que tu as incendié leurs villages et que ton valet trouva la mort dans cette fameuse affaire. 342 Tout cela, je ne suis pas le seul à le dire ; c'est consigné explicitement dans les mémoires[1] de l'empereur Vespasien[2], et il y est dit aussi comment, à Ptolémaïs, les habitants de la Décapole demandèrent à cor et à cri à Vespasien de te punir comme responsable. 343 Et tu aurais subi le châtiment ordonné par Vespasien, n'était que le roi Agrippa, à qui avait été donné le pouvoir de te mettre à mort, sur les instances de sa sœur Bérénice, finalement, au lieu de t'exécuter, t'a gardé longtemps enchaîné. 344 Dans la suite, tes interventions dans les affaires de la cité montrent à l'évidence et ce que vaut le reste de ta conduite et surtout que c'est toi qui as soulevé ta ville natale contre Rome : à mon tour j'en fournirai bientôt les preuves.

b) *Contraste entre Tibériade, antiromaine, et Sepphoris, amie de Rome.*

345 Puisque tu m'en fournis l'occasion, je tiens à m'adresser aussi aux autres habitants de Tibériade et à montrer à ceux qui liront cette histoire que vous n'avez été fidèles ni à Rome ni au roi. 346 Les plus grandes

1. Rapport officiel d'après les notes de campagne de Vespasien.

πατρίδος. Ὅθεν (ἀπολογήσασθαι γὰρ νῦν ἀνάγκην ἔχω καταψευδομαρτυρούμενος) ἐρῶ τὰ μέχρι νῦν σεσιωπημένα. 339 Καὶ μὴ θαυμάσῃ τις ὅτι μὴ πάλαι περὶ τούτων ἐδήλωσα· τῷ γὰρ ἱστορίαν ἀναγράφοντι τὸ μὲν ἀληθεύειν ἀναγκαῖον, ἔξεστι δ' ὅμως μὴ πικρῶς τὰς τινῶν πονηρίας ἐλέγχειν, οὐ διὰ τὴν πρὸς ἐκείνους χάριν, ἀλλὰ διὰ τὴν αὐτοῦ μετριότητα.

340 « Πῶς οὖν (ἵνα φῶ πρὸς αὐτὸν ὡς παρόντα), Ἰοῦστε, δεινότατε συγγραφέων, (τοῦτο γὰρ αὐχεῖς περὶ σεαυτοῦ,) αἴτιοι γεγόναμεν ἐγώ τε καὶ Γαλιλαῖοι τῇ πατρίδι σου τῆς πρὸς Ῥωμαίους καὶ πρὸς τὸν βασιλέα στάσεως; 341 Πρότερον γὰρ ἢ ἐμὲ τῆς Γαλιλαίας στρατηγὸν ὑπὸ τοῦ κοινοῦ τῶν Ἱεροσολυμιτῶν χειροτονηθῆναι, σὺ καὶ πάντες Τιβεριεῖς οὐ μόνον ἀνειλήφατε τὰ ὅπλα, ἀλλὰ καὶ τὰς ἐν τῇ Συρίᾳ δέκα πόλεις ἐπολεμεῖτε. Σὺ γοῦν τὰς κώμας αὐτῶν ἐνέπρησας καὶ ὁ σὸς οἰκέτης ἐπὶ τῆς παρατάξεως ἐκείνης ἔπεσεν. 342 Ταῦτα δὲ οὐκ ἐγὼ λέγω μόνος, ἀλλὰ καὶ ἐν τοῖς Οὐεσπασιανοῦ τοῦ αὐτοκράτορος ὑπομνήμασιν οὕτως γέγραπται, καὶ τίνα τρόπον ἐν Πτολεμαΐδι Οὐεσπασιανοῦ κατεβόησαν οἱ τῶν δέκα πόλεων ἔνοικοι, τιμωρίαν ὑποσχεῖν σε τὸν αἴτιον ἀξιοῦντες. 343 Καὶ δεδώκεις ἂν δίκην Οὐεσπασιανοῦ κελεύσαντος, εἰ μὴ βασιλεὺς Ἀγρίππας λαβὼν ἐξουσίαν ἀποκτεῖναί σε, πολλὰ τῆς ἀδελφῆς Βερενίκης δεηθείσης, οὐκ ἀνελὼν δεδεμένον ἐπὶ πολὺν χρόνον ἐφύλαξεν. 344 Καὶ αἱ μετὰ ταῦτα δὲ πολιτεῖαί σου σαφῶς ἐμφανίζουσιν τόν τε βίον τὸν ἄλλον, καὶ ὅτι σὺ τὴν πατρίδα Ῥωμαίων ἀπέστησας· ὧν τὰ τεκμήρια κἀγὼ δηλώσω μετ' ὀλίγον.

345 Βούλομαι δ' εἰπεῖν καὶ πρὸς τοὺς ἄλλους Τιβεριεῖς ὀλίγα διὰ σὲ καὶ παραστῆσαι τοῖς ἐντυγχάνειν μέλλουσι ταῖς ἱστορίαις ὅτι μήτε φιλορώμαιοι μήτε φιλοβασιλεῖς γεγόνατε. 346 Τῶν ἐν τῇ Γαλιλαίᾳ πόλεων αἱ μέγισται, Σέπφωρις καὶ Τιβεριὰς ἡ σὴ πατρίς, ὦ Ἰοῦστε. Ἀλλὰ Σέπφωρις μὲν ἐν τῷ μεσαιτάτῳ τῆς Γαλιλαίας κειμένη καὶ

villes de Galilée sont Sepphoris et Tibériade, ta ville natale, Juste. Seulement, Sepphoris, par sa situation tout à fait au centre de la Galilée et le nombre de villages qui l'entourent, aurait pu facilement, si elle avait voulu, elle aussi, entreprendre quelque coup de force contre Rome, mais, comme elle avait pris le parti de rester fidèle à ses maîtres, elle m'a refusé même à moi de m'ouvrir ses portes et a empêché qu'aucun de ses habitants vienne servir dans les rangs des Juifs. 347 Pour prendre aussi leurs sûretés par rapport à nous, ils m'ont dupé, en me confiant le soin de munir leur ville de remparts, et ils ont reçu de leur plein gré de Cestius Gallus, alors général en chef des légions romaines de Syrie, une garnison. C'était me faire affront, à l'heure où je jouissais d'un pouvoir considérable et que j'en imposais à tout le monde. 348 Au siège de notre capitale, Jérusalem, au moment où notre sanctuaire commun risquait de tomber au pouvoir de l'ennemi, ils s'abstinrent d'envoyer un renfort, dans la crainte de paraître prendre les armes contre Rome. 349 Au contraire, ta ville natale, Juste, située sur le lac de Génésareth, à trente stades d'Hippos, à soixante de Gadara et à cent vingt de Scythopolis, ville fidèle au roi[1], et sans aucune ville juive dans les environs, si elle avait voulu rester fidèle à Rome, elle l'aurait pu sans difficulté : 350 avec le nombre que vous étiez et toutes vos armes ! N'empêche que, d'après toi, c'était moi le responsable à ce moment-là. Mais ensuite, Juste, qui était-ce ? Car tu sais bien que c'est avant le siège de Jérusalem que je fus fait prisonnier des Romains, que Jotapata et maintes forteresses furent prises d'assaut et qu'il tomba un nombre considérable de Galiléens au cours du combat. 351 Alors, à ce moment-là, puisque vous n'aviez plus rien à craindre de ma part, vous n'aviez qu'à déposer les armes et vous présenter au roi et aux Romains en disant que ce n'était pas de votre propre mouvement, mais sous la contrainte que vous aviez déclenché la guerre contre eux. 352 Au lieu de cela, vous avez attendu l'arrivée de Vespasien, et c'est

1. Scythopolis était du côté d'Agrippa et des Romains. C'était une ville autonome sous suzeraineté romaine, mais jamais, semble-t-il, elle n'appartint à aucun des Hérodes.

περὶ αὐτὴν κώμας ἔχουσα πολλάς, καί τι καὶ θρασύνεσθαι δυναμένη πρὸς Ῥωμαίους, εἴπερ ἠθέλησεν, εὐχερῶς, διεγνωκυῖα τῇ πρὸς τοὺς δεσπότας ἐμμένειν πίστει κἀμὲ τῆς πόλεως αὐτῶν ἐξέκλεισε, καὶ στρατεύσασθαί τινα τῶν πολιτῶν Ἰουδαίοις ἐκώλυσεν· 347 ὅπως δὲ καὶ τὰ πρὸς ἡμᾶς ἀσφαλεῖς εἶεν, ἠπάτησάν με τείχεσιν αὐτῶν τὴν πόλιν ὀχυρῶσαι προτρέψαντες. Καὶ παρὰ Κεστίου Γάλλου τοῦ τῶν ἐν τῇ Συρίᾳ Ῥωμαϊκῶν ταγμάτων ἡγεμονεύοντος φρουρὰν ἑκόντες ἐδέξαντο, καταφρονήσαντες ἐμοῦ τότε μέγα δυναμένου καὶ πᾶσιν δι' ἐκπλήξεως ὄντος. 348 Πολιορκουμένης τε τῆς μεγίστης ἡμῶν πόλεως Ἱεροσολύμων, καὶ τοῦ κοινοῦ πάντων ἱεροῦ κινδυνεύοντος ἐν τῇ τῶν πολεμίων ἐξουσίᾳ γενέσθαι, συμμαχίαν οὐκ ἔπεμψαν, μὴ βουλόμενοι δοκεῖν κατὰ Ῥωμαίων ὅπλα λαβεῖν. 349 Ἡ δὲ σὴ πατρίς, ὦ Ἰοῦστε, κειμένη ἐν τῇ Γεννησαρίτιδι λίμνῃ καὶ ἀπέχουσα Ἵππου μὲν στάδια τριάκοντα, Γαδάρων δὲ ἑξήκοντα, Σκυθοπόλεως δὲ εἴκοσι καὶ ἑκατὸν τῆς ὑπηκόου βασιλεῖ, μηδεμιᾶς δὲ πόλεως Ἰουδαίων παρακειμένης, εἰ ἤθελεν τὴν πρὸς Ῥωμαίους πίστιν φυλάττειν, ῥᾳδίως ἐδύνατο· 350 καὶ γὰρ πολὺς ἦτε δῆμος καὶ ὅπλων ηὐπορεῖτε. Ἀλλ' ὡς σὺ φῄς, αἴτιος ἤμην ἐγὼ τότε· μετὰ ταῦτα δὲ τίς, ὦ Ἰοῦστε; πρὸ γὰρ τῆς Ἱεροσολύμων πολιορκίας οἶδας ὑπὸ Ῥωμαίοις ἐμὲ γενόμενον καὶ Ἰωτάπατα κατὰ κράτος ληφθέντα, φρούριά τε πολλά, πολύν τε Γαλιλαίων ὄχλον κατὰ τὴν μάχην πεσόντα. 351 Τότε οὖν ἐχρῆν ὑμᾶς παντὸς ἀπηλλαγμένους τοῦ δι' ἐμὲ φόβου ῥῖψαί τε τὰ ὅπλα καὶ παραστῆσαι τῷ τε βασιλεῖ καὶ Ῥωμαίοις ὅτι δὴ οὐχ ἑκόντες ἀλλ' ἀναγκασθέντες ἐπὶ τὸν πρὸς αὐτοὺς ὡρμήσατε πόλεμον. 352 Ὑμεῖς δὲ καὶ περιεμείνατε Οὐεσπασιανόν, ἕως αὐτὸς ἀφικόμενος μετὰ πάσης τῆς δυνάμεως προσέλθοι τοῖς τείχεσιν, καὶ τότε διὰ φόβον τὰ ὅπλα

LXV *347* 5 ἐδέξαντο : ἐνεδέξαντο PRA ἐσεδέξαντο Niese ‖ *349* 2 ἐν : ἐπὶ Cobet fort. recte ‖ Γεννησαρίτιδι : Γεννησαρίδι PR ‖ *350* 2 ἤμην PRA (« perhaps rightly » Thackeray) : ὑμῶν cett. ὑμῖν Niese.

seulement quand il s'est approché de vos murs avec toute son armée que, pris de peur, vous avez déposé les armes. Sans aucun doute, votre cité eût été effectivement prise d'assaut, si Vespasien n'avait accédé à la prière du roi qui demandait grâce pour votre folie. Ce n'est donc pas ma faute, mais c'est votre faute à vous qui aviez pris le parti de la guerre. 353 Oubliez-vous aussi que, vous ayant tenu si souvent à ma merci, je n'ai tué aucun d'entre vous, tandis que vous qui provoquiez la guerre civile, non point pour des motifs de fidélité à Rome et au roi, mais par la méchanceté qui vous caractérise, vous avez massacré cent quatre-vingt-cinq de vos concitoyens, alors que, pendant ce temps, j'étais, moi, assiégé dans Jotapata par les Romains ? 354 Mais encore ? Au siège de Jérusalem, n'a-t-on pas fait la preuve qu'il s'y trouvait deux mille hommes de Tibériade, dont les uns périrent et les autres furent faits prisonniers ?

c) *Relations entre Juste et Agrippa.*

Mais toi, personnellement, tu vas dire que tu n'étais pas ennemi (de Rome), puisque, à ce moment-là, tu t'es réfugié près du roi ? Mais dans ce cas aussi j'affirme que tu as agi de la sorte parce que tu avais peur de moi. 355 Moi, bien sûr, je ne suis qu'un misérable, selon toi. Mais le roi Agrippa, qui t'a accordé la vie sauve alors que tu avais été condamné à mort par Vespasien, et qui t'avait comblé de tant d'argent, comment se fait-il que, dans la suite, il t'ait fait deux fois mettre aux fers, qu'il t'ait si souvent interdit de séjourner dans ton pays natal et que, t'ayant même une fois condamné à mort, il n'ait accordé ta grâce qu'aux instances de sa sœur Bérénice ? 356 Et quand, après toutes tes fourberies, il t'eut confié la charge de secrétaire, dès qu'il se rendit compte que dans cet emploi encore tu te montrais malhonnête, il te chassa pour ne plus te voir. Mais sur tout cela je renonce à te confondre dans le détail.

d) *L'Histoire écrite par Juste est fausse et arrive trop tard.*

357 Mais où je me surprends à admirer ton effronterie, c'est lorsque tu oses dire que de tous ceux qui ont écrit le récit de ces événements c'est toi qui les as le mieux

κατέθεσθε καὶ πάντως ἂν ὑμῶν ἡ πόλις ἥλω κατὰ κράτος, εἰ μὴ τῷ βασιλεῖ δεομένῳ καὶ τὴν ἄνοιαν ὑμῶν παραιτουμένῳ συνεχώρησεν Οὐεσπασιανός. Οὐκ ἐγὼ τοίνυν αἴτιος, ἀλλ' ὑμεῖς οἱ πολεμικὰ φρονήσαντες. 353 Ἢ οὐ μέμνησθε ὅτι τοσαυτάκις ὑμῶν ἐγκρατὴς γενόμενος οὐδένα διέφθειρα, στασιάζοντες δ' ὑμεῖς πρὸς ἀλλήλους, οὐ διὰ τὴν πρὸς Ῥωμαίους καὶ τὸν βασιλέα εὔνοιαν, διὰ δὲ τὴν ὑμετέραν αὐτῶν πονηρίαν, ἑκατὸν ὀγδοήκοντα πέντε τῶν πολιτῶν ἀπεκτείνατε, κατὰ τὸν καιρὸν ἐκεῖνον ἐμοῦ πολιορκουμένου ἐν Ἰωταπάτοις ὑπὸ Ῥωμαίων. 354 Τί δ' οὐχὶ κατὰ τὴν τῶν Ἱεροσολυμιτῶν πολιορκίαν δισχίλιοι Τιβεριέων ἐξητάσθησαν, οἱ μὲν πεπτωκότες οἱ δὲ ληφθέντες αἰχμάλωτοι.

Ἀλλὰ σὺ πολέμιος οὐ γεγονέναι φήσεις, ὅτι πρὸς βασιλέα τότ' ἔφυγες· καὶ τοῦτο δὲ διὰ τὸν ἐξ ἐμοῦ φόβον φημὶ σε πεποιηκέναι. 355 Κἀγὼ μὲν πονηρός, ὡς λέγεις· ὁ δὲ βασιλεὺς Ἀγρίππας, ὁ τὴν ψυχήν σοι συγχωρήσας ὑπὸ Οὐεσπασιανοῦ θανεῖν κατακριθέντι, ὁ τοσούτοις δωρησάμενος χρήμασιν, τίνος ἕνεκεν ὕστερον δὶς μὲν ἔδησε, τοσαυτάκις δὲ φυγεῖν τὴν πατρίδα προσέταξεν καὶ ἀποθανεῖν δὲ κελεύσας ἅπαξ, τῇ ἀδελφῇ Βερενίκῃ πολλὰ δεηθείσῃ τὴν σωτηρίαν ἐχαρίσατο; 356 καὶ μετὰ τοσαῦτα δέ σου κακουργήματα τάξιν ἐπιστολῶν σοι πιστεύσας, ὡς καὶ ταύταις εὗρε ῥᾳδιουργόν, ἀπήλασε τῆς ὄψεως. Ἀλλὰ περὶ μὲν τούτων ἐλέγχειν ἐπ' ἀκριβὲς ἐῶ.

357 Θαυμάζειν δ' ἔπεισί μοι τὴν σὴν ἀναίδειαν, ὅτι τολμᾷς λέγειν ἁπάντων τῶν τὴν πραγματείαν ταύτην γεγραφότων αὐτὸς ἄμεινον ἐξηγγελκέναι, μήτε τὰ πραχθέντα κατὰ τὴν Γαλιλαίαν ἐπιστάμενος (ἦς γὰρ ἐν Βηρυτῷ τότε παρὰ βασιλεῖ) μήθ' ὅσα ἔπαθον Ῥωμαῖοι ἐπὶ τῆς Ἰωταπάτων πολιορκίας ἢ ἔδρασαν ἡμᾶς παρακολουθήσας, μήθ'

LXV *352* 4 κατέθεσθε Hudson : καταθέσθε ed. pr. καταθέσθαι codd. || *354* 2 Ἱεροσολυμιτῶν PR : Ἱεροσολύμων cett. || *356* 3 καὶ : κἂν Niese (cf. Aristote, *De Virtutibus et Vitiis* 1251a 20 : ῥᾳδιουργὸν εἶναι ἐν τοῖς λόγοις καὶ ἐν τοῖς ἔργοις).

racontés, alors que tu ignores ce qui s'est passé en Galilée, puisque, à cette époque, tu étais à Beyrouth, chez le roi, et que tu n'as pas suivi en détail ce que les Romains ont subi ou nous ont infligé au siège de Jotapata, et que tu n'as pas pu savoir toute la part que j'ai prise à la défense pendant le siège, pour la bonne raison que ceux qui auraient pu te renseigner sont morts au cours de ce combat. 358 Mais tu vas peut-être dire que pour ce qui s'est passé à Jérusalem ton récit est exact. Comment est-ce possible? Ni tu ne t'es trouvé là au moment de la bataille ni tu n'as lu les *Commentaires* de César[1]. La meilleure preuve, c'est que ta rédaction contredit les *Commentaires* de César. 359 Et si tu te targues d'avoir écrit cette histoire mieux que personne, pourquoi donc ne la publiais-tu pas du vivant des empereurs Vespasien et Titus, qui avaient conduit les opérations, et quand le roi Agrippa et toute sa famille, tous si imbus de culture grecque, vivaient encore? 360 Car tu en avais déjà la rédaction complète il y a vingt ans, et à ce moment-là tu aurais pu obtenir un témoignage d'exactitude de gens bien renseignés. Mais c'est maintenant qu'ils ne sont plus là et que tu penses n'être pas exposé à recevoir un démenti que tu t'en es senti le courage !

e) *Contraste avec l'Histoire écrite par Josèphe.*

361 Moi, je n'ai pas eu les mêmes craintes que toi pour mon ouvrage, mais j'ai offert mes volumes aux empereurs eux-mêmes, alors que les événements étaient encore presque sous nos yeux. Conscient d'avoir gardé la vérité dans mon récit, je m'attendais à en obtenir le témoignage, et je ne fus point déçu. 362 Bientôt, j'ai offert mon *Histoire* à bien d'autres encore, dont certains avaient pris part à la guerre, tel le roi Agrippa et certains de ses proches. 363 C'est ainsi que l'empereur Titus voulut qu'on ne répandît dans le public la connaissance de ces événements que d'après mes seuls livres, à tel point qu'il les parapha de sa propre main et en ordonna la publi-

1. Titus ; cf. 342.

ὅσα κατ' ἐμαυτὸν ἔπραξα πολιορκούμενος δυνηθεὶς πυθέσθαι. Πάντες γὰρ οἱ ἀπαγγείλαντες ἂν διεφθάρησαν ἐπὶ τῆς παρατάξεως ἐκείνης. 358 'Αλλ' ἴσως τὰ κατὰ τὴν Ἱεροσολυμιτῶν πραχθέντα μετὰ ἀκριβείας φήσεις συγγεγραφέναι. Καὶ πῶς οἷόν τε; οὔτε γὰρ τῷ πολέμῳ παρέτυχες οὔτε τὰ Καίσαρος ἀνέγνως ὑπομνήματα. Μέγιστον δὲ τεκμήριον· τοῖς γὰρ Καίσαρος ὑπομνήμασιν ἐναντίαν πεποίησαι τὴν γραφήν. 359 Εἰ δὲ θαρρεῖς ἄμεινον ἁπάντων συγγεγραφέναι, διὰ τί ζώντων Οὐεσπασιανοῦ καὶ Τίτου τῶν αὐτοκρατόρων τῶν τὸν πόλεμον κατεργασαμένων, καὶ βασιλέως 'Αγρίππα περιόντος ἔτι καὶ τῶν ἐκ γένους αὐτοῦ πάντων, ἀνδρῶν τῆς Ἑλληνικῆς παιδείας ἐπὶ πλεῖστον ἡκόντων, τὴν ἱστορίαν οὐκ ἔφερες εἰς μέσον; 360 πρὸ γὰρ εἴκοσιν ἐτῶν εἶχες γεγραμμένην καὶ παρ' εἰδότων ἔμελλες τῆς ἀκριβείας τὴν μαρτυρίαν ἀποφέρεσθαι. Νῦν δ', ὅτ' ἐκεῖνοι μὲν οὐκέτ' εἰσὶν μεθ' ἡμῶν, ἐλεγχθῆναι δ' οὐ νομίζεις, τεθάρρηκας.

361 Οὐ μὴν ἐγώ σοι τὸν αὐτὸν τρόπον περὶ τῆς ἐμαυτοῦ γραφῆς ἔδεισα, ἀλλ' αὐτοῖς ἐπέδωκα τοῖς αὐτοκράτορσι τὰ βιβλία, μόνον οὐ τῶν ἔργων ἔτι βλεπομένων. Συνῄδειν γὰρ ἐμαυτῷ τετηρηκότι τὴν τῆς ἀληθείας παράδοσιν, ἐφ' ᾗ μαρτυρίας τεύξεσθαι προσδοκήσας οὐ διήμαρτον. 362 Καὶ ἄλλοις δὲ πολλοῖς εὐθὺς ἐπέδωκα τὴν ἱστορίαν, ὧν ἔνιοι καὶ παρετετεύχεισαν τῷ πολέμῳ, καθάπερ βασιλεὺς 'Αγρίππας καί τινες αὐτοῦ τῶν συγγενῶν. 363 Ὁ μὲν γὰρ αὐτοκράτωρ Τίτος οὕτως ἐκ μόνων αὐτῶν ἐβουλήθη τὴν γνῶσιν τοῖς ἀνθρώποις παραδοῦναι τῶν πράξεων, ὥστε χαράξας τῇ ἑαυτοῦ χειρὶ τὰ βιβλία δημοσιεύεσθαι προσέταξεν· 364 ὁ δὲ βασιλεὺς 'Αγρίππας ἑξήκοντα δύο γέγραφεν ἐπιστολάς, τῇ τῆς ἀληθείας παραδόσει μαρτυ-

LXV *358* 2 Ἱεροσολυμιτῶν : Ἱεροσόλυμα PR ‖ 3 γὰρ om. PAMW ‖ *359* 3 τῶν τὸν πόλεμον κατεργασαμένων R, Niese : τοῦ πολέμου γενομένων (γενομένου M) cett., Thackeray ‖ *363* 2 οὕτως om. PR.

cation[1]. 364 Quant au roi Agrippa, il écrivit soixante-deux lettres attestant la véracité de ma relation. J'en insère ci-après deux qui te permettront d'en connaître la teneur si tu le désires :

365 « Le roi Agrippa à Joseph son ami très cher, salut. C'est avec beaucoup de plaisir que j'ai lu votre livre. J'estime que vous avez montré beaucoup plus d'exactitude qu'aucun de ceux qui ont écrit sur le sujet. Envoyez-moi les autres volumes. Bonne santé. »

366 « Le roi Agrippa à Josèphe son ami très cher, salut. D'après votre ouvrage, on voit bien que vous n'avez pas besoin qu'on vous apprenne les moyens de nous renseigner parfaitement depuis les origines du conflit[2]. Quand vous aurez l'occasion de me rencontrer, je vous apprendrai à mon tour, de vive voix, bien des détails ignorés. »

367 Et mon *Histoire* une fois complète, Agrippa, non pour chercher à me flatter (ce qui n'était pas dans son tempérament), ni par ironie, comme tu le prétends[3] (car il était étranger à si fâcheuse disposition), continua d'en garantir la véracité, exactement comme tous les lecteurs de mes ouvrages d'histoire. Mais arrêtons ici cette digression sur Juste, qui lui était due.

LXVI. Jean de Gischala est abandonné par la plupart de ses partisans.

368 Ayant mis ordre à la situation à Tibériade[4], je constituai un conseil de mes amis pour délibérer sur la conduite à tenir à l'égard de Jean. Tous les Galiléens étaient d'avis que je fasse prendre les armes à tout le monde et que je marche contre Jean pour le châtier comme responsable de tout le soulèvement. 369 Mais leur avis ne me plaisait guère, car j'avais pour politique d'apaiser les troubles sans verser le sang. Aussi les invitai-je à mettre tous leurs soins à savoir les noms des hommes sous l'autorité de Jean. 370 Quand ils l'eurent fait et que je sus de qui il s'agissait, je lançai une proclama-

1. Δημοσιεύειν dit ici publication aux frais du Trésor.
2. La prétendue « culture » du roi se trouve ici en défaut ; le grec est vulgaire et obscur (Thackeray). — Je lis ὅλως, que suggère Thackeray, au lieu de ὅλους. — Rengstorf suspecte ἀρχῆθεν.
3. Juste, à qui il s'adresse encore une fois.
4. Le récit, interrompu 336, reprend ici. Cf. *B. J.*, II, 622-625.

ρῶν. Ὧν δὴ καὶ δύο ὑπέταξα, καὶ βουληθέντι σοι τὰ γεγραμμένα γνῶναι πάρεστιν ἐξ αὐτῶν.

365 « Βασιλεὺς Ἀγρίππας Ἰωσήπῳ τῷ φιλτάτῳ χαίρειν. Ἥδιστα διῆλθον τὴν βίβλον. Καί μοι πολὺ ἐπιμελέστερον ἔδοξας τῶν ταῦτα συγγραψάντων ἠκριβωκέναι. Πέμπε δέ μοι καὶ τὰς λοιπάς. Ἔρρωσο.

366 « Βασιλεὺς Ἀγρίππας Ἰωσήπῳ τῷ φιλτάτῳ χαίρειν. Ἐξ ὧν ἔγραψας οὐδεμιᾶς ἔοικας χρῄζειν διδασκαλίας ὑπὲρ τοῦ μαθεῖν ἡμᾶς ὅλως ἀρχῆθεν. Ὅταν μέντοι συντύχῃς μοι, καὶ αὐτός σε πολλὰ κατηχήσω τῶν ἀγνοουμένων. »

367 Ἐμοὶ δέ, ἀπαρτισθείσης τῆς ἱστορίας, ἀληθείᾳ οὐ κολακεύων (οὐδὲ γὰρ ἐπέβαλλεν αὐτῷ) οὐδὲ εἰρωνευόμενος, ὡς σὺ φήσεις, πόρρω γὰρ ἦν ἐκεῖνος τοιαύτης κακοηθείας, ἀλλὰ τὴν ἀλήθειαν ἐμαρτύρει, καθάπερ πάντες οἱ ταῖς ἱστορίαις ἐντυγχάνοντες. »

Ἀλλὰ τὰ μὲν πρὸς τὸν Ἰοῦστον ἀναγκαίαν λαβόντα τὴν παρέκβασιν μέχρι τούτων ἡμῖν λελέχθω.

LXVI. 368 Διοικήσας δ' ἐγὼ τὰ κατὰ τὴν Τιβεριάδα καὶ καθίσας τῶν φίλων συνέδριον ἐβουλευόμην περὶ τῶν πρὸς Ἰωάννην πραχθησομένων. Ἐδόκει μὲν οὖν πᾶσι τοῖς Γαλιλαίοις ὁπλίσαντα πάντας ἀπελθεῖν ἐπὶ τὸν Ἰωάννην καὶ λαβεῖν παρ' αὐτοῦ δίκας ὡς πάσης τῆς στάσεως αἰτίου γεγονότος. 369 Οὐκ ἠρεσκόμην δ' ἐγὼ ταῖς γνώμαις αὐτῶν προαίρεσιν ἔχων τὰς ταραχὰς χωρὶς φόνου καταστέλλειν. Ὅθεν δὴ παρῄνεσα πᾶσαν εἰσενέγκασθαι πρόνοιαν ὑπὲρ τοῦ γνῶναι τὰ ὀνόματα τῶν ὑπὸ τῷ Ἰωάννῃ ὄντων. 370 Ποιησάντων δ' ἐκείνων γνοὺς ἐγὼ τοὺς ἀνθρώπους οἵτινες ἦσαν ἐξέθηκα πρόγραμμα, διὰ τούτου πίστιν καὶ δεξιὰν προτείνων τοῖς μετὰ Ἰωάννου θελήσασιν λαβεῖν μετάνοιαν, καὶ ἡμερῶν εἴκοσι χρόνον προέτεινα τοῖς βου-

LXV *365* 4 ἔρρωσο : φίλτατε add. RAMW ‖ *366* 3 ὅλως proposuit Thackeray : ὅλους codd. ‖ *367* 1 Ἐμοὶ δὲ : οὕτως δέ μοι R ὅπως ἐμοὶ δὲ MW lacunam notat Niese ‖ 7 παρέκβασιν : παράθεσιν PR « fort. recte » Niese ‖ ἡμῖν : om. RAMW.

tion par laquelle je tendais la main et offrais l'impunité aux hommes de Jean qui seraient disposés à changer d'attitude et j'accordais un délai de vingt jours à ceux qui voudraient réfléchir encore sur leurs intérêts. Dans le cas où ils ne déposeraient pas les armes, je les menaçais d'incendier leurs maisons et de confisquer leurs biens. 371 En entendant ces menaces, les intéressés, complètement affolés, abandonnent Jean, jettent leurs armes et me rejoignent, au nombre de quatre mille. 372 Il n'y eut à rester avec Jean que ses concitoyens et quelque quinze cents étrangers de la capitale des Tyriens. Et Jean, quand je l'eus ainsi mis hors de combat, resta tout tremblant dans sa ville natale.

LXVII. Josèphe prend d'assaut Sepphoris.

373 A ce moment-là, les Sepphoritains, confiants dans le solidité de leurs murs et me voyant occupé d'autres côtés, s'enhardissent à reprendre les armes[1]. Ils envoient donc demander à Cestius Gallus, alors gouverneur de Syrie, soit de venir au plus tôt lui-même prendre possession de leur ville, soit de leur envoyer une garnison. 374 Gallus promit bien de venir, mais sans préciser la date. Apprenant ces tractations, je prends mes soldats, j'attaque les Sepphoritains et m'empare de leur ville. 375 Les Galiléens, saisissant ce prétexte et ne voulant pas laisser échapper une si belle occasion d'assouvir leur haine contre cette ville qu'ils détestaient, s'élancèrent pour en exterminer toute la population, y compris les résidents étrangers. 376 Ils firent donc irruption dans la ville et, trouvant toutes les maisons vides, ils les incendièrent, car les gens, pris de peur, s'étaient réfugiés en masse dans la citadelle. Les assaillants mettaient tout au pillage et n'épargnaient à leurs compatriotes aucun genre de dévastation. 377 Ce fut pour moi un spectacle on ne peut plus affligeant, et je leur enjoignis de cesser, en leur rappelant que c'était un crime d'agir ainsi envers des compatriotes. 378 Comme ils n'écoutaient ni mes exhortations ni mes injonctions et que la haine l'emportait sur mes conseils, je commandai aux plus sûrs de mes amis de répandre la rumeur que les Romains étaient entrés avec des forces

1. Cf. *B. J.*, II, 645 sq., où l'ordre chronologique est inverse.

λεύσασθαι θέλουσιν περὶ τῶν ἑαυτοῖς συμφερόντων. Ἠπείλουν δέ, εἰ μὴ ῥίψωσιν τὰ ὅπλα, καταπρήσειν αὐτῶν τὰς οἰκήσεις καὶ δημοσιώσειν τὰς οὐσίας. 371 Ταῦτα δὲ ἀκούσαντες οἱ ἄνθρωποι καὶ ταραχθέντες οὔτι μετρίως καταλείπουσι μὲν τὸν Ἰωάννην, τὰ δ' ὅπλα ῥίψαντες ἧκον πρός με τετρακισχίλιοι τὸν ἀριθμόν. 372 Μόνοι δὲ τῷ Ἰωάννῃ παρέμειναν οἱ πολῖται καὶ ξένοι τινὲς ἐκ τῆς Τυρίων μητροπόλεως ὡς χίλιοι καὶ πεντακόσιοι. Ἰωάννης μὲν οὕτω καταστρατηγηθεὶς ὑπ' ἐμοῦ τὸ λοιπὸν ἐν τῇ πατρίδι περίφοβος ἔμεινεν.

LXVII. 373 Κατὰ τοῦτον δὲ τὸν καιρὸν Σεπφωρῖται θαρρήσαντες ἀναλαμβάνουσιν ὅπλα, πεποιθότες τῇ τε τῶν τειχῶν ὀχυρότητι καὶ τῷ πρὸς ἑτέροις ὄντα με ὁρᾶν. Πέμπουσι δὴ πρὸς Κέστιον Γάλλον (Συρίας δ' ἦν οὗτος ἡγεμών) παρακαλοῦντες ἢ αὐτὸν ἥκειν θᾶττον παραληψόμενον αὐτῶν τὴν πόλιν, ἢ πέμψαι τοὺς φρουρήσοντας. 374 Ὁ δὲ Γάλλος ἐλεύσεσθαι μὲν ὑπέσχετο, πότε δὲ οὐ διεσάφησεν. Κἀγὼ ταῦτα πυθόμενος, ἀναλαβὼν τοὺς σὺν ἐμοὶ στρατιώτας καὶ ὁρμήσας ἐπὶ τοὺς Σεπφωρίτας εἷλον αὐτῶν κατὰ κράτος τὴν πόλιν. 375 Λαβόμενοι δ' ἀφορμῆς οἱ Γαλιλαῖοι καὶ παρεῖναι τοῦ μίσους τὸν καιρὸν βουληθέντες, (εἶχον γὰρ ἀπεχθῶς καὶ πρὸς ταύτην τὴν πόλιν,) ὥρμησαν ὡς ἄρδην ἀφανίσοντες πάντας σὺν τοῖς ἐποίκοις. 376 Εἰσδραμόντες οὖν ἐνεπίμπρασαν αὐτῶν τὰς οἰκίας, ἐρήμους καταλαμβάνοντες · οἱ γὰρ ἄνθρωποι δείσαντες εἰς τὴν ἀκρόπολιν συνέφυγον. Διήρπαζον δὲ πάντα καὶ τρόπον οὐδένα πορθήσεως κατὰ τῶν ὁμοφύλων παρελίμπανον. 377 Ταῦτ' ἐγὼ θεασάμενος σφόδρα διετέθην ἀνιαρῶς, καὶ παύεσθαι προσέταττον αὐτοῖς, ὑπομιμνήσκων ὅτι τοιαῦτα δρᾶν ὁμοφύλους οὐκ ἔστιν ὅσιον. 378 Ἐπεὶ δ' οὔτε παρακαλοῦντος οὔτε προστάσσοντος ἤκουον, ἐνίκα δὲ τὸ μῖσος τὰς παραινέσεις, τοὺς πιστοτάτους τῶν περὶ ἐμὲ φίλων ἐκέλευσα δια-

LXVI *372* 2 πολῖται : ὁπλῖται PRA.

importantes dans la partie opposée de la ville. 379 Je procédais ainsi pour arriver, à la faveur de cette rumeur soudaine, à retenir l'impétuosité des Galiléens et à sauver la ville des Sepphoritains. 380 Finalement, le stratagème réussit : à cette nouvelle, ils craignirent pour leurs vies et s'enfuirent en abandonnant leur butin, surtout quand ils me virent moi, leur général en faire autant ; car, pour donner du crédit à la rumeur qui circulait, je faisais mine de partager leurs inquiétudes. Quant aux Sepphoritains, contre leur attente, ils ne durent leur salut qu'à mon stratagème.

LXVIII. Josèphe sauve Tibériade de la colère des Galiléens.

381 Tibériade également faillit de peu être mise à sac par les Galiléens. Voici dans quelles conditions. Les plus importants des membres du Conseil[1] écrivent au roi en lui demandant de venir prendre possession de leur cité. 382 Le roi promet de s'y rendre et répond par une lettre qu'il confie à un de ses chambellans, nommé Crispos, de race juive, pour qu'il la porte aux gens de Tibériade. 383 Les Galiléens, reconnaissant le courrier, l'arrêtent et me l'amènent. A cette nouvelle, toute la foule indignée court aux armes. 384 Le lendemain, à Asochis[2], ville où j'avais ma résidence, grand rassemblement de gens venant de partout : ils criaient à tue-tête, taxant Tibériade de trahison, d'entente avec le roi, et demandaient de pouvoir descendre pour la détruire de fond en comble. Car ils avaient autant de haine pour Tibériade que pour Sepphoris.

LXIX. 385 A ces cris, je me demandais comment j'arriverais à arracher Tibériade à la fureur des Galiléens. Impossible de nier que les gens de Tibériade avaient écrit au roi pour l'appeler, car sa lettre de réponse était la

1. Tibériade avait son Conseil (169), ses notables (296), sa *proseuque* (277 et note), ses eaux thermales (85 sqq.), son stade (92, 331) ; mais la Banque royale et les Archives de Galilée étaient installées à Sepphoris (*supra*, 38).

2. Cf. 204-233.

δοῦναι λόγους ὡς Ῥωμαίων μετὰ μεγάλης δυνάμεως κατὰ τὸ ἕτερον μέρος τῆς πόλεως εἰσβεβληκότων. 379 Ταῦτα δ' ἐποίουν ὑπὲρ τοῦ τῆς φήμης ἐμπεσούσης ἐπισχεῖν μὲν τῶν Γαλιλαίων τὰς ὁρμάς, διασῶσαι δὲ τὴν τῶν Σεπφωριτῶν πόλιν. Καὶ τέλος προυχώρησε τὸ στρατήγημα. 380 Τῆς γὰρ ἀγγελίας ἀκούσαντες ἐφοβήθησαν ὑπὲρ αὑτῶν καὶ καταλιπόντες τὰς ἁρπαγὰς ἔφευγον, μάλιστα δ' ἐπεὶ κἀμὲ τὸν στρατηγὸν ἑώρων ταὐτὰ ποιοῦντα. Πρὸς γὰρ τὸ πιστὸν τῆς φήμης ἐσκηπτόμην ὁμοίως αὐτοῖς διατίθεσθαι. Σεπφωρῖται δὲ παρ' ἐλπίδα τὴν ἑαυτῶν ὑπὸ τοῦ ἐμοῦ σοφίσματος ἐσώθησαν.

LXVIII. 381 Καὶ Τιβεριὰς δὲ παρ' ὀλίγον ἀνηρπάσθη ὑπὸ Γαλιλαίων τοιαύτης αἰτίας ὑποπεσούσης. Τῶν ἐκ τῆς βουλῆς οἱ πρῶτοι γράφουσι πρὸς τὸν βασιλέα παρακαλοῦντες ἀφικέσθαι πρὸς αὑτοὺς παραληψόμενον τὴν πόλιν. 382 Ὑπέσχετο δ' ὁ βασιλεὺς ἔρχεσθαι καὶ τὰς ἐπιστολὰς ἀντιγράφει καὶ τῶν περὶ τὸν κοιτῶνά τινι, Κρίσπῳ μὲν τοὔνομα, τὸ δὲ γένος Ἰουδαίῳ, δίδωσι πρὸς τοὺς Τιβεριεῖς φέρειν. 383 Τοῦτον κομίσαντα τὰ γράμματα γνωρίσαντες οἱ Γαλιλαῖοι καὶ συλλαβόντες ἄγουσιν ἐπ' ἐμέ· τὸ δὲ πᾶν πλῆθος, ὡς ἤκουσεν, παροξυνθὲν ἐφ' ὅπλα τρέπεται. 384 Συναχθέντες δὲ πολλοὶ πανταχόθεν κατὰ τὴν ἐπιοῦσαν ἧκον εἰς Ἀσωχὶν πόλιν, ἔνθα δὴ τὴν κατάλυσιν ἐποιούμην, καταβοήσεις τε σφόδρα ἐποιοῦντο προδότιν ἀποκαλοῦντες τὴν Τιβεριάδα καὶ βασιλέως φίλην, ἐπιτρέπειν τε ἠξίουν αὐτοῖς καταβᾶσιν ἄρδην ἀφανίσαι. Καὶ γὰρ πρὸς τοὺς Τιβεριεῖς εἶχον ἀπεχθῶς ὡς πρὸς τοὺς Σεπφωρίτας.

LXIX. 385 Ἐγὼ δ' ἀκούσας ἠπόρουν τίνα τρόπον ἐξαρπάσω τὴν Τιβεριάδα τῆς Γαλιλαίων ὀργῆς. Ἀρνήσασθαι γὰρ οὐκ ἐδυνάμην μὴ γεγραφέναι τοὺς Τιβεριεῖς καλοῦν-

LXVII *379* 2 μὲν Hudson : με codd.
LXVIII *384* 1 πανταχόθεν : πολλαχόθεν PMW.

preuve que c'était vrai. 386 Après mûre réflexion, je finis par déclarer : « Que les gens de Tibériade sont dans leur tort, je le sais bien, et je ne vous empêcherai pas de piller leur ville. Cependant, il faut, dans des choses si graves, n'agir qu'en connaissance de cause. C'est qu'en effet les gens de Tibériade ne sont pas les seuls à avoir trahi la cause de notre indépendance ; bien d'autres l'ont fait, et des plus illustres de Galilée. 387 Attendez, dans ces conditions, que j'aie pu découvrir exactement les coupables, et alors vous les tiendrez tous à votre merci, ainsi que tous ceux que vous pourrez individuellement nous amener. » 388 Par ce langage, je parvins à persuader la foule et, leur colère apaisée, ils se dispersèrent. Je donnai ordre de mettre aux fers le messager du roi, mais, peu de jours après, prétextant qu'une affaire personnelle urgente m'obligeait à sortir du domaine du roi[1], je fis appeler Crispus et, en secret, je lui prescrivis d'enivrer le soldat chargé de le garder et de s'évader chez le roi ; qu'on ne le poursuivrait pas. 389 Il se conforma à ces instructions et réussit à s'évader. Quant à Tibériade, une seconde fois sur le point d'être anéantie, c'est à mon commandement et à ma sollicitude pour elle qu'elle dut d'échapper à un danger à ce point imminent.

LXX. Juste rejoint Agrippa.

390 C'est vers ce moment-là que Juste, fils de Pistos, s'évada, à mon insu, chez le roi. Je vais raconter pour quelle raison il y réussit. 391 Quand éclata la guerre des Juifs contre Rome, les gens de Tibériade décidèrent de rester fidèles au roi et de ne pas se révolter contre Rome[2]. Juste, au contraire, les pousse à prendre les armes, car il rêvait de révolution et il espérait obtenir le pouvoir sur la Galilée et sur sa ville natale. 392 Mais il fut bien déçu dans son attente. Les Galiléens, en effet, hostiles aux gens de Tibériade, par rancune pour les ennuis que Juste leur avait causés avant la guerre[3], n'admettaient pas qu'il pût être leur général, 393 et moi-même, à qui la

1. Tibériade, alors, faisait partie du « royaume » d'Agrippa II (*B. J.* II, 252 ; *Ant.*, XX, 159). Asochis, quartier général de Josèphe (§ 384), semble, au contraire, n'en pas faire partie.

2. Cf. 46 sq. — 3. Cf. 342.

τας τὸν βασιλέα· ἤλεγχον γὰρ αἱ παρ' ἐκείνου πρὸς αὐτοὺς ἀντιγραφαὶ τὴν ἀλήθειαν. 386 Σύννους οὖν πολλὴν γενόμενος ὥραν, « ὅτι μὲν ἠδικήκασιν, εἶπον, Τιβεριεῖς, οἶδα κἀγώ· τὴν πόλιν δ' αὐτῶν ὑμᾶς οὐ κωλύσω διαρπάσαι. Δεῖ δ' ὅμως καὶ μετὰ κρίσεως τὰ τηλικαῦτα πράττειν. Οὐ γὰρ μόνοι Τιβεριεῖς προδόται τῆς ἐλευθερίας ἡμῶν γεγόνασιν, ἀλλὰ πολλοὶ καὶ τῶν ἐν Γαλιλαίᾳ δοκιμωτάτων. 387 Προσμείνατε δὴ μέχρι τοὺς αἰτίους ἀκριβῶς ἐκμάθω, καὶ τότε πάντας ὑποχειρίους ἕξετε καὶ ὅσους ἰδίᾳ ἐπάξαι δυνήσεσθε. » 388 Ταῦτ' εἰπὼν ἔπεισα τὸ πλῆθος καὶ παυσάμενοι τῆς ὀγῆς διελύθησαν. Τὸν παρὰ βασιλέως δὲ πεμφθέντα δῆσαι κελεύσας, μετ' οὐ πολλὰς ἡμέρας ἐπί τινα τῶν ἐμαυτοῦ χρειῶν ἐπείγουσαν σκηψάμενος ἐκδημεῖν τῆς βασιλείας, καλέσας τὸν Κρίσπον λάθρα προσέταξα μεθύσαι τὸν στρατιώτην φύλακα καὶ φυγεῖν πρὸς βασιλέα· μὴ γὰρ διωχθήσεσθαι. 389 Καὶ ὁ μὲν ταῖς ὑποθήκαις πεισθεὶς διέφυγε, Τιβεριὰς δὲ μέλλουσα δεύτερον ἀφανίζεσθαι στρατηγίᾳ τῇ ἐμῇ καὶ προνοίᾳ τῇ περὶ αὐτῆς ὀξὺν οὕτω κίνδυνον διέφυγεν.

LXX. 390 Κατὰ τοῦτον δὲ τὸν καιρὸν Ἰοῦστος ὁ Πίστου παῖς λαθὼν ἐμὲ διαδιδράσκει πρὸς τὸν βασιλέα. Τὴν αἰτίαν δὲ δι' ἣν τοῦτ' ἔπραξεν, ἀφηγήσομαι. 391 Λαβόντος ἀρχὴν Ἰουδαίοις τοῦ πρὸς Ῥωμαίους πολέμου Τιβεριεῖς διεγνώκεισαν ὑπακούειν βασιλεῖ καὶ Ῥωμαίων μὴ ἀφίστασθαι. Πείθει δ' αὐτοὺς Ἰοῦστος ἐφ' ὅπλα χωρῆσαι, νεωτέρων αὐτὸς ἐφιέμενος πραγμάτων καὶ δι' ἐλπίδος ἔχων ἄρξειν Γαλιλαίων τε καὶ τῆς ἑαυτοῦ πατρίδος. 392 Οὐ μὴν τῶν προσδοκηθέντων ἐπέτυχεν. Γαλιλαῖοί τε γὰρ ἐχθρῶς ἔχοντες πρὸς τοὺς Τιβεριεῖς, διὰ μῆνιν ὧν ὑπ' αὐτοῦ πρὸ τοῦ πολέμου πεπόνθεισαν, οὐκ ἠνείχοντο στρατηγοῦντος αὐτῶν Ἰούστου. 393 Κἀγὼ δὲ τὴν προστασίαν τῆς Γαλιλαίας πιστευθεὶς ὑπὸ τοῦ κοινοῦ τῶν Ἱεροσολυμιτῶν πολ-

LXIX *388* 3 μετ' οὐ ed. pr. : μετὰ codd.

Communauté de Jérusalem avait confié le pouvoir en Galilée, plus d'une fois j'en vins à ce point de colère que d'un peu plus j'aurais tué Juste, tant sa malhonnêteté m'était insupportable. Alors, de son côté, craignant qu'un beau jour ma colère n'en vînt à l'action, il dépêcha Crispus au roi, dans l'espoir de trouver près de lui une résidence plus sûre.

LXXI. Sepphoris obtient l'aide de Cestius Gallus.

394 Les Sepphoritains, échappés contre toute attente à un premier danger [1], envoyèrent demander à Cestius Gallus [2] de venir au plus tôt prendre possession de leur ville ou de leur envoyer un détachement pour repousser les incursions que leur infligeaient les ennemis. Finalement, ils obtinrent de Gallus l'envoi d'un très important détachement de cavalerie et d'infanterie, qui arriva et qu'ils accueillirent de nuit. 395 Mais, devant les ravages causés par les troupes romaines dans la région environnante, je pris les soldats que j'avais près de moi et me rendis au village de Garis [3]. Là, j'établis une tranchée à environ vingt stades en avant de la ville de Sepphoris et, pendant qu'il était encore nuit, je déclenchai l'attaque et j'entrepris l'assaut des remparts. 396 A l'aide d'échelles, je fis entrer bon nombre de mes soldats et me rendis maître de la plus grande partie de la ville. Mais bientôt, faute de connaître les lieux, nous fûmes contraints de nous retirer, après avoir tué douze fantassins et quelques Sepphoritains ; de notre côté, nous n'avions perdu qu'un seul homme. 397 Dans la suite, après un combat dans la plaine contre la cavalerie, où nous opposâmes longtemps une résistance acharnée, nous fûmes vaincus, car, devant un mouvement tournant des Romains, mes hommes, pris de peur, avaient reculé en désordre. Lors de cette bataille, je perdis un de mes gardes du corps, nommé Juste, qui auparavant avait occupé la même charge auprès du roi.

1. Cf. 373 sq.
2. Gouverneur de Syrie, dont l'échec au début de l'insurrection avait encouragé les agitateurs (23 sq.).
3. Cf. 412.

λάκις εἰς τοσαύτην ἧκον ὀργὴν ὡς ὀλίγου δεῖν ἀποκτεῖναι τὸν Ἰοῦστον, φέρειν αὐτοῦ τὴν μοχθηρίαν οὐ δυνάμενος. Δείσας οὖν ἐκεῖνος μὴ καὶ λάβῃ τέλος ἅπαξ ὁ θυμός, ἔπεμψε πρὸς βασιλέα Κρίσπον ἀσφαλέστερον οἰκήσειν παρ' ἐκείνῳ νομίζων.

LXXI. 394 Σεπφωρῖται δὲ παραδόξως τὸν πρῶτον κίνδυνον διαφυγόντες πρὸς Κέστιον Γάλλον ἔπεμψαν ἥκειν παρακαλοῦντες ὡς αὐτοὺς θᾶττον παραληψόμενον τὴν πόλιν, ἢ πέμπειν δύναμιν τὴν ἀνακόψουσαν τὰς ἐπ' αὐτοὺς τῶν πολεμίων ἐπιδρομάς. Καὶ τέλος ἔπεισαν τὸν Γάλλον πέμψαι δύναμιν αὐτοῖς ἱππικήν τε καὶ πεζικὴν πάνυ συχνήν, ἣν ἐλθοῦσαν νυκτὸς εἰσεδέξαντο. 395 Κακουμένης δὲ ὑπὸ τῆς Ῥωμαϊκῆς στρατιᾶς τῆς πέριξ χώρας, ἀναλαβὼν ἐγὼ τοὺς περὶ ἐμὲ στρατιώτας ἧκον εἰς Γάρεις κώμην· ἔνθα βαλόμενος χάρακα πόρρω τῆς Σεπφωριτῶν πόλεως ἀπὸ σταδίων εἴκοσι, νυκτὸς ἔτι αὐτῇ προσέμιξα καὶ τοῖς τείχεσι προσέβαλλον, 396 καὶ διὰ κλιμάκων ἐμβιβάσας συχνοὺς τῶν στρατιωτῶν ἐγκρατὴς τοῦ πλείστου τῆς πόλεως μέρους ἐγενόμην. Μετ' οὐ πολὺ δὲ διὰ τὴν τῶν τόπων ἄγνοιαν ἀναγκασθέντες ὑπεχωρήσαμεν, ἀνελόντες μὲν δυοκαίδεκα πεζούς, ὀλίγους δὲ Σεπφωριτῶν, αὐτοὶ δ' ἕνα μόνον ἀπεβάλομεν. 397 Γενομένης δ' ὕστερον ἡμῖν κατὰ τὸ πεδίον μάχης πρὸς τοὺς ἱππεῖς μέχρι πολλοῦ καρτερῶς διακινδυνεύσαντες ἡττήθημεν· περιελθόντων γὰρ τῶν Ῥωμαίων οἱ μετ' ἐμοῦ δείσαντες ἔφυγον εἰς τοὐπίσω. Πίπτει δ' ἐπὶ τῆς παρατάξεως ἐκείνης εἷς τῶν πεπιστευμένων τὴν τοῦ σώματός μου φυλακήν, Ἰοῦστος τοὔνομα, καὶ παρὰ βασιλεῖ ποτε τὴν αὐτὴν τάξιν ἐσχηκώς.

LXX *393* 6 Κρίσπον R : κρεῖσσον καὶ A κρεῖσσον cett. || ἀσφαλέστερον : ὡς ἀσφαλέστερον R.

LXXI *395* 5 ἔτι Niese : ἐπ' codd. || *396* 4-5 μὲν δυοκαίδεκα πεζούς P : ῥωμαίων μὲν ἱππεῖς δύο πεζοὺς δὲ δέκα R ῥωμαίων μὲν ἱππεῖς δύο δέκα δὲ πεζοὺς MW μὲν δυοκαίδεκα ῥωμαίων πεζοὺς δύο δὲ ἱππεῖς A.

ARRIVÉE DES TROUPES D'AGRIPPA.

398 A ce moment-là arrive l'armée du roi [1], cavalerie et infanterie, sous la conduite de Sylla, le chef des gardes du corps. Ce dernier établit son campement à cinq stades de Julias [2] et place des postes de garde sur les routes, celle qui conduit à Séleucie [3] et celle qui mène à la forteresse de Gamala [4], pour intercepter les secours que les habitants (de Julias) pourraient attendre des Galiléens.

LXXII. JOSÈPHE ATTAQUE LES TROUPES ROYALES.

399 A cette nouvelle, j'envoie deux mille soldats commandés par Jérémie. Ils établirent leur retranchement à un stade de Julias, près du Jourdain, et n'avaient fait que quelques escarmouches quand je les rejoignis à mon tour avec trois mille hommes. 400 Le lendemain, après avoir placé une compagnie en embuscade dans un ravin à une petite distance de leur retranchement, j'offris le combat aux troupes du roi, avec ordre à mes soldats de reculer jusqu'à ce qu'ils aient attiré les ennemis en avant, ce qui eut lieu, précisément. 401 Sylla, en effet, s'imaginant que les nôtres fuyaient pour de bon, s'avança et allait se lancer à leur poursuite, quand l'embuscade le prit à revers et jeta le plus grand désordre dans toute sa troupe. 402 Immédiatement, par une volte-face instantanée, je me lance avec mon corps de troupe à la rencontre des soldats du roi et les mets en fuite. Mon succès, ce jour-là, eût été complet, si quelque mauvais génie n'était venu se mettre à la traverse : 403 le cheval que je montais pendant le combat étant tombé dans un trou marécageux m'entraîna dans sa chute et je tombai par terre. Une fracture des articulations du poignet me valut d'être transporté au village dit Capharnaüm. 404 Quand mes hommes apprirent la chose, craignant qu'il me fût arrivé bien pire, ils cessèrent de poursuivre l'ennemi et revinrent pleins

1. Cf. 381.

2. Bethsaïda Julias (*et Tell*), à l'extrémité nord du lac de Génésareth, sur la rive gauche du Jourdain.

3. Séleucie, en Batanée, au nord-est de Julias.

4. Probablement sur la côte orientale du lac de Génésareth, au sud de Julias.

398 Κατὰ τοῦτον δὲ τὸν καιρὸν ἡ παρὰ βασιλέως δύναμις ἧκεν ἱππική τε καὶ πεζική, καὶ Σύλλας ἐπ' αὐτῆς ἡγεμών, ὁ ἐπὶ τῶν σωματοφυλάκων. Οὗτος οὖν βαλόμενος στρατόπεδον Ἰουλιάδος ἀπέχον σταδίους πέντε, φρουρὰν ἐφίστησιν ταῖς ὁδοῖς, τῇ τε εἰς Σελεύκειαν ἀγούσῃ καὶ τῇ εἰς Γάμαλα τὸ φρούριον, ὑπὲρ τοῦ τὰς παρὰ τῶν Γαλιλαίων ὠφελείας τοῖς ἐνοίκοις ἀποκλείειν.

LXXII. 399 Ταῦτα δ' ὡς ἐγὼ ἐπυθόμην πέμπω δισχιλίους ὁπλίτας καὶ στρατηγὸν αὐτῶν Ἱερεμίαν, οἳ δὴ καὶ χάρακα θέντες ἀπὸ σταδίου τῆς Ἰουλιάδος πλησίον τοῦ Ἰορδάνου ποταμοῦ πλέον ἀκροβολισμῶν οὐδὲν ἔπραξαν, μέχρι τρισχιλίους αὐτὸς στρατιώτας ἀναλαβὼν ἧκον πρὸς αὐτούς.
400 Κατὰ δὲ τὴν ἐπιοῦσαν ἡμέραν ἔν τινι φάραγγι καθίσας λόχον οὐκ ἄπωθεν αὐτῶν τοῦ χάρακος προεκαλούμην τοὺς βασιλικοὺς εἰς μάχην, παραινέσας τοῖς μετ' ἐμοῦ στρατιώταις στρέψαι τὰ νῶτα μέχρις ἂν ἐπισπάσωνται τοὺς πολεμίους προελθεῖν· ὅπερ καὶ ἐγένετο. 401 Σύλλας γὰρ εἰκάσας ταῖς ἀληθείαις τοὺς ἡμετέρους φεύγειν προελθὼν ἐπιδιώκειν οἷός τε ἦν, κατὰ νώτου δ' αὐτὸν λαμβάνουσιν οἱ ἐκ τῆς ἐνέδρας καὶ σφόδρα πάντας ἐθορύβησαν. 402 Ἐγὼ δ' εὐθὺς ὀξείᾳ χρησάμενος ὑποστροφῇ μετὰ τῆς δυνάμεως ὑπήντησα τοῖς βασιλικοῖς καὶ εἰς φυγὴν ἔτρεψα· κἂν κατώρθωτό μοι κατὰ τὴν ἡμέραν ἐκείνην ἡ πρᾶξις μὴ ἐμποδὼν γεγομένου δαίμονός τινος. 403 Ὁ γὰρ ἵππος ἐφ' ᾧ τὴν μάχην ἐποιούμην εἰς τελματώδη τόπον ἐμπεσὼν συγκατήνεγκέ με ἐπὶ τοὔδαφος, θραύσεως δὲ τῶν ἄρθρων γενομένης ἐπὶ τὸν ταρσὸν τῆς χειρός, ἐκομίσθην εἰς κώμην Κεφαρνωκὸν λεγομένην. 404 Οἱ δ' ἐμοὶ ταῦτ' ἀκούσαντες καὶ δεδοικότες μή τι χεῖρον ἔπαθον, τῆς μὲν ἐπὶ πλέον διώξεως ἀπέσχοντο, ὑπέστρεφον δὲ περὶ ἐμὲ λίαν ἀγωνιῶντες. Μεταπεμψάμενος οὖν ἰατροὺς καὶ θεραπευθεὶς τὴν

LXXI *398* 5 Σελεύκειαν : Κανᾶ MW.

LXXII *402* 3 ὑπήντησα : ἀπήντησα P ‖ *404* 1 οἱ δ' ἐμοὶ RAMW : οἱ δὲ P.

d'inquiétude près de moi. Je fis appeler des médecins et, une fois pansé, je restai là toute la journée avec la fièvre ; puis, sur l'avis des médecins, la nuit venue, je fus transporté à Tarichées.

LXXIII. 405 Sylla et les siens, dès qu'ils apprirent mon accident, relevèrent la tête et, s'étant rendu compte que notre camp n'était pas bien gardé, ils placèrent de nuit un escadron de cavalerie en embuscade sur l'autre rive du Jourdain et, le jour venu, ils nous provoquèrent au combat. 406 Mes troupes s'y étant prêtées et s'étant avancées jusque dans la plaine, soudain se montre l'embuscade de cavalerie, qui jette le désordre et les met en fuite, en tuant six des nôtres. Toutefois, ils ne purent aller jusqu'au bout de leur avantage, car, apprenant que des renforts avaient fait la traversée de Tarichées à Julias, ils prirent peur et se retirèrent.

LXXIV. Arrivée de Vespasien (printemps 67).

407 Peu après, Vespasien arrive à Tyr, et avec lui le roi Agrippa. Les Tyriens se mirent à huer le roi, en le traitant d'ennemi de Tyr et de Rome, car, disaient-ils, Philippe[1], son général en chef, avait livré sur son ordre le palais royal et les troupes romaines en garnison à Jérusalem. 408 Vespasien, à ce bruit, prit des mesures de rigueur contre ces Tyriens qui osaient outrager dans la personne d'Agrippa un roi et un ami de Rome, mais, en même temps, il invita le roi à envoyer Philippe à Rome, où il aurait à rendre compte de ses actes à Néron. 409 Philippe fut donc envoyé à Rome, mais il ne fut pas admis en présence de Néron, qui se trouvait dans une situation désespérée à cause des troubles qui s'étaient produits et de la guerre civile. Il revint alors près du roi.

410 Lorsque Vespasien arriva à Ptolémaïs, les hommes les plus en vue de la Décapole de Syrie dénoncèrent à grands cris Juste de Tibériade pour avoir incendié leurs villages. Vespasien, alors, le livra au roi pour le faire châtier par les sujets de son royaume. Le roi le fit mettre aux

1. Cf. 46 sq., 179 sq.

ἡμέραν ἐκείνην αὐτοῦ κατέμεινα πυρέξας, δόξαν τε τοῖς ἰατροῖς, τῆς νυκτὸς εἰς Ταριχαίας μετεκομίσθην.

LXXIII. 405 Σύλλας δὲ καὶ οἱ μετ' αὐτοῦ πυθόμενοι τὰ κατ' ἐμὲ πάλιν ἐθάρρησαν, καὶ γνόντες ἀμελεῖσθαι τὰ περὶ τὴν φυλακὴν τοῦ στρατοπέδου, διὰ νυκτὸς ἱππέων λόχον ἱδρύσαντες ἐν τῷ πέραν τοῦ Ἰορδάνου, γενομένης ἡμέρας εἰς μάχην ἡμᾶς προεκαλέσαντο. 406 Τῶν δ' ὑπακουσάντων καὶ μέχρι τοῦ πεδίου προελθόντων ἐπιφανέντες οἱ ἐκ τῆς ἐνέδρας ἱππεῖς καὶ ταράξαντες αὐτοὺς εἰς φυγὴν ἔτρεψαν, ἕξ τε τῶν ἡμετέρων ἀπέκτειναν, οὐ μὴν μέχρι τέλους τὴν νίκην ἤγαγον. Καταπεπλευκέναι γάρ τινας ὁπλίτας ἀκούσαντες ἀπὸ Ταριχαιῶν εἰς Ἰουλιάδα, φοβηθέντες ἀνεχώρησαν.

LXXIV. 407 Μετ' οὐ πολὺν δὲ χρόνον Οὐεσπασιανὸς εἰς Τύρον ἀφικνεῖται καὶ σὺν αὐτῷ ὁ βασιλεὺς Ἀγρίππας. Καὶ οἱ Τύριοι βλασφημεῖν ἤρξαντο τὸν βασιλέα, Τυρίων αὐτὸν καλοῦντες καὶ Ῥωμαίων πολέμιον. Τὸν γὰρ στρατοπεδάρχην αὐτοῦ Φίλιππον ἔλεγον προδεδωκέναι τὴν βασιλικὴν αὐλὴν καὶ τὰς Ῥωμαίων δυνάμεις τὰς οὔσας ἐν Ἱεροσολύμοις κατὰ τὴν αὐτοῦ πρόσταξιν. 408 Οὐεσπασιανὸς δὲ ἀκούσας Τυρίοις μὲν ἐπέπληξεν ὑβρίζουσιν ἄνδρα καὶ βασιλέα καὶ Ῥωμαίοις φίλον, τῷ δὲ βασιλεῖ παρῄνεσε πέμψαι Φίλιππον εἰς Ῥώμην, ὑφέξοντα λόγον Νέρωνι περὶ τῶν πεπραγμένων. 409 Φίλιππος δὲ πεμφθεὶς οὐχ ἧκεν εἰς ὄψιν Νέρωνι· καταλαβὼν γὰρ αὐτὸν ἐν τοῖς ἐσχάτοις ὄντα διὰ τὰς ἐμπεσούσας ταραχὰς καὶ τὸν ἐμφύλιον πόλεμον ὑπέστρεψε πρὸς τὸν βασιλέα.

410 Ἐπεὶ δὲ Οὐεσπασιανὸς εἰς Πτολεμαΐδα παρεγένετο, οἱ πρῶτοι τῶν τῆς Συρίας Δεκαπόλεως κατεβόων Ἰούστου τοῦ Τιβεριέως, ὅτι τὰς κώμας αὐτῶν ἐμπρήσειεν. Παρέδωκεν οὖν αὐτὸν Οὐεσπασιανὸς τῷ βασιλεῖ κολασθησό-

LXXIV *407* 3 Τυρίων ed. pr. : Τύριον codd. ‖ *410* 2 Δεκαπόλεως PR : δέκα πόλεων cett.

fers, à l'insu de Vespasien, comme je l'ai dit plus haut [1].

411 Les Sepphoritains allèrent au-devant de Vespasien, le saluèrent et reçurent une garnison, commandée par Placidus [2]. Ils remontèrent avec ces troupes à l'intérieur du pays [3]... je les suivais de près jusqu'à l'arrivée de Vespasien en Galilée. 412 Les circonstances de son arrivée, comment il engagea son premier combat avec moi près du village de Garis [4], comment, de là, je me retirai à Jotapata, ma conduite durant le siège de cette place, comment, capturé vivant, je fus mis aux fers, puis libéré, et en général toute ma conduite au cours de la guerre des Juifs et au siège de Jérusalem, je l'ai raconté en détail dans mes livres sur la guerre juive. 413 Il faut, je crois, que j'ajoute ici tout ce que j'ai fait dans ma vie et qui n'a pas été consigné dans la *Guerre juive.*

LXXV. Après la guerre (en 67).

414 Le siège de Jotapata ayant pris fin, tombé au pouvoir des Romains, j'étais tenu sous bonne garde, mais traité avec les plus grands égards, parce que Vespasien me témoignait son estime de mille manières. C'est sur son ordre que j'épousai une des captives prises à Césarée, une jeune fille du pays même. 415 Elle ne resta pas longtemps avec moi, mais, quand je fus rendu à la liberté et en route avec Vespasien pour Alexandrie, elle mourut. J'épousai une autre femme à Alexandrie. 416 Envoyé de là au siège de Jérusalem avec Titus, plus d'une fois ma vie fut en péril [5], les Juifs s'efforçant de s'emparer de moi pour se venger et, de leur côté, les Romains, à chacun de leurs revers, s'imaginant qu'ils devaient leur échec à quelque trahison de ma part ; c'était continuellement des criailleries à l'em-

1. Cf. 341-343.
2. Cf. 213 sq., 227.
3. Le texte présente ici une lacune.
4. *Vera lectio*, tirée de *B. J.*, III, 129.
5. Le moins qu'on puisse dire, en effet, c'est que Josèphe se trouvait là dans une situation un peu fausse et qui a été jugée sévèrement.

μενον ὑπὸ τῶν τῆς βασιλείας ὑποτελῶν. Ὁ βασιλεὺς δ' αὐτόν ἔδησεν, ἐπικρυψάμενος τοῦτο Οὐεσπασιανόν, ὡς ἀνωτέρω δεδηλώκαμεν. 411 Σεπφωρῖται δ' ὑπαντήσαντες καὶ ἀσπασάμενοι Οὐεσπασιανὸν λαμβάνουσι δύναμιν καὶ στρατηγὸν Πλάκιδον, ἀναβάντες δὲ μετὰ τούτων... ἑπομένου μου ἄχρι τῆς εἰς Γαλιλαίαν Οὐεσπασιανοῦ ἀφίξεως. 412 Περὶ ἧς τίνα τρόπον ἐγένετο, καὶ πῶς περὶ Γάρις κώμην τὴν πρώτην πρὸς ἐμὲ μάχην ἐποιήσατο, καὶ ὡς ἐκεῖθεν εἰς τὰ Ἰωτάπατα ἀνεχώρησα, καὶ τὰ πεπραγμένα μοι κατὰ τὴν ταύτης πολιορκίαν, καὶ ὃν τρόπον ζῶν ληφθεὶς ἐδέθην, καὶ πῶς ἐλύθην, πάντα τε τὰ πεπραγμένα μοι κατὰ τὸν Ἰουδαϊκὸν πόλεμον καὶ τὴν Ἱεροσολύμων πολιορκίαν, μετ' ἀκριβείας ἐν ταῖς περὶ τοῦ Ἰουδαϊκοῦ πολέμου βίβλοις ἀπήγγελκα. 413 Ἀναγκαῖον δ' ἐστίν, ὡς οἶμαι, καὶ ὅσα μὴ κατὰ τὸν Ἰουδαϊκὸν πόλεμον ἀνέγραψα τῶν ἐν τῷ βίῳ μου πεπραγμένων νῦν προσαναγράψαι.

LXXV. 414 Τῆς γὰρ τῶν Ἰωταπάτων πολιορκίας λαβούσης τέλος γενόμενος παρὰ Ῥωμαίοις μετὰ πάσης ἐπιμελείας ἐφυλασσόμην, τὰ πολλὰ διὰ τιμῆς ἄγοντός με Οὐεσπασιανοῦ. Καὶ δὴ κελεύσαντος αὐτοῦ ἠγαγόμην τινὰ παρθένον ἐκ τῶν αἰχμαλωτίδων τῶν κατὰ Καισάρειαν ἁλουσῶν ἐγχώριον· 415 οὐ παρέμεινε δ' αὕτη μοι πολὺν χρόνον, ἀλλὰ λυθέντος καὶ μετὰ Οὐεσπασιανοῦ πορευθέντος εἰς τὴν Ἀλεξάνδρειαν ἀπηλλάγη. Γυναῖκα δ' ἑτέραν ἠγαγόμην κατὰ τὴν Ἀλεξάνδρειαν. 416 Κἀκεῖθεν ἐπὶ τὴν Ἱεροσολύμων πολιορκίαν συμπεμφθεὶς Τίτῳ πολλάκις ἀποθανεῖν ἐκινδύνευσα, τῶν τε Ἰουδαίων διὰ σπουδῆς ἐχόντων ὑποχείριόν με λαβεῖν τιμωρίας ἕνεκα, καὶ Ῥωμαίων ὁσάκι νικηθεῖεν πάσχειν τοῦτο κατ' ἐμὴν προδοσίαν δοκούντων,

LXXIV *411* 3 Post τούτων aliquid excidisse videtur. Cf. *B. J.*, III, 59-63 ; 110-114 || *412* 1 Γάρις Richter. Cf. *B. J.*, III, 129 : τάρις P ταρὶς R (in ras.) A ταριχέας MW || 2 ἐποιήσατο : ἐποιήσαντο PRA.
LXXV *415* 3 ἀπηλλάγη ed. pr. : ἀπηλλάγην codd.

pereur, où ils demandaient eux aussi mon châtiment, pour les avoir trahis. 417 Titus César, qui n'ignorait pas les changements de fortune à la guerre, décourageait par son silence les emportements des soldats contre moi.

Maintenant qu'il s'était emparé de la ville de Jérusalem Titus César m'invita plusieurs fois à m'approprier ce que je voudrais des ruines de ma patrie : il me répétait qu'il m'y autorisait. 418 Moi, après la chute de ma ville natale, n'ayant rien de plus cher à conserver pour me consoler de mes propres malheurs, je demandai à Titus la libération d'un certain nombre de prisonniers de naissance libre, et j'acceptai, sur l'offre gracieuse de Titus, [une collection de] livres saints[1]. 419 Peu après, je demandai la libération de mon frère et de cinquante de mes amis, et je ne fus pas déçu. Avec l'autorisation de Titus, j'entrai dans le sanctuaire, où était enfermée une foule considérable de prisonniers, femmes et enfants ; je fis élargir tous ceux de mes amis ou de mes familiers que j'y pus reconnaître, environ cent quatre-vingt-dix. Je les libérai sans qu'ils aient à verser une rançon et les rendis à leur ancienne fortune[2]. 420 Envoyé par Titus César avec Cerealius et mille cavaliers à un certain village nommé Tekoa[3] pour voir si le lieu se prêtait à l'installation d'un retranchement, au retour, je vis quantité de prisonniers suspendus à des croix et je reconnus parmi eux trois de mes relations. Le cœur brisé, je m'approchai de Titus et le lui dis avec des larmes. 421 Il donna ordre de les descendre immédiatement de leurs croix et de les soigner avec la plus grande sollicitude. Deux moururent au cours des soins, mais le troisième survécut.

LXXVI. Josèphe citoyen romain.

422 Lorsque Titus eut réprimé les troubles en Judée, devinant que les champs que je possédais à Jérusalem ne me rapporteraient rien, puisque la garnison romaine allait

1. Lacune dans le texte. Sans doute des rouleaux de la Loi pris au cours du pillage.

2. Ou peut-être « pour respecter leur ancienne fortune ».

3. La patrie du prophète Amos, à quelque 30 kilomètres au sud de Jérusalem.

συνεχεῖς καταβοήσεις ἐπὶ τοῦ αὐτοκράτορος ἐγίνοντο, κολάζειν με ὡς καὶ αὐτῶν προδότην ἀξιούντων. 417 Τίτος δὲ Καῖσαρ τὰς τοῦ πολέμου τύχας οὐκ ἀγνοῶν σιγῇ τὰς ἐπ' ἐμὲ τῶν στρατιωτῶν ἐξέλυεν ὁρμάς.

Ἤδη δὲ κατὰ κράτος τῆς τῶν Ἱεροσολυμιτῶν πόλεως ἐχομένης, Τίτος Καῖσαρ ἔπειθέν με πολλάκις ἐκ τῆς κατασκαφῆς τῆς πατρίδος πᾶν ὅ τι θέλοιμι λαβεῖν· συγχωρεῖν γὰρ αὐτὸς ἔφασκεν. 418 Ἐγὼ δὲ τῆς πατρίδος πεσούσης μηδὲν ἔχων τιμιώτερον, ὃ τῶν ἐμαυτοῦ συμφορῶν εἰς παραμυθίαν λαβὼν φυλάξαιμι, σωμάτων ἐλευθέρων τὴν αἴτησιν ἐποιούμην Τίτον καὶ βιβλίων ἱερῶν... ἔλαβον χαρισαμένου Τίτου. 419 Μετ' οὐ πολὺ δὲ καὶ τὸν ἀδελφὸν μετὰ πεντήκοντα φίλων αἰτησάμενος οὐκ ἀπέτυχον. Καὶ εἰς τὸ ἱερὸν δὲ πορευθεὶς Τίτου τὴν ἐξουσίαν δόντος, ἔνθα πολὺ πλῆθος αἰχμαλώτων ἐγκέκλειστο γυναικῶν τε καὶ τέκνων, ὅσους ἐπέγνων φίλων ἐμῶν καὶ συνήθων ὑπάρχοντας ἐρυσάμην, περὶ ἑκατὸν καὶ ἐνενήκοντα ὄντας τὸν ἀριθμόν, καὶ οὐδὲ λύτρα καταθεμένους ἀπέλυσα συγχωρήσας αὐτοὺς τῇ προτέρᾳ τύχῃ. 420 Πεμφθεὶς δ' ὑπὸ Τίτου Καίσαρος σὺν Κερεαλίῳ καὶ χιλίοις ἱππεῦσιν εἰς κώμην τινὰ Θεκώαν λεγομένην, προκατανοήσων εἰ τόπος ἐπιτήδειός ἐστιν χάρακα δέξασθαι, ὡς ἐκεῖθεν ὑποστρέφων εἶδον πολλοὺς αἰχμαλώτους ἀνεσταυρωμένους καὶ τρεῖς ἐγνώρισα συνήθεις μοι γενομένους, ἤλγησά τε τὴν ψυχὴν καὶ μετὰ δακρύων προσελθὼν Τίτῳ εἶπον. 421 Ὁ δ' εὐθὺς ἐκέλευσεν καθαιρεθέντας αὐτοὺς θεραπείας ἐπιμελεστάτης τυχεῖν. Καὶ οἱ μὲν δύο τελευτῶσιν θεραπευόμενοι, ὁ δὲ τρίτος ἔζησεν.

LXXVI. 422 Ἐπεὶ δὲ κατέπαυσεν τὰς ἐν τῇ Ἰουδαίᾳ ταραχὰς Τίτος, εἰκάσας τοὺς ἀγροὺς οὓς εἶχον ἐν τοῖς Ἱεροσολύμοις ἀνονήτους ἐσομένους μοι διὰ τὴν μέλλουσαν ἐκεῖ Ῥωμαίων φρουρὰν ἐγκαθέζεσθαι, ἔδωκεν ἑτέραν χώραν

LXXV *418* 4 ἱερῶν : καὶ add. Bekker, « sed plura excidisse videtur » Niese.

s'y installer, il me donna un autre domaine dans la plaine et, au moment de s'embarquer pour Rome, il me prit comme compagnon à bord et me traita avec tous les égards. 423 Après notre arrivée à Rome, je fus l'objet de toutes les attentions de Vespasien. Il me fit loger dans la maison qui avait été la sienne avant son accès à l'empire, il m'honora du droit de cité romaine, me fit servir une pension et ne cessa de me montrer son estime jusqu'à la fin de ses jours, sans jamais se relâcher de sa bonté envers moi, ce qui provoqua la jalousie et me mit en danger. 424 En effet, un Juif nommé Jonathas [1], ayant provoqué une insurrection à Cyrène et ayant entraîné à sa suite deux mille hommes du pays, fut cause de leur perte ; lui-même mis aux fers par le gouverneur de la région et envoyé à l'empereur, il prétendit que je lui avais envoyé des armes et de l'argent. 425 Naturellement, Vespasien ne se laissa pas abuser par ses mensonges, mais le condamna à mort, le livra aux bourreaux, et il fut exécuté. Bien des fois encore, dans la suite, les gens que ma chance rendait jaloux inventèrent des accusations contre moi, mais, par la divine Providence, je leur ai toujours échappé. Je reçus aussi en donation de Vespasien un domaine assez important en Judée.

Sa vie domestique.

426 A ce moment-là, mécontent de la conduite de ma femme, je la renvoyai. Elle m'avait donné trois enfants, dont deux sont morts ; un seul, à qui j'ai donné le nom d'Hyrcan, est vivant. 427 Ensuite, j'épousai une femme qui habitait en Crète, mais de race juive ; ses parents étaient de la meilleure noblesse et des plus en vue dans le pays ; ses qualités en faisaient une femme supérieure à beaucoup, comme l'a montré ensuite toute sa vie. J'eus d'elle deux enfants, l'aîné, Juste, et le cadet, Simonide, surnommé Agrippa. 428 Voilà pour ma vie domestique.

Sa faveur a la cour des Flaviens.

Ma situation du côté des empereurs s'est maintenue sans changement. Ainsi, à la mort de Vespasien, Titus,

1. Cf. *B. J.*, VII, 437-450 (Jonathas mis à la torture et brûlé vif).

ἐν πεδίῳ· μέλλων τε ἀπαίρειν εἰς τὴν Ῥώμην σύμπλουν ἐδέξατο πᾶσαν τιμὴν ἀπονέμων. 423 Ἐπεὶ δ' εἰς τὴν Ῥώμην ἥκομεν, πολλῆς ἔτυχον παρὰ Οὐεσπασιανοῦ προνοίας· καὶ γὰρ καὶ κατάλυσιν ἔδωκεν ἐν τῇ οἰκίᾳ τῇ πρὸ τῆς ἡγεμονίας αὐτῷ γενομένῃ, πολιτείᾳ τε Ῥωμαίων ἐτίμησεν καὶ σύνταξιν χρημάτων ἔδωκεν, καὶ τιμῶν διετέλει μέχρι τῆς ἐκ τοῦ βίου μεταστάσεως οὐδὲν τῆς πρὸς ἐμὲ χρηστότητος ὑφελών· ὃ μοι διὰ τὸν φθόνον ἤνεγκε κίνδυνον.
424 Ἰουδαῖος γάρ τις, Ἰωνάθης τοὔνομα, στάσιν ἐξεγείρας ἐν Κυρήνῃ καὶ δισχιλίους τῶν ἐγχωρίων συναναπείσας ἐκείνοις μὲν αἴτιος ἀπωλείας ἐγένετο, αὐτὸς δὲ ὑπὸ τοῦ τῆς χώρας ἡγεμονεύοντος δεθεὶς καὶ ἐπὶ τὸν αὐτοκράτορα πεμφθεὶς ἔφασκεν ἐμὲ αὐτῷ ὅπλα πεπομφέναι καὶ χρήματα.
425 Οὐ μὴν Οὐεσπασιανὸν ψευδόμενος ἔλαθεν, ἀλλὰ κατέγνω θάνατον αὐτοῦ, καὶ παραδοθεὶς ἀπέθανεν. Πολλάκις δὲ καὶ μετὰ ταῦτα τῶν βασκαινόντων μοι τῆς εὐτυχίας κατηγορίας ἐπ' ἐμὲ συνθέντων θεοῦ προνοίᾳ πάσας διέφυγον. Ἔλαβον δὲ παρὰ Οὐεσπασιανοῦ δωρεὰν γῆν οὐκ ὀλίγην ἐν τῇ Ἰουδαίᾳ.

426 Καθ' ὃν δὴ καιρὸν καὶ τὴν γυναῖκα μὴ ἀρεσκόμενος αὐτῆς τοῖς ἤθεσιν, ἀπεπεμψάμην, τριῶν παίδων γενομένην μητέρα· ὧν οἱ μὲν δύο ἐτελεύτησαν, εἷς δὲ ὃν Ὑρκανὸν προσηγόρευσα περίεστιν. 427 Μετὰ ταῦτα ἠγαγόμην γυναῖκα κατῳκηκυῖαν μὲν ἐν Κρήτῃ, τὸ δὲ γένος Ἰουδαίαν, γονέων εὐγενεστάτων καὶ τῶν κατὰ τὴν χώραν ἐπιφανεστάτων, ἤθει πολλῶν γυναικῶν διαφέρουσαν, ὡς ὁ μετὰ ταῦτα βίος αὐτῆς ἀπέδειξεν. Ἐκ ταύτης δή μοι γίνονται παῖδες δύο· πρεσβύτερος μὲν Ἰοῦστος, Σιμωνίδης δὲ μετ' ἐκεῖνον, ὁ καὶ Ἀγρίππας ἐπικληθείς. 428 Ταῦτα μέν μοι τὰ κατὰ τὸν οἶκον.

Διέμεινεν δέ μοι ὅμοια καὶ τὰ παρὰ τῶν αὐτοκρατόρων. Οὐεσπασιανοῦ γὰρ τελευτήσαντος Τίτος τὴν ἀρχὴν διαδεξάμενος ὁμοίαν τῷ πατρὶ τὴν τιμήν μοι διεφύλαξεν,

LXXVI 428 2 δέ μοι RA : δὲ cett.

lui succédant à l'empire, me conserva la même estime que son père et refusa de croire aux accusations dont je fus l'objet à plusieurs reprises. 429 Le successeur de Titus, Domitien, ajouta encore aux marques d'estime dont je jouissais[1] : il fit châtier des Juifs qui m'avaient accusé et en particulier il ordonna de châtier un eunuque qui m'avait accusé, l'esclave pédagogue de mon propre fils. Il me gratifia, pour mon domaine de Judée, de l'exemption d'impôts, ce qui est un avantage très appréciable pour le bénéficiaire. De son côté, Domitia, la femme de César, fut toujours pour moi une grande bienfaitrice.

430 Voilà ce que j'ai accompli au cours de toute ma vie. A d'autres d'en tirer sur mon caractère le jugement qu'ils voudront.

Et maintenant que je t'ai remis, excellent Épaphrodite, le texte de mes *Antiquités* au complet[2], je n'ai plus, pour le moment, qu'à arrêter mon récit.

1. En 104, Tacite, inaugurant la publication de ses *Histoires*, exprime sa reconnaissance envers les Flaviens à peu près sur le même ton : « Dignitatem nostram, a Vespasiano inchoatam, a Tito auctam, à Domitiano longius provectam non abnuerim » (*Hist.*, I, 1).

2. La *Vita* formait un appendice aux *Antiquités*. Cf. *Ant.*, XX, 266, et, ici, l'*Introduction*, p. XVII.

πολλάκις τε κατηγορηθέντος οὐκ ἐπίστευσεν. 429 Διαδεξάμενος δὲ Τίτον Δομετιανὸς καὶ προσηύξησεν τὰς εἰς ἐμὲ τιμάς. Τούς τε γὰρ κατηγορήσαντάς μου Ἰουδαίους ἐκόλασεν καὶ δοῦλον εὐνοῦχον, παιδαγωγὸν τοῦ παιδός μου, κατηγορήσαντα κολασθῆναι προσέταξεν. Ἐμοὶ δὲ τῆς ἐν Ἰουδαίᾳ χώρας ἀτέλειαν ἔδωκεν, ἥπερ ἐστὶ μεγίστη τιμὴ τῷ λαβόντι. Καὶ πολλὰ δ' ἡ τοῦ Καίσαρος γυνὴ Δομετία διετέλεσεν εὐεργετοῦσά με.

430 Ταῦτα μὲν τὰ πεπραγμένα μοι διὰ παντὸς τοῦ βίου ἐστίν. Κρινέτωσαν δ' ἐξ αὐτῶν τὸ ἦθος, ὅπως ἂν ἐθέλωσιν, ἕτεροι.

Σοὶ δ' ἀποδεδωκώς, κράτιστε ἀνδρῶν Ἐπαφρόδιτε, τὴν πᾶσαν τῆς ἀρχαιολογίας ἀναγραφήν, ἐπὶ τοῦ παρόντος ἐνταῦθα καταπαύω τὸν λόγον.

NOTES COMPLÉMENTAIRES

P. 2 :

7. Cf. *B. J.*, II, 119 ; *Ant.*, XIII, 171-173 ; XVIII, 11-22.

8. Des feuilles d'arbre ou, peut-être, de l'écorce.

P. 4 :

3. Texte et traduction incertains. Peut-être « laisser les ennemis se retirer » (ἀπελθόντας). D'après *B. J.*, II, 449 sq., en effet, une garnison romaine fut assiégée dans Jérusalem, obligée de se rendre et alors déloyalement massacrée. Circonstance aggravante, c'était un jour de sabbat.

4. Gouverneur de Syrie.

P. 5 :

1. Scythopolis = Bethsan de l'Ancien Testament. Aujourd'hui Beisan.

2. *B. J.*, II, 466 sq., 559 sq. Pour la formule de récurrence, cf. *Apion*, II, 287.

3. Sur leur rôle possible dans la guerre civile, R. A. Horsley, *Josephus and the bandits*, *J. S. J.*, X (1979), 37-63.

P. 21 :

4. Peut-être, ici comme 112, faut-il maintenir le préverbe ὑπο-, qui suggérerait l'idée de bagages qui *suivent*.

P. 26 :

3. Comparer à ce récit *B. J.*, II, 632-634, qui ne met pas en doute qu'un petit détachement de cavalerie romaine se soit montré, et précise le nombre des embarcations : 230.

P. 31 :

2. Sogané de Gaulanitide (Schalit).

3. Ou Méroth (cf. *B. J.*, II, 573).

4. Ces trois derniers noms sont incertains (cf. *B. J.*, II, 573).

5. Selon Thackeray, les νόμιμα seraient les règles traditionnelles (*Halakoth*, etc.) qui se sont développées autour de la Loi (νόμος). Rien n'oblige à restreindre ainsi le sens du terme ; il faut admettre ici un sens plus large s'appliquant à l'ensemble des usages et pratiques religieuses des Juifs comme I *Macc.* 3, 21. Νόμιμα, dans le Penta-

teuque des Septante, n'a pas de sens plus spécial que νόμος, πρόσταγμα, ἐντολή, par exemple. Au dire de saint Jérôme, les rabbins du ɪvᵉ siècle appelaient δευτερώσεις les traditions *secondaires* qui peuvent se déduire du texte sacré (Lettre XVIII B, 4. J. Labourt, t. I, p. 76 sq.).

P. 33 :

1. Soit des *denarii*, deniers, soit des pièces d'argent de moindre valeur. — Le Jésus ici en cause est peut-être le même que le chef de brigands. Cf. Index.

P. 45 :

1. Litt. oratoire. Cf. *Actes*, 16, 13 et 16 ; Juv., *Sat.*, III, 296. La distinction entre proseuque et synagogue semble artificielle à Thackeray. Au contraire, J.-B. Frey, *C. I. I.*, LXX, n. 3, affirme que, dans les inscriptions juives de Rome, le terme συναγωγή désigne toujours la communauté, jamais l'édifice cultuel ; celui-ci y est appelé προσευχή.

P. 47 :

1. A. Baumann, *Naboths Festtag und Josephus*, *Theokratia*, II, 1970-1972, 26-44, estime que notre épisode contribue à résoudre les problèmes posés par I Rois, 21.

P. 55 :

2. *T. Flavii Vespasiani Comentarii.* Fr. 1 : Historicorum Romanorum Reliquiae, II, p. 108.

INDEX DES NOMS PROPRES

(Renvoie aux paragraphes)

INDEX GÉOGRAPHIQUE

Choix d'expressions grecques de l'« Autobiographie »

αἰχμαλωτίς captive de guerre 414
ἀναπτύσσω décacheter (une lettre) 223
ἀνέτοιμος surpris à l'improviste 106
ἀντιγραφή réponse par lettre 385
ἀντίπαις tout juste sorti de l'enfance 9
ἀντιπαρατάσσομαι faire front 116
ἀντιστρατηγεῖν déjouer une manœuvre 289
ἀποστολὴν ποιεῖσθαι faire prendre le départ 268
ἀπόφασιν ποιεῖσθαι prononcer la sentence 79
μέσον ἄρασθαί τινά ceinturer quelqu'un 326
ἄρθρον articulation (du poignet) 403
ἀρχιληστής chef de bandits 105
ἄρχων chef de la communauté (de Tibériade) 134, 271, 294
ἀφάλλομαι sauter en bas 96
διὰ μίσους ἀφικνεῖσθαι arriver à se faire détester 20
βᾶρις château fort 246
βουλη le Conseil (de Tibériade) 169, 313, 313
γιγνώσκειν décider 29
δεκάδαρχος décurion 115
δεκάται dîmes 63
ἐν ταῖς δημοσίαις δέλτοις sur les tablettes d'archives 6
δημοσιεύειν publier aux frais du Trésor 364
δημοσιοῦν confisquer (les biens) 370
διαδέχομαι se répandre (une rumeur) 59
δοκιμώτατοι les plus illustres (notables) 228
ἐγκαθέζομαι s'installer (une garnison) 422
ἔγκειμαι insister 19
δι' ἐκπλήξεως ὄντος qui en impose 347
ἐκφορεῖν mettre la main sur, réquisitionner 71
— transporter 118
ἐμβιβάζω monter à bord 168
ἐμμένειν τῇ πίστει rester fidèle (aux Romains) 34, 46, 61, 104
ἐναρμόζομαι faire ses préparatifs 268
ἐνθύμημα intentions secrètes de quelqu'un 283
ἐντυγχάνειν (γράμμασι) lire (une lettre) 53, 90, 245, 311, 345, 367
ἐνύβρισμα victime (figuré) 210
ἐξακούειν (gén.) entendre 94
ἐξάπτειν πόλεμον déclencher la guerre 105, 321
— μῖσος la haine 123
— στάσιν (passif) l'émeute 298
ἐξελεύθερος affranchi 51

συναρέσκομαι (dat.) adhérer aux opinions de 185
συνέδριον Sanhédrin (de Jérusalem) 62
συνέδριον καθισάντες réunir un conciliabule 236
συνέκδημος compagnon de voyage 79
συνεπινεύειν admettre une manière de voir 100
ἡ σύνοδος l'assemblée (le jour du sabbat) 279
σύνοδον τῶν Γαλιλαίων ποιεῖσθαι réunir, une assemblée de Galiléens 311
τὸ σύνταγμα τῶν λῃστῶν la bande des brigands 106
σύνταξις χρημάτων pension, rente 423
σώματα ἐλεύθερα personnes libres réduites en esclavage 418
τάγματα légions romaines 347
ταρσὸς τῆς χειρός le poignet 403
οἱ ἐν τέλει les magistrats (de Galilée) 79
διὰ τιμῆς ἄγομαι être honoré 273
τριγχός tertre 92, 96
ὑπεκκομίζω emporter secrètement 112
ὑπέχω λόγον (+ dat.) rendre compte à 13
ὑποζώννυμι ceindre (un poignard) sous son vêtement 293
ὑπόθεσις principe, fondement (de la noblesse) 1
ὑποθήκας δοῦναι donner des instructions 268
χώρα ὑποτελὴς εἰς ἐπικράτειαν région soumise à la domination (romaine) 126
τὸ φιλογράμματον amour de l'étude 9
χαράσσειν βιβλία parapher des livres 363
ἐφ' ὅπλα χωρεῖν · s'engager dans la lutte armée 31
ψηφίζομαι déclarer par un décret 237

TABLE DES MATIÈRES

GALILÉE ET RÉGIONS VOISINES

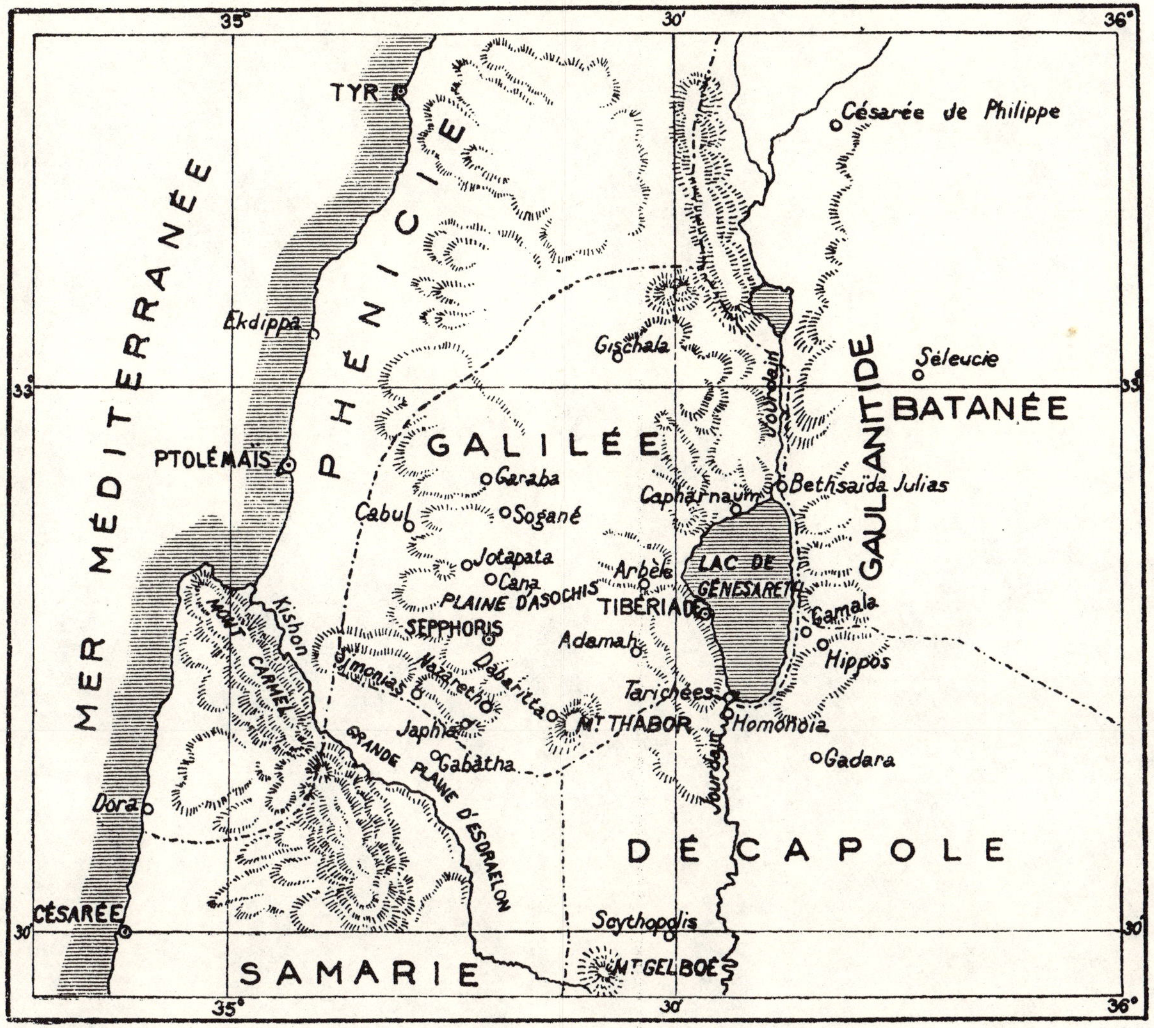

Gaulanitide, Batanée, etc. = Royaume d'Agrippa II. Décapole, région indépendante.
Le reste, sous l'autorité de procurateurs romains.

Ce volume,
le cent trente-huitième
de la série grecque
de la Collection des Universités de France,
publié aux Éditions Les Belles Lettres,
a été achevé d'imprimer
en janvier 2011
sur presse rotative numérique
de l'imprimerie Jouve
11, bd de Sébastopol, 75001 Paris

N° d'édition : 7177
Dépôt légal : février 2011

Imprimé en France